# 働き方改革より 父親改革

Be a Better Dad Today!:
10 Tools Every Father Needs
**Gregory W. Slayton**

## 仕事も家庭もうまくいく 10のツール


グレゴリー・スレイトン［著］
糟谷恵司、新美幸子［共訳］
Family First Japan代表 小林宏繁［監修］

Forest Books

Originally published in English under the title:

***Be a Better Dad Today!***

# 『働き方改革より父親改革』を推薦します

まさに私が長い間待ち望んだ著書です。社会は働き方改革の大合唱ですが、こどもの健全な成長ほど、未来にとって重要なものはありません。その中で父親の役割はかけがえのないものです。どうぞこの著書が子育てに悩む全ての家庭に届くことを願っています。

淀川キリスト教病院統括副院長　鍋谷まこと

「お父さん、もう俺を怒鳴らないと言ったじゃないか」と中一の息子に言われたときに、変わることのできない自分の不甲斐なさに落ち込みました。本書を読んで「しょせんアメリカの話だよな」と逃げ道を作ることもできるでしょう。しかし本気で変わりたいと願うなら、神はあなたを変えてくださるのです。

鳩ヶ谷福音自由教会牧師　大嶋重徳

なぜ母なる神ではなく父なる神なのか。数千年の時を超え教えられてきた父性の重要性。聖書を紐解きながら、丁寧に教えられている。時代に逆行していると言われるかもしれない。しかし、あえて人類の歴史の中でも変わることがなかった聖書から、人が大人へと育てられていくために、父の存在がどれほど大切かを学んでみてはどうだろう。

NPO法人 白浜レスキューネットワーク理事長　藤藪庸一

日本の皆さんお元気ですか。私は、十二歳から二歳の五人の子供（四男一女）の父親です。グレゴリー・スレイトンの著書『働き方改革より父親改革』の中で何度も述べているように、子供にとって父親であること以上に重要な仕事はありません。父親として、私たちは友人から、そして何よりも天の父からの助け・知識・アドバイス・励まし・知恵を必要としています。この本は、父親としてのさまざまな側面をカバーしていますが、より良い父親になるための実践的な方法も紹介しています。多くの父親がこの本を読むことをお勧めします。また、この重要な父親業をサポートしている、ファミリーファーストジャパンのようなコミュニティに参加することもお勧めします。皆さんが私と一緒に、より良い父親になるために、今日努力されることを祈っています。

元阪神タイガース選手　マット・マートン

偉大な父親とはどういうものか、私の父は自ら模範を示してくれました。そのような父に育てられた私は幸せでした。『働き方改革より父親改革』の中でグレゴリー氏は、父親であるということの世で最も大切な仕事をどのようにしたらいいのか教えてくれます。『働き方改革より父親改革』は、いま父親である方、また、これから父親になる方にとって素晴らしい指南書です。

前フロリダ州知事（一九九九―二〇〇七年）　ジェブ・ブッシュ

どのようにすれば本当によい父親になれるのでしょうか。そのために『働き方改革より父親改革』は実際に適用できて、しかも地に足のついた最もよい教科書です。この本を読めば、必ず霊的な確信が得られ、自分自身もよい備えができます。

リディーマー長老教会主任牧師　ティム・ケラー

私は父と祖父から人生について、また人を尊敬することについて学びました。父も祖父も、立派なアメリカ海軍士官であり、私にとっては英雄でした。けれどももっと大切なことは、二人とも素晴らしい父親だったことです。この二人から認められたいというのが、私の長年の望みでした。今は二人ともこの世にいませんが、この二人に認めてもらえるような生活を送りたいと今でも願い続けています。二人の勇気と信仰は私を励まし、この上なく苦しいときに、その困難を切り抜けるための鍵となってくれました。私はこの二人を思い出すたびに感謝に溢れ、まるで旧約聖書に登場する族長たちのように、私たちに敬意と愛情を注いでくれたことをうれしく思います。また、二人が家族の家長として私に与えてくれた尊敬と愛情を感謝しています。私とグレゴリー氏一家とは長い付き合いです。グレゴリー氏は書名になっている『働き方改革より父親改革』のまさに見本であり、日々の生活の中でも、そのとおりに実践しておられます。人生の中には、父親から教えてもらうのが最もよい教訓もあります。この本が最高の父親、最高の夫、最高の男性になろうとしている人の助けとなるように私は願っています。

アメリカ上院議員　ジョン・マケイン

会社で取締役として働きながら家族も増えていったものですから、今日の世界においてよい父親であり、なおかつ会社でもよい役員であるとは大変なことであると身をもって体験してきました。ですから、この『働き方改革より父親改革』にはとても感謝しています。親しい友人であるグレゴリー・スレイトン氏はご自身でも素晴らしい父親であり、三十年もかけて世界中を巡り回りながら、よい父親について研究してこられました。そのようなユニークな背景を生かして、スレイトン氏は素晴らしい、実践しやすい本を書いてくださいました。すべての父親、またこれから父親になる方は、この本を読めば祝福を受けるでしょう。父親としてのスキルを向上させたい方、それも楽しく向上させたい方にこの『働き方改革より父親改革』を強く推薦します。

SAP社グローバル・ソリューション部社長兼執行役員　サンジャイ・プーネン

天からの恵みである私の妻、愛する子どもたち、そして全世界のよき父親たち（またよりよい父親を目指しておられる方々）にこの本をささげたいと思います。

# 目次



この世界には、よい父親になること以上に大切な仕事はありません。そして、あなたは自分の家族にとって、その仕事を果たす人物として、文字どおりこの世でいちばんふさわしい人なのです。

# まえがき

ファミリーファーストジャパンを代表いたしまして、この本を手にしていただきましたこと、読者の皆様に心から感謝申し上げます。タイトルに「父親改革」とありますが、実は父親だけでなく、夫として妻との結婚生活について深く気づかされる内容も書かれています。また、子育て世代だけではなく、子育てがひと段落した世代の皆様や、ご高齢のご両親やお孫さんも含めた三〜四世代にわたっての家族関係をも考えることができます。一言で言えば、すべての世代の男性を対象にしていると言っても過言ではありません。それほど今「父親改革」が、この日本では必要であると感じています。

現代社会に起きているさまざまな問題は、家族の中の父親の生き方に端を発していて、父親が家族を正しくリードすることが大切であると、著者はとても力強く、そしてわかりやすく伝えようとしています。

この本の目的は、すべての宗教を超え、すべての人と家族と父親のための一助となることです。著者であるグレゴリー・スレイトン氏は、クリスチャンであり人生・父親の歩みにおける知恵を聖書から得ております。本文には聖書の引用がありますが、キリスト教を強要するものではありません。聖書と著者自身の経験に基づいたツールを理解し実践することで読者の皆様の家族関係が好転することを切に願っています。

振り返りますと、私たちは、学校や社会でその時々に必要な知識やスキルを、勉学や研修、訓練を通して、それ相応の時間と労力を重ねて得てきたのではないかと思います。しかし「夫として」「父親として」それと同じような時間をかけ努力をしてきたかと問われると、いささか返答しづらいのではないでしょうか。

私たちは、この本に出会い「一生において父親ほど重要な仕事はない」という視座に立って、丁寧に自分自身のことを見つめ直したときに、その大切さを痛感いたしました。このたび、スレイトン氏の希望とも重なり、一人でも多くの日本の男性にこの本を知ってもらいたいと日本語に翻訳し出版するに至りました。文中には、父親同士の集まり（パパ友の集まり）の大切さが何度も強調されています。読者の皆様が励まし合いながら、実践的により深く学んでいけるように、父親セミナーとワークショップの開催の準備を進めています。ぜひ、ファミリーファーストジャパン（NPO法人申請中）のホームページでご覧いただければ幸いに存じます。（https://familyfirstjapan.org）

## 謝辞

この働きの中心にいて助けてくださった神様に心から感謝します。そして、この本の著者であり、日本の家族のために力になりたいと熱い思いをもって、ファミリーファーストジャパンの設立に尽力してくださったグレゴリー・スレイトン氏とファミリーファーストグローバルの十一か国の同志に深く御礼申し上げます。

この本の翻訳にお力添えいただいた、いのちのことば社の新美幸子氏とファミリーファーストジャパン副理事長の糟谷恵司氏、そして編集に携わってくださった出版部の編集者をはじめ、いのちのことば社の皆様、編集過程で多大なる労をいただきご協力くださった当法人のメンバーである阿部竜也氏、香川直樹氏、矢ケ崎健一郎氏、野田文隆氏にこの場をお借りして感謝を述べたいと思います。また、私たちのＮＰＯ法人メンバーの皆様の継続的なサポートなくして、この翻訳出版はなしえませんでした。

最後に、この書籍を手にしていただいた読者の皆様とご家族の上に、そして日本だけではなくアジア、世界の父親に神様の豊かな恵みと祝福を心から祈りつつ、感謝をもってご挨拶とさせていただきます。

ファミリーファーストジャパン
理事長　伊藤真人
代表　小林宏繁

# 日本語版の出版に寄せて

ペンシルバニア州の農家で生まれ育った私が、四十年以上にわたってテクノロジー業界のリーダーとして活躍してきたことは、この上ない祝福です。そして、今回私がキャリアをスタートしたインテル社の最高経営責任者（CEO）というたいへん名誉な立場に今年二月に招かれたことは非常に光栄であり、身に余る思いです。私の恩師でありインテル社の象徴的なリーダーであるアンディ・グローブ氏は、私をインテル社初の最高技術責任者に任命してくださった方です。私のキャリアは、夢にも思わなかったほどの栄誉と称賛に満ちていますが、一方で非常に困難な時期もありました。これは多くのプロフェッショナルにとっての現実であり、満足と不満、興奮と挫折に満ちています。これはあなたの現実でもあることでしょう。

しかし、私には三つの「秘密兵器」がありました。それは、状況がどんなに暗く、困難であったとしても、私を支えてくれるものでした。「深い信仰、強い家族、そして真の友人」は、私だけの秘密兵器ではなく、すべてのリーダーが時間をかけて育むことができる強力な資産です。言うまでもなく、私のインテルでの任期は始まったばかりですが、いずれ終わりを迎えます。それは確かなことです。人生そのものにも同じことが言えます。しかし、この三つの資産が力強い恵みであることに変わりはありません。そうです、私は、「信仰、家族、友情」が、インテルでの任期を超えて、さらにはこの地球上での人生を超えて、私を強くしてくれると心から信じています。そして、あなたにも同じことができると信じています。

しかし、多忙なプロフェッショナルである私たちが、これらの「秘密兵器」を育む時間をつくるには、どうすればよいのでしょうか。強い家族、真の友情、そして深い信仰を育むには時間がかかります。誰にとっても時間はとても貴重なものですから、時間を最大限に活用してこの三つの重要な資産を築いていく必要があります。

では、具体的にどのようにすればよいのでしょうか。どうすれば、強い家族、真の友情、深い信仰を築くために費やす時間の価値を最大限に高めることができるでしょうか。一つの方法は、適切なツールを使うことです。自転車の組み立てであっても、世界的なビジネスの成功であっても、何かを作るには適切なツールが必要であることは言うまでもありません。強い家族、真の友情、そして深い信仰を築くためにも同じことが言えます。そして、適切なツールがなければ、時間をかけても最高の結果を得られないでしょう。

これが、私がこの本を推薦する理由の一つです。そして『働き方改革より父親改革』（原題

*Be a Better Dad Today!*）が世界的なベストセラーになったのには理由があります。この本は、私たちがよりよい父親（母親）、よりよい友人、そしてより高い精神で人生を送るために必要な十の重要なツールを提供してくれます。また、単にツールを提供するだけでなく、各章には、そのツールをより効果的に使うための「実践ガイド」があります。そして、これらの十の万能なツールは、家族、信仰、友情を築き上げるのを助けてくれるだけではなく、職場でよりよいリーダーになるためにも役立つことでしょう。

私の親愛なる友人、祈りや断食のパートナーであるグレゴリー・スレイトン氏がこの素晴らしい本を執筆したことに敬意を表したいと思います。グレゴリーと私は、かれこれ二十年近くの親しい友人です。幼いころ、父親が姿を消した彼のつらさはよく知っていますが、神がグレゴリーの人生において、いかにして呪いを祝福に変えたかも知っています。この本は、その呪いと、その後の祝福から得られたものです。そして、彼が設立したFellowship of Fathers Foundation（www.FellowshipOfFathers.org）とその運営部門であるFamily First Global（www.FamilyFirstGlobal.org）も同様です。これらの非営利サービス組織は、十数か国の何百万人もの父親と家族が、本書に含まれる教訓やツールを学び、その恩恵を受けられるよう支援しています。

私は、あなたが、『働き方改革より父親改革』を楽しく読まれ、その恩恵を大いに受けられることを確信しています。そして、この本によって祝福されるかもしれない他の父親（または母親）に引き継がれていくことを期待します。この本（およびグレゴリーのすべての本）の売り上げのすべては、世界中の家族を支援する非営利の慈善団体に寄付されていることも、喜んでいただけることでしょう。

あなたが、〝今日からよりよいパパ（ママ）になる〟という思いを持たれたことに感謝します。ありがとうございます。私たちにとって、これ以上に大切な仕事はないと言っても過言ではありません。そして、あなたがその旅路を始められたことをうれしく思います。

感謝して

インテル最高経営責任者　パット・ゲルシンガー

## はじめに

# 男性にとって最も大切な仕事

この本をご購入いただき、ありがとうございます。この本を手に取られたということは、あなたがよい父親になりたいと願っておられるからではないでしょうか。それは、何か大切なことをあなたと私が共有していることを意味しています。

ただ、よい父親になることは、容易なことではありませんし、そのためのマニュアルのようなものはありません。むしろ、一日二十四時間、週七日間、愛の労苦をすることになります。その見返りもない場合もありますが、それが最も私たちにとって大切な仕事であることは、間違いありません。もしかしたら、あなたは今まで父親としてあまりしっかりできてこなかったかもしれません。でも、がっかりしないでください。私たちはこれから、よい父親になることができます。必ずできるようになります。実は、この世界には完全な父親などいません。私たちはみな、どのようにしたらよい父親になれるのかを学びながら今を生きているのです。父親として、いくつかの点で、これまであなたが失敗してきたことに気づき、まだ私たちは、本当によい父親になるために必要なスキルをすべて持っていないことに気づくこと、それが、よい父親になるための素晴らしい出発点となるのです。

もしあなたが父親の大切さを疑っているようでしたら、次のことを考えてみてください。文明社会の将来は、私たち父親がどのように行動するかにかかっています（大げさに言っているのではありません）。それだけでなく、私たちの子どもの将来、家族の将来、さらには私たち自身の将来も、父親が父親としての役割を果たすかどうかにかかっているのです。現在のようにテレビやインターネットがある文化より何千年も前、母親や父親は暗黙のうちに、自分が両親として果たす仕事が自分の将来にとって、また社会の将来にとって極めて重要であることを理解していました。今日、ある人たちは、効果的な子育てなど重要ではないといって、ことさらに軽んじているようですが、家族には幸せをもたらし、社会には役立つように成長する子どもたちへの投資ほど、よい「投資へのリターン」はありません。フィデリティ投資信託の共同創立者のピーター・リンチ氏は何度も語りました。「子どもは、他のものとは比べようのないほど最高の投資先だ！」

三十年以上にわたって、幸いにも私は世界中を巡りながら、非常に異なる社会や文化の中で、父親とその役割について研究することができました。世界のどの国に行っても、常に父親の役割（そして母親の役割）は何よりも重要です。事実アメリカでは、父親のいない子どもたちが、犯罪を犯して収監されたり、麻薬中毒になったり、高校を中退したり、未婚のまま子どもをもうけたり、精神的な病にかかったり、年若くして非業の死を遂げたりする率が二倍から五倍となっています。ですから、よい父親になることは人の命にかかわるほど重要なのです。

実際に第1章では、家族、社会、そして私たち自身にとって、父親の役割が大切であることを見ていきます。第1章が終わるころには、私たちすべてにとって（たとえどの国や地域に住んでいようと、またどのような職業についていようと）、なぜよい父親になることが最も大切な仕事であるのかについて、その多くの理由をあなたが理解してくださることを望みます。

ある文化では、父親を支え、導き、励ますことが、上手になされています。アメリカや日本では残念ながら、この面が欠けています。ますます、欠けてきていると思います。しかし、よい知らせがあります。よい父親とは、作り上げられていくのであって、生まれつきではないのです。なぜ、私にそれがわかるのでしょうか。実は、私の成長過程で、本当の父親がいなかったからです。私が小さいころ、父はあまり家におらず、やがて本当にいなくなってしまいました。もしかしたら、あなたも子どもだったときに、父親がよい模範を示してくれなかったかもしれません。実に多くの人がそのような経験をしています。そして私自身も、間違った子育てをいろいろとしてきてしまいました。それはあなたも同じかもしれません。

しかし、ここでさらによい知らせがあります。私は百パーセント確信しているのですが、私たちが共に、心と思いとたましいを一つにして、神の助けをいただきながら成長していけば、私たちはよい父親になれるということです。さあ、今日から始めましょう。

## 家族の高貴なビジョンと父親改革のための十のツール

できるかぎり最高の父親になるとは、一生涯をかけた旅路でもあります。そして、大きな旅行をするときのように、三つの大切なものが必要になります。まず、私たちが行こうとしている場所の地図です。この「地図」とは、これから十年、二十年、三十年と経った後、私たちはどのような父親になっていたいのかというビジョンであり、また、そのときにはどのような家族を築いていたいのかというビジョンです。そして、そのビジョンをどのようにして実現するのかという地図でもあります。第二に、そこに到達するためには、一式の強力なツールが必要です。そして第三に、私たちと旅を共にし、困難に陥ったときには助けてくれる数名の「鍵となる人」が必要です。

父親改革の旅路の地図は、「家族の高貴なビジョン」といいます。これは未来の地図で、あなたとあなたの妻は、愛する子どもをその未来に導いていこうとしています。この家族の高貴なビジョンについては、第2章で見たいと思いますが、このビジョンの助けを借りると、私たちはどのような父親になり、どのような家族を築くのかを思い描くことができます。よい地図ならどれでも当たり前ですが、あなたもこの家族の高貴なビジョンを時々確認しながら進むことが大切です。この地図が特に大切になるのは、人生の嵐に襲われたときや、どこに進めばいいのかわからないときや、まったく道に迷ったときです。こうしたことはどれも確実に起きます。なぜなら、父親改革の旅路は実際の旅だからです。しかし、「家族の高貴なビジョン」があれば、正しい道に戻ることができます。

もちろん、世界最高の地図であっても、その地図だけでは何の役にも立ちません。ですから、この「家族の高貴なビジョン」に加えて、一式の正しいツールが父親改革の旅路には必要になります。このツールの一つひとつについては、この本の第2部で取り扱いますが、このツールには人をつくり変える力があります。なぜなら、このツールは信仰と希望と愛に根ざしているからです。この一式のツールを結び合わせると、人生をつくり変える力を発揮します。聖書がいっているように、どん底の中にあっても真っ暗闇の中にいても、「愛は決して絶えることがありません」（聖書）。父親改革のための十のツールは、何千年もの風雪に耐えた、時を超えた価値観と原則を基礎にしています。私自身の人生においても、その力が働くのを見てきました。また、世界の異なる文化・国家・民族の人々の人生においても、その力を見てきました。このツールは、あなたにも必ず役立つはずです。

どのような父親でも、この十のツールを修得して、よい父親になることができます。しかし、たった一人で修得することはできません。私たちも、ひとりで数学や読み書きを身につけたのではないのと同じように、何らかの助けが必要です。まず第一に、最も強力な助け手はあなたの妻です。この旅路において、妻はあなたの最高の協力者です。彼女は喜んで助けてくれるでしょう。なぜなら、この世界であなたの妻ほど、あなたの子どもを愛している人はいないからです。

しかし、もしあなたがシングルファーザーだったとしても、ここで「やめた」と言って、この本を閉じて下に置かないでください。私は離婚や婚外で子をもうけることを肯定するつもりはありませんが、同時に、人生にはいろいろなことがあることも理解しています。ですから、第3部ではまるまる一章分を割いて、最高のシングルファーザーになることが大切であると書かせていただきました。ですから、ぜひ続けて読んでください。

正しく子どもを育てるためには、強くて役に立つ父親の存在が必要である、とほとんどの母親が本能的に気づいています。もしあなたが結婚しておられるなら、自分の結婚生活が必ずしも期待していたとおりではなかったとしても失望しないでください。実際のところ、完璧な結婚生活はありません。なぜなら結婚は、欠点のある二人の人間がつくり上げるものだからです。しかし、私たちは学ぶことによって、結婚生活を強めることができます。これは、よい父親になるための鍵です。

あなたの子どもの母親（それがあなたの妻であってもなくても）との強い信頼関係に加えて、あなたには他のよい父親からの助けが必要です。本当に重要な旅が、たったひとりで完遂されることはほとんどありません。ワールドカップに出場しようと練習しているサッカーチームであれ、依存症を克服しようと闘っている個人であれ、目標を達成するためには強くコミットした仲間が必要です。素晴らしい父親となるためには、他のよい父親からの助け・励まし・支えが必要です。まだそのような仲間がいなくても、心配しないでください。私たちの「ファミリーファースト」のネットワークは世界中にあります。あなたがどこに住んでいても、この素晴らしい男性のグループに入会することができます。この父親改革の旅路を助けてくれる他のよい父親と知り合うためには、次のウェブサイトを見てください。

**父親交友会**（米国・英語）（https://www.fellowshipoffathersfoundation.org/）

日本に関しては順次準備していく予定です。

## この本から十分に学ぶために

もし、あなたがこの本を一度お読みになり、しばらくの間はとても感動したとしても、数か月後には忘れてしまうならば、これは、私たちにとって失敗です。そうではなく、私の願いは、この本を時間をかけながら読んでいただき、必要なときにはいつでも読み返していただくことです。そして、ファミリーファーストジャパンが提供しているウェブサイト http://familyfirstjapan.org/、フェイスブック https://www.facebook.com/ffg.japan/、ブログ https://ameblo.jp/ffgjapan、ツイッター https://twitter.com/ffg_japan などを通して、これから始まるあなたの父親としての旅路においてあなたの助けとなり、あなたが継続して成長していくことを願っています。

また、あなたの住んでいる地域の父親、世界中の父親とも交流することができます。彼らも同じような課題に直面していることでしょう。フェイスブックをご覧ください（日本 https://www.facebook.com/ffg.japan、米国 www.facebook.com/BeaBetterDadToday）。「私もそうでした」「私はこうしてみました」など、経験豊富な父親から信頼できるアドバイスやブログ https://ameblo.jp/ffgjapan での知恵・励ましなどと共に、この本が、これから続くあなたの父親改革の旅路において助けとなり、あなたが本当に継続して成長されることを願っています。そして、あなたがサポートを受けたり、あなたからのアイデアを投稿したりすることによって私たち父親の助けとなることを願っています。

私たちは、一年間でできることを過大に評価してしまったり、逆に、もし心血を注いで取り組むならば十年かけてできることを過少に評価してしまったりすることが多いです。もちろん、後退したり、失望したりすることもあるでしょう。しかし、「一歩進んで一歩下がる」のが人生です。「ローマは一日にして成らず」です。素晴らしい父親や強い家族もまた同じです。

どのようなチームについてもいえることですが、父親も協力し合うことによって、より強くなります。私の祈りは、今日から、毎日、生涯が終わるまで、この本が助けとなって、私たちが共によい父親となることです。

◇◇◇◇◇◇◇◇◇

この本の内容についてご意見のある方は、メールにて遠慮なくご連絡ください。

admin@familyfirstjapan.org

# よい父親

学びを始める前に、私の経験をお話ししたいと思います。そうすれば、なぜ私にとって父親であることがいかに大きな意味を持つのか、わかっていただけると思います。私がまだ育ち盛りの子どもだったとき、父親と一緒に過ごした経験はそんなにありません。まだとても小さかったころには、父親とのいい思い出があるのですが、時が経つにつれて、父はアルコールや、その他の有害な習慣に陥ってしまいました。そして私が青年だったころに、父は母と離婚しました。それからは父親は、私たち家族との関係を完全に断ち切りました。

父親と最後に話しをしたのは、二十五年前のことです。そのとき、私は急性ウイルス性肝炎で入院していました。アフリカの大草原に住みながら働いていたときに、患ってしまったのです（アフリカでの経験は、一つのお話になりますが、それだけで別の本が一冊書けてしまいます）。病状はとても悪く、本当に死にかけていました。そんな中で、病室にいた私に父から電話がかかってきたのです（そのとき、私は半分意識がありませんでした）。数分ほど話したのですが、父はほとんど自分のことを話していました。長い間、音信不通だったのですが、父から連絡をくれたのはうれしかったです。しかし、会話が始まって数分経ってから、父が言った言葉を私は決して忘れないでしょう。「もう行かなきゃ。また電話するよ」。何の説明もなく、電話は切られました。

それからさらに二十年経ちましたが、父からの連絡はありませんでした。ところがある日、私の兄がある弁護士から電話をもらいました。インターネットで父の名前を見つけたというのです。父は亡くなっていました。貧しく、ひとりぼっちで、ひどく痛み苦しんで逝ったようです。しかし、父のほうから家族との連絡を絶ったのですから、私たちは助けることができませんでした。父が生涯大切にしていたもの（お金とか権力）は、まったく役に立ちませんでした。結局、父は自分自身のために生き、自分ひとりで死にました。父はまさに自分の蒔いたものを刈り取ったのです。私が知っている中で、最も悲しい人の一人です。

私の父がいかによくない父親であったかを簡単には言い表すことはできません。しかし、これが私の言いたいことではありません。この本を読んでおられる方の中には、私よりもずっと大変な子ども時代を送った方もいらっしゃるはずです。私はどちらかといえば裕福な環境で育ちました。そして、私の母、ダートマス大学、ハーバード・ビジネス・スクールのおかげで、よい教育を受けることができました。母はよい家庭を築こうと一生懸命でした。そして、そんな母親を私はいつまでも愛するでしょう。一方で、私の家庭は幸せではありませんでした。

幸いなことに、私は成長していく中で、親友ができました。ケン・チャンとその家族は私の家から何キロも離れた所に住んでいたのですが、ケンと私は切り離せないほどの仲良しでした。ケンの家族が、私の住んでいたロングアイランドの町に引っ越してきてから、ケンと私はすぐに大の仲良しになりました。ケンは中国系アメリカ人で、ケンの父方の祖父は蔣介石（台湾の最初の大統領）のもとで働いていました。そして、ケンも家族もクリスチャンでした。それもとても熱心で忠実なクリスチャンでした。ケンの母方の祖父は中国南部に住んでいて、ハドソン・テーラーの中国奥地宣教団の宣教師がその村を訪問したときに最初にクリスチャンになった人でした。何世代にもわたって、ケンの家族は忠実に信仰を守ってきました。そして、ケンの家族は私を温かく親切に迎え入れてくれたのでした。

ケンの父親は静かですが勤勉で、家族をとても愛していました。ケンの父親は自営業で、お店を開いていました。平穏なときでも困難なときでも、家族を愛する静かなリーダーで、言葉も行いも立派な人でした。ケンの家で長い時間を過ごしていた私は、自分の父親とケンの父親はずいぶん違う、とはっきりわかりました。チャン氏にとって、父親であることは非常に大切であり、今でも大切にしています。チャン氏が父親として家族に対してサーバントリーダー(仕えるリーダー)であった姿は、現在の私にとってもよい刺激となっています。よい父親になるためには、裕福であるとか、よい教育を受けているとか、「由緒正しい」家柄の出身であるという必要はありません。父親として立派に役目を果たしたチャン氏は、私にとって生き証人でした。チャン氏はよい父親であり、息子のケンが立派な人間、素晴らしい父親になるように助けました。祖父であったチャン氏の祝福は、確実に息子であるケンの父親に受け継がれ、次にケンの父親も、強い信仰深い父親となって、その祝福を息子に受け継がせました。そしてケンも続けて、その祝福を子どもたちに継承しているのです。

そこでこの本を、世界中にいるよい父親——友人のケン、ケンの父親、ケンの祖父のような父親——にささげます。

# 第1部 人生の旅路

# 父親であることの大切さ

父親であることは私たちにとって最も大切な仕事です。大統領であろうと、世界で最も大きな会社の最高経営責任者であろうと、男性として最も大切な仕事です。私たちにしか果たせない唯一の役目です。私たちの将来と社会は、父親として私たちがどのように働くかにかかっているのです。

父の助け・支え・指導がなかったなら、私は今の自分の半分にも到達していなかったでしょう。本当の男性とはどのようなものかを、父は私に教えてくれました。

デービッド（マサチューセッツ州ボストン市）

父親になれたことは、今まで私に起きた出来事の中で最高のことです。
ドウェイン・ウェイド（マイアミ・ヒート）

父親の役割は非常に重要であるという単純な事実が、どういうわけか、アメリカや日本の社会では忘れ去られています。歴史を通して見ると、よい父親になることによって男性は大きな喜びを感じてきました。そのことによって社会もまた直接よい影響を受けてきました。父親の役割は常に、文明の礎石の一つでした。実際に、いま社会が直面している多くの深刻な問題（教育格差、未成年の妊娠、中高生の自殺、麻薬常習、心の病）は、父親の役割が崩壊してしまったことに端を発しています。

それは統計を見れば、明らかです。少年院に収容されたり、高校を中退したり、仕事が長く続かなかったり、ひどい心の病にかかったり、麻薬やアルコール中毒になったりするのは、父親不在で育った子どものほうが圧倒的に多いのです。そうした子どもたちが、また結婚をせずに子どもを産むことも、かなり多くなります。これがサイクルとなって社会を荒廃させ、私たちの社会を脅かしているのです。[1]

もちろん、よい母親がいるかいないかも、子どもの人生にとって鍵となります。母親の役割が極めて重要であることを私は軽視するつもりはありませんが、この本はあなたたち、つまり家族のために強く誇らしい父親になりたい、それも楽しみながらよい父親になりたいという男性にささげます。私もあなたと同じ目標を持っています。これはわくわくする目標です。私たちは共に旅の途上にいます。この地上においては、この旅を簡単に完遂することはできないでしょう。よい父親になるとは、マラソンを走るようなものです。時間も熱意も必要です。私たちの共通の目標、つまり強く誇らしい父親になるという大切な目標を持つことは、素晴らしい出発点です。

もしかしたら、あなたはこう考えておられるかもしれません。「その考え方は、二十一世紀にはちょっと古いんじゃないか」と。あるいは、父親としていろいろと失敗してしまったと思っているので、ちょっと気が重い、と思っておられるかもしれません。あるいは、今からこの父親の役割について学ぶに当たって、本当にこれでうまくいくのか心配だ、と思っておられるかもしれません。それはみな、よい質問であり、もっともなご意見です。なぜなら、私たちはみな、失敗したり、挫折したりしたことがあり、将来について疑問を持っているからです。また、今日の社会では、父親の重要性が非常に過小評価されています。ですから、あなたが父親であるなら、あるいは将来父親になろうと少しでも考えておられるなら、ぜひ私たちの仲間になってください。

## なぜ父親の役割はそれほど重要なのか

私たちは社会人として生活する中で、おそらくたくさんの仕事をすることになるでしょう。その中でも、いくつかの仕事は素晴らしいといえるかもしれませんが、中には悲惨な仕事もあるでしょう。しかし、すべての仕事には終わりがあります（中には、好きだった仕事が、私たちの希望に反して早く終わってしまうこともあるでしょう）。正直に自分を省みるとわかるのですが、自分がどんなに専門的な仕事をしていたとしても、本当に自分の代わりはほかに誰もいないという仕事はありません。それは屈辱ではなく、事実です。

今まで私は会社の最高経営責任者、資本投資家、大使、大学教授として働いたことがありますす（また失業していたこともありますが、そのことについては「人生の課題に対処する方法」の章で詳しく話します）。今まで私がしてきた仕事については、たとえ私が著しい業績を上げた仕事であったとしても、私と同じぐらいか、あるいは私以上に上手にできる人がたぶんいたでしょう。しかし、私の子どもたちにとっての父親は、私以外、他の人が代わってできるものではありません。それは、あなたの子どもたちにとって、あなたが父親として取り替えることができないのと同じです。

あなた以上に、あなたの子どもを愛している人はいません（あなたが子どもを愛していることはわかっています。そうでなければ、この本を読んでいるわけがないでしょう）。あなたほど、あなたの子どもを理解できる立場にいる人はほかにいません。そして、あなたの子どもが成功した未来を築くことができるように、あなたほど熱心に助けようとしている人は、ほかにいません。あなたは、ほかの誰とも取り替えることができないのです。

この世界の中で、この仕事にとって、あなたが最高の適任者であるだけでなく、この仕事は、あなたにとって最も重要な働きです。統計はそれを明らかに示しています。子どもの人生は、あなたが父親としてどのように振る舞うかによって、絶大な影響を受けることになるでしょう。それも自分の子どもだけでなく、その子どもの子ども、そしてさらにその先の子どもにも影響を与えていくのです。

## ホワイトハウスでの出来事

私は光栄にも、大勢のアメリカ大統領と個人的に知り合いになりました。ジョージ・W・ブッシュ大統領は際立って優れた父親でした。そして今でもそうです。偉大な父親なら誰もが知っている深遠な秘訣を、ブッシュ大統領も知っていました。

それは、よい父親、忠実な夫になることは、妻や娘にとって祝福であるだけでなく、自分自身にとっても祝福になるということです。ブッシュ大統領がわかっていたように、よい父親になろうと思って学習するなら、それだけではなく、ほかの大切な分野においても優れた人間になれるのです。

大統領として最初の任期を務めていたとき、ホワイトハウスで催された素晴らしい夕暮れのパーティーで、ブッシュ大統領は私を脇に呼び、私の眼をじっと見つめてから言いました。「グレゴリー、私たちにはたくさんの共通点があるね。お互いに、自分にはもったいないような素晴らしい人と結婚したね。そのことは絶対に忘れるなよ」。これは私に、常に妻を愛し尊敬することを思い出させるための言葉であったと思います。このことを、ブッシュ大統領は何度も私に語りました。それは、そのときの私にとって、とても大切なアドバイスであり、今でもそうです。しかし、それに続けて、ブッシュ大統領はさらに重要なことを語ったのです。「夫となり、それから父親となったことは、私の人生の中で最もよかったことの一つだよ。そのおかげで、昔の自分よりももっとよい人間にならざるをえなかったからね」。大統領は確かに正しかったです。家族を担い、父親としての役割を果たすことによって、私たちは男性としてさらに成長していくのです。

## 男性として成長するために、極めて重大な一歩

オリンピックの重量挙げで金メダルを取る選手は、どのようにしてあんなに強くなったのでしょうか。ジャマイカ出身の短距離選手、稲妻のウサイン・ボルトはどのようにして世界一最速で走る男となったのでしょうか。アメリカンフットボールのチームは、どのようにしてスーパーボウルで優勝するのでしょうか。信じてもらえるかどうかはわかりませんが、その方法は、あなたや私がよい父親になるのと同じ方法なのです（その過程で、私たちはよりよい男性にもなります）。

自己犠牲・勤勉・自己訓練などが大事な要素となって、スポーツ選手やスポーツチームは優勝します。これらの資質は、家族を愛する素晴らしい父親になるためにも大事な要素です。これは研究の結果、ずっと前から明らかになっていることですが、家族に対して熱心な夫また父親は、独身や子どものいない自分の兄弟に比べると、仕事においてより大きな成果を上げ、精神の状態もより健全で、より長生きし、自分の人生についてもより満足を感じ、地域社会に対してもより貢献しています。[2] 実際に、結婚している人たちは、独身の人、同棲している人、別居している人、離婚した人、配偶者に先立たれた人と比べて、二倍「幸せ」であ

るようです。[3]

ちょっと考えてみましょう。妊娠中の妻が欲しがっているピクルスサンドを作るために、誰が午前二時に起きたいと思いますか。ママが少しでも休めるようにと（これは本当に必要です）、赤ちゃんをベビーカーに乗せて十回以上も散歩につれていきたいと思いますか。病気だった子どもの部屋を掃除したり、お泊まり会の後でくしゃくしゃになったシーツを取り替えたり、どうしてもしつけを必要としている十代の子どもを指導することはできますか。結論からいえば、父親として優勝したいと願っている人以外には、誰にもできないのです。

同じように、毎朝五時に起きて、十キロも走りたいという人がいるでしょうか。シーズン前なのに、一日に二回もトレーニングをしたいという人がいるでしょうか。自分が選んだスポーツで、より強く、より速く、より優れた選手となるために、肉体の限界にまで負荷をかけたいという人がいるでしょうか。ここでも答えは同じです。競技で優勝したいと願っている人以外には、誰もいません。

スポーツ選手として優勝するために、近道はありません。同じように、よい父親、よい男性となるために、近道はないのです。長年にわたって家族のために私たちが背負うまさにその重荷のおかげで、私たちはさらによい父親、さらに強い男性になることができます。これは、父親改革のための最も奥の深い秘訣の一つです。私たちがよい父親となっていく過程で大いに利益を受けるのは、私たちの家族や私たちを取り巻く社会全般だけではありません。皆さん、私たち自身も利益を受けるのです。ここでも研究の結果が裏づけとなります。データによれば、一般的にいって、心の健康は結婚することによって改善し、離婚したり別居したりすることによって悪化します。[4]

## 一緒にこの旅に出ましょう

残念なことに、過去五十年にわたって、アメリカの社会（日本も例外ではないと思います）では父親、また父親の役割が重要であることを強調しなくなってしまいました。そのせいで、状況はますます悪くなっています。男性であれば、それぞれの仲間内で、仕事で成功すること、セックスにたけていること、高級車やマイホームを持っていること、資産が多いことなどが重要視されます。父親として成功することは、それに比べ重要ではないのです。これは、信じられないほどに先見の明がありません。なぜなら、こうしたものは重要なように見えても、私たちがこの世を去るずっと前に、だんだんと価値が薄れていくからです。そして、私たちが死んだ後には、何の意味もなくなります。もし天国があるならば（私はあると信じています）、信仰・家族・友情がすべて価値あるものです。物質的なものには何も意味もありません。

以上お話ししたことから、家族・社会・私たち自身にとって、父親の役割が大切であることがおわかりいただけたでしょうか。父親改革の旅路について語り合い、これから始まる道程において、お互いに励まし合い、強め合っていきましょう。あなたがよい父親となるために多くの課題に取り組むときに、この本とホームページ（ファミリーファーストジャパン（http://familyfirstjapan.org/）とフェイスブック https://www.facebook.com/ffg.japan/ 父親交友会（米国・英語）（https://www.fellowshipoffathersfoundation.org/））にあるツールやサービスが、あなたの助けになるように願っています。

## さらによく考えてみましょう

1　父親であることが自分にとって最も大切な仕事であることを、あなたは本当に信じていますか。そう信じる理由、あるいはそう信じていない理由を考えましょう。

2　今の自分を父親としてどのくらい評価していますか。一から十までの段階（十を最高として）で答えてください。奥様や子どもはその評価を認めるでしょうか。ご家族に尋ねてみる勇気はありますか。

3　自分が父親として成長するための最高の機会は、どういうときだと思いますか。それについて奥様や子どもは何と言うでしょうか。

## 本章の即効ドリル

1　六十秒間、考えてみてください。一人ひとりの子どもたち、また家族全体にとって、あなたは文字どおり取り替えることのできない人です。

2　六十秒間、考えてみてください。家族の将来にとって、よい方向でも悪い方向でも、あなたの力はどのくらい影響を与えるでしょうか。

3　六十秒間、想像してください。あなたひとりで、子どもや家族の将来をどのように形づくることができるでしょうか（あるいは、どのように形づくりたいでしょうか）。また、あなたの影響を受けて、子どもは、自分の社会やこれからやってくる世代に対して、どのような影響を与えるでしょうか。

# 「家族の高貴なビジョン」の力

「家族の高貴なビジョン」とは、これから十年後、二十年後、三十年後の自分と家族のあるべき姿を示す道路地図です。この地図がどうなっているかによって、安全に目的地に到着できるかできないかが変わってきます。

幻（ビジョン）がなければ、民は好き勝手にふるまう。
聖書

将来どんな家族になりたいのか、また、なぜそのような家族になりたいのかについて、妻や子どもたちと一緒に話し合い、合意できたことは、私たち家族にとって最高のことでした。

ジョン（シンガポール）

ロシアの文豪の一人であるレフ・トルストイは、世界でも有名な小説の一つ、『アンナ・カレーニナ』の冒頭に、忘れられない言葉を書いています。「幸せな家族はどれもよく似ているが、不幸な家族は、それぞれ違った悲劇があり、不幸なのだ」。それからほぼ百五十年、トルストイの言葉はなお、真理として響きますが、私はここに、もう一つの真理を追加したいと思います。それは「幸せな家族は偶然にできるものではない」ということです。団結力があり、愛情や思いやりの溢れる家族は、長い時間をかけて、よい時も悪い時も、思い出を一つひとつ積み重ねながら、築き上げられるのです。

しかし、家族のリーダーであるべき私たち男性は、特に人生の波風が激しく吹き荒れているときなど、どのようにして前に進み続けていくのでしょうか。

どのようにして、私たち父親は家庭の雰囲気を整え、家族の進むべき方向を定め、それと同時に家族の一人ひとりが、一致団結してその同じ方向に確実に向かっていくようにすることができるのでしょうか。それはすべて、「家族の高貴なビジョン」からスタートするのです。

## リーダーが基本方針を決めることによって、結果が定まる

ドワイト・D・アイゼンハワー軍司令官は、連合軍が、ナチスの占領下にあるヨーロッパに進攻すれば、血なまぐさい戦闘になることはわかっていました。何千人もの兵士が戦死し、何万人もが負傷することになるかもしれない。戦況は厳しく、連合軍の勝利はまだ確実ではない、というのがせいぜいでした。天候や海の状態も味方してくれませんでした。時には、連合軍すらも協力してくれませんでした。しかし、アイゼンハワーにはビジョンがありました。それは、ヨーロッパをナチスの独裁から解放して、民主主義と経済の繁栄を取り戻すという、高貴なるビジョンでした。彼は、このビジョンの重要性を理解していました。自由な世界の未来が、このビジョンにかかっていることを理解していました。アイゼンハワーの取り計らいで、上官から部下に至るまで、全員がこのビジョンは大切であると理解するようになりました。また、このビジョンを達成するために、一人ひとりが自分の役割を理解するようにもなりました。

このビジョンを実現するためには、莫大な犠牲と並外れた訓練と最高の協力関係が必要でした。しかし、アイゼンハワーは揺るぎませんでした。同僚も怯みませんでした。彼らはこ

のビジョンを理解し、失敗したら多くの人が犠牲になることも理解していました。彼らがこのことをよく理解し、何があっても諦めなかったおかげで、ヨーロッパはナチスの暴政から解放され、以後六十年以上にわたって、それなりの平和と繁栄を享受することができたのです。アイゼンハワーの高貴なビジョンは実現し、そして私たちもその恩恵を受けているのです。

ここで、あなたに最初の、そしておそらく最も大切な質問をします。あなたの家族のための「高貴なビジョン」は何ですか。つまり、これから十年後、二十年後、三十年後に、自分の家族はどのようになっていたらいいと思いますか。その目標に向かって進むために、家族のリーダーであるあなたは、何をしていますか。

家族の未来のために、あなたには「高貴なビジョン」がありますか。ある人は、漠然としたビジョンがあっても、まだ家族には話してはいないかもしれません。そうであれば、あなたも私たちの仲間です。なぜなら、ほとんどの父親は、家族を養うことと、日々の問題の処理に追われていて、ゆっくりと時間をかけて、将来どのような家族になりたいか、考えることができないでいるのです。そして、それが問題なのです。なぜなら、重要なこと、意味のあることが、偶然に作られることはないからです。

考えてみてください。偉大な会社・建物・芸術作品は、偶然に創造されたものではありません。ワールドシリーズで優勝するのも、運がよくて勝てたのではありません。もちろん、人のやることですから、多少の運（幸運も不運も）に左右されるのは仕方ありません。しかし、芸術やスポーツ・ビジネス・政治・学問など、どんな分野であっても、人々が偉大な業績を打ち立てたときには、必ずそれは、何かを成し遂げたいというその人たちのビジョンから、始まっているのです。彼らは、ビジョンがあるので、何があっても諦めず、前進し続け、究極の目標を狙い続けることができたのです。私たちが屈服せず、諦めず、気力を失わなければ一緒に達成することができるというビジョン、つまり「高貴なビジョン」はリーダーシップから始まります。

## 家族を導く

信じてもらえるかどうかわかりませんが、あなたは家族のリーダーとして、あらゆる意味でアイゼンハワーのようなものです。もちろん、自由な世界を守るために戦っているのではありませんが、この世界の次の世代を育てるために戦っているのです。そしてアイゼンハワーと同じように、その働きはあなたにとって最も大切な仕事です。アイゼンハワーのように、将来のために、あなたは力強い前向きなビジョンを掲げなければなりません。これは家族の未来のための「高貴なビジョン」です。

そのためには、あなたは、最も近しい連合国（家族や親友たちです）と互いに尊敬し、信頼することのできる絆を結ばなければなりません。アイゼンハワーのように、あなたは、彼らに耳を傾け、彼らの恐れや不満を理解しなければなりません。また同時に彼らを助けて、「家族の高貴なビジョン」を理解させ、よく話して納得させ、このビジョンを実現するために各自の果たす役割も理解・納得してもらわなければなりません。

アイゼンハワーと同じように、あなたは大きな失望・落胆、そして、敗北にさえ直面するでしょう。時には、風も波も永久にあなたに向かって吹き付けてくるように思えることもあるでしょう。またある時には、最も近しい連合国があなたを深く失望させることもあるでしょう。しかし、あなたが家族の高貴なビジョンを持ち続け、その実現に向けて努力し続けるならば、そのおかげで、あなたも、家族も、社会も、それどころか全世界がよくなるでしょう。

そのためには、勤勉さと自己犠牲と自制心が必要です。しかしこれは、私たちにとって最も大切な仕事なのです。私たち個人の未来、そして子どもや孫の未来がかかっているからです。

家族の未来のために高貴なビジョンを作り上げることは、数分でできるものではありません。しかし、いますぐに始めることができます。時間をかけながら、どのような家族を築き上げたいかについて、骨太の高貴なビジョンを打ち出してほしいと思います。これは、「人生のビジョン」と私が呼んでいるものの中で、大きな部分、それも最も重要な部分を占めています。男性の「人生のビジョン」には、おもに次の三つの要素が含まれます。

1　**仕事のビジョン。**もし機会が与えられるならば、仕事の中で（職場や職位などの機会を用いて）、何を成し遂げたいか（私の意見では、現代社会はこのビジョンを過大評価しすぎています）。

2　**個人的なビジョン。**どのような男になりたいか、あるいはどのような男と思われたいか。仕事以外で、何を得意としたいか。この世を去ってから、人々からどのように言われたいか。

3　**家族の高貴なビジョン。**十年後、二十年後、三十年後に、どのような家族であってほしいか。その目標に到達するために、家族のリーダーであるあなたは何をしているか。

「家族の高貴なビジョン」については、おかしなことがあります。人間の長期間にわたる幸福、また人生の達成感を得るために、このビジョンが極めて重要であるにもかかわらず、ほとんどの男性がこのビジョンについて考えるために、それほど（あるいはまったく）時間を割かないのです。ましてや、このビジョンを達成するために、積極的に行動することなどありえません。しかし、「人生のビジョン」の他の二つの要素と同じように、私たち男性がこのビジョンについて考え、計画し、それに向かって行動しなければ、何も起こらないのです。

「人生のビジョン」の各要素と同じように、家族の高貴なビジョンを実現するためには、計画と実行と犠牲が必要です。今日の父親には、優先するべき事項があまりにもたくさんあり、しかもそれらが競合し合っているので、この家族の高貴なビジョンをバランスよく保ち、適切な優先順位をつけるためには絶対に訓練が必要です。しかし、どうぞ私を信じてください。家族の高貴なビジョンを実現することは、それに費やす労力やそのために払う犠牲よりも、何倍もの価値があります。

## 私個人の痛みに満ちた物語

五十歳になるまでに、私はさまざまなことを成し遂げました。それは、オハイオ州のトレド市で中産階級の家庭に生まれ、何世代にもわたる家族の問題に悩まされた少年にとっては、ちょっとありえないほどのことでした。私はごく平凡な少年でした。身長も体重も外見も、みな平均的でした。また、残念ながら、私の家族もそんなに自慢できるものではありませんでした。父はアルコール中毒で、時には月単位で転職していました。母は、私たちに食事を与え、服を着せ、危険から守ることに、精一杯でした。私たち家族は、最悪の状況だったということではありませんが、子ども時代は、決して良くはありませんでした。

私は、神の恵みによって、よい教育を受け、素晴らしい妻が与えられました。中年になったころには、フルブライト研究員としてアジアに渡り、シリコンバレーで投資家（ベンチャーキャピタリスト）となり、最高経営責任者となって成功を収め、国際的慈善家となり、アメリカの上級外交官を務め、アイビーリーグの大学で教授となりました。トレド出身のまったく平均的な子どもにしては上出来でした。しかし、私は一生懸命働きすぎたのです。家族はあまりにも多く引っ越しを繰り返しました。そして優しい妻には、子育ての責任をあまりにも多く任せすぎました（注意――言うまでもなく、十代の男の子には父親が必要です）。その結果、自分自身の家族のビジョンを危険にさらしていたのです。

痛ましい個人的な問題が続いたことで、私自身のやり方が間違っていたことを痛感したのです。私は選択を迫られました。家族の高貴なビジョンと仕事のビジョンとのバランスを、再びよく保とうとするのか、それとも家族は仕事の二の次にするのかです。皆さん、どうか取り違えないでください。ここで言っている選択とは、私が何を語るのかということではなく、私が何をするのかという選択です。妻も子どもも、苦し紛れの言い訳などすぐにかぎ分けます。私が家族を優先にすると言いながら、一週間に七十時間以上を仕事に費やし、毎月の半分を出張に出ていたのではうまくいきません。私は有言実行を迫られたのでした。

そのときこそ、家族の高貴なビジョンを持つことがとても重要になりました。妻と私はじっくりと話し合いました。将来、どのような家族を築いていたいのか、どうして道から逸れてしまったのか、そして最も大切なことですが、元に戻るためには何をしたらいいのか、についてです。これは簡単なことではありませんでした。そして、必ずしも楽しいものではありませんでした（特に私にとっては）。しかしこれは大切なことでした。このおかげで妻と私は、以前よりも親密になることができました。仕事の面で、私はいくつかの大きな改革を行いました。この改革のおかげで、家族と過ごす時間が多くなり、「人生のビジョン」のバランスを取り戻すことができました。そうです、これはライフスタイルを変えることを意味しました。つまり生活の一部の側面を簡略化し、削減するのです。果たしてこれは正しい決断だったでしょうか。もちろんです。

この本の各章の終わりには、「さらによく考えてみましょう」というコーナーで、いくつかの質問を用意しました。自分ひとりで取り組んでも構いませんし、またはいい話し合いの題材として、家族や親しい友人との会話に用いていただいてもいいです。質問の後には、「本章の即効ドリル」があります。この箇所が、あなたを励ましてくれることを願います。全項目に取り組んでも、数分もかからないでしょう。

最後に、この章の終わりには「実践ガイド」があります。十のツールに関する章の終わりにも、この「実践ガイド」があります。すべてのガイドが、あなたの助けになるようにと願っています。なぜなら、この十のツールを実践しなければ、あなたはおそらくよい父親にはなれないからです。それは、あなたにとっても、私にとっても、失敗を意味します。あなたにも同意していただきたいのですが、父親になることについては、失敗してしまってもいいという選択肢はありません。

## さらによく考えてみましょう

1　家族の高貴なビジョンを作り上げることは、家族全員にとって助けになると思いますか。そう思う理由、あるいはそう思わない理由を考えましょう。
2　この家族の高貴なビジョンに奥様や子どもも賛同してくれることが大切だということに同意しますか。同意する理由、あるいは同意しない理由を考えましょう。
3　今日、あるいは将来、あなたや家族が課題に直面するなら、家族の高貴なビジョンはどのようにしてあなたがたを助け、課題を克服させてくれるのでしょうか。

## 本章の即効ドリル

1　六十秒間、想像してみてください。十年後に、自分の家族にはどのようになっていてもらいたいですか。

2　六十秒間、そのビジョンの力と素晴らしさに、自分の心と思いを浸してみてください。

3　「心のお財布」にこのビジョンを入れておいてください。そして、つらいときには、それを取り出して見てください。

実践ガイド

# 十日間で家族の高貴なビジョンを作り上げる

あなたには、父親として、家族の将来について方針や方向性を決める特権と責任がありま す（もちろん奥様と一緒に）。実際のところ、もし、あなたがしなければ、おそらくビジョン はできないでしょう。ちょうど大事な試合の前に、コーチがチームに試合の戦術を教えるこ とを忘れてしまうのと同じように、父親が家族を助けて、これから一緒にどこに、またなぜ 行こうとしているのかを理解させないならば、その結果に落胆することになるでしょう。

## いますぐに家族の高貴なビジョンを作り始めてください

では、今から数分間を使って、家族のために高貴なビジョンを作り始めましょう。これは大変なことではありません。むしろ楽しい部類です。あなたが父親としての旅路のどこにいるとしても、この家族のための高貴なビジョンは、あなたを助けてくれます。もし、初めての子どもの出産が近いなら、それは最高のタイミングです。奥様と一緒に座って、家族の未来のために二人でビジョンを話し合うようにしてください。

もし、子どもがもうすぐ大学に入学するか就職しようとしているか、あるいはすでに家から巣立っていたとしても、この家族の高貴なビジョンが皆さんを助けてくれて、将来、孫も含めてさらに大きくなる家族をどのようにしたいかについて、共通のアイデアを分かち合えるようにしてくれます。もしあなたがすでに祖父の立場にあるなら、大家族のための家族の高貴なビジョンが助けになります。

ですから、あなたが、いま人生のどのタイミングにいるとしても、また今まで父親としてどれほど多く失望してきたとしても、私は、あなたがここで、将来どのような家族を目指したいのか、時間を割いてきちっと考えてみることを、強く勧めるのです。ここに、「家族の高貴なビジョン」の作成を助ける、八つの質問を用意しました。これから十年後、二十年後、三十年後にどのようになっていたいかという観点から、この八つの質問に答えてください。

1　自分の妻（あるいは元妻でもいいです。なぜなら彼女は今でも、あなたの子どもの母親ですから）どのような関係でいたいですか。どのように彼女と接したいですか。結婚生活は、どのようなものにしたいですか。男性・夫・父親として、彼女からどのように言われたいですか。

2　どのような親になりたいですか。子どもが大人になったとき、家庭生活について、どのような思い出を持っていてもらいたいですか。また幼少期について、どのような印象を持っていてもらいたいですか。

3　子どもが大人になったとき、どのようになっていてもらいたいですか。また、どのような人として知られてほしいですか。

4　子どもが自分自身の伴侶や子どもと、どのような関係を築いてもらいたいですか。子どもには、どのような夫・妻、あるいは父・母になってもらいたいですか。

5　将来、子どもたちがお互いに（またお互いの家族に）どのような関係でいてもらいたいですか。

6　将来、子どもとは、どのようなことをしたいですか。また、子どもとどのような関係でいたいですか。

7　子どもが親になったとき、あなたと奥様はどのような役割を果たしたいですか。

8　自分の家族をつなぐ中心的な価値観は何ですか。家族全員で、何が最も大切だと思っていますか。

## だいたいの下書きができました！

右の八つの質問に答えていただくと、あなたの家族の高貴なビジョンの基本的な輪郭ができ上がります。どうぞ、鉛筆と紙を手に取って、いま書ける答えをできるだけたくさん書いてください。まずは始めてください。もし、これはいいという質問を思いついたら、それも自由に追加してください。これを全部やっても、そんなに時間はかからないでしょう。これはあなたの将来と家族の将来にとって、極めて重要なことです。

答えを書き終えたら、何日かかけてよく考え、修正し、家族に話してみてください（もしこの段階で話してもいいと思ったらです）。もしかしたら親友・牧師・先輩や尊敬している友人とも話し合いたいと思うかもしれません。時間をかけながら、つなぎとなる言葉を加えていって、あなたの答えが一つの声明文になるようにしてください。そのときには、もう八つのばらばらな回答ではなくなっているはずです。少しずつ、自分自身の家族の高貴なビジョンを作り上げていくことになるでしょう。

完全でなくても心配しないでください。もちろん完全であるわけがありません。しかし、どんなに粗削りであっても、最初の原稿が書けたならば、それは半分の道のりを進んだも同然です。すべての偉大な出来事は本の中に記録されますが、これには理由があります。書かれた言葉はいつまでも残るからです。なぜ神は書かれた形でモーセに十戒を与えられたのか、不思議に思ったことはありますか。それは、書かれた言葉には力があっていつまでも残り、また導く力があるからです。

あなたが自分の家族の高貴なビジョンの冒頭を書いたのならば、もうすでに半分は進んだのです。しかし、このビジョンはあなただけのものではなく、家族全員のものでなければなりません。そこで提案があります。奥様に手紙を書くか、メールを送るかして（すでに離婚していても、これくらいのことはできます）、自分のビジョンを伝えてください。素敵なレストランに連れていって、彼女の考えやアイデアを聞き、そして（最終的に）彼女の賛同を得てください。家族の高貴なビジョンは、家族全体のためにあるのであって、まず母親が最初でなければなりません。奥様がいなくても、慌てないでください。第3部で、シングルファーザーのために、まるまる一章を設けました。

## 妻の意見を取り入れ、賛同してもらう

聖書の教えによれば、よい妻がいる男性は神から真の祝福を受けます。もちろん、その妻は完全ではありません。でも考えてみてください。あなたも私も完全ではありません……ツール2の「結婚へのコミット」で、妻を愛することがどれだけ大切であるかについてお話しします。なぜなら、これがよい父親が子どものためにできる最も大切なことの一つだからです（言うまでもなく、奥様のためにもそうです）。

話し合いは最初が肝心です。まずは奥様に、これから五年後、十年後、二十年後に、どのような家族を築き上げたいのか、またどのようにしてそのような家族を築くのかについて、一緒に話し合いたいと伝えておいてください。前もって奥様にも家族のビジョンについて考えておいてほしい、とお願いしてください。先に挙げた家族のビジョンを作るための質問を渡し、さらにあなた自身の家族の高貴なビジョンの原案も渡してください（わかりましたでしょうか。ビジョンを書いておくことは役に立つのです）。このようにすれば、このことがあなたにとってどんなに大切なのかがあなたの奥様にもわかります。またこのおかげで、奥様も自分自身の考えをまとめておくことができます。

奥様の都合のよいときに、鉛筆と紙を持っていって、例の八つの質問に対する彼女の答えを書き留め、またほかにも大切なアイデアがもらえれば書き留めてください。特にあなたの答えについて、奥様がどのように思っているのかを聞いてください。彼女が同意している点、また追加したい点、変更したい点などを見つけてください。じっくりと耳を傾けてください（男は必ずしも人の話を聞くのが得意ではありません）。そして、質問をたくさんしてください。妻は何と言っているのか、またなぜそのように言うのかを深く理解できるように努めてください。奥様について、あなた自身について、家族について、たくさん学ぶことができると保証します。

話し合いが終わるころには、はっきりとした家族の高貴なビジョンが共有できていることでしょう。あるいは、もっと話し合いが必要になっているかもしれません。それもありです。しかし次の原案には、奥様の提案と変更を必ず入れてください。なぜなら、このビジョンは奥様のビジョンにもならなければならないからです。このビジョンを書き留め、奥様からの賛同を得ることによって、確実にお二人が同じ家族の高貴なビジョンを持つようになります。これはとても大切な最初のステップです。

さあ、これから、子どものことも入れていきます。このビジョンを、小さい子どもにもわかるようにしてください。子どもと話し合い、提案や変更すべきことがあるかどうか見てください。家族の高貴なビジョンを実現するために、一人ひとりの子どもにも重要な役割があることを明確にしてください。この家族のビジョンをさらに強めるために、子どもがよいアイデアを持っているならば、その意見も必ず入れてください。

子どもが十代ならば、おそらく話し合いは決して簡単にはいかないでしょう（実は、私たちの家庭がそうでした）。けれども、家族のビジョンを子どもに伝えて、意見を求め、賛同してほしいとお願いするならば、子どももこのことの全体に自分も関わっているのだと感じてくれるでしょう。そして、もしあなたが、深い愛情や思いやりをもって子どもたちと対話することができれば、今までより親密な関係を家族で築いていくことができるでしょう。

みんなが家族の高貴なビジョンに同意できたら、最後にビジョンを文書にしましょう。きれいに清書したら額に入れて（これは冗談ではありません）、家族のみんながよく過ごす場所に置きましょう。例えば台所に置けば、誰もが目にするでしょう。そして、（少なくとも）一年に二回は、家族に尋ねてみてください。「家族の高貴なビジョンに向けて、私たちはちゃんと進んでいるかな」と。家族の誰もが、このビジョンに心を留めるようにしてください。つまり、いつの間にか、このビジョンが忘れ去られてしまった、ということがないようにしてください。

時間が経過するに従って、このビジョンには修正が必要になるかもしれません。少なくとも、新しい額に入れ直す必要があるかもしれません。しかし、ビジョンがあるというだけでも、また、あなたがビジョンを提案し、はっきりと家族の最優先事項にしたという事実だけでも、今後に向けて大きな力となります。このビジョンがあるおかげで、家族が一致してどこに進もうとしているのか、また何を目的にしているのかについて、家族一人ひとりが理解できるでしょう。

この「家族の高貴なビジョン」は、特に大変なときに効力を発揮します。そして、すべての家族は大変な事態に直面するものです。また、この高貴なビジョンに向けて、あなたが家族を導くときに、父親であるあなたを、この「家族の高貴なビジョン」が助けてくれるはずです。なぜなら、推し進めるリーダーがいなければ、どんなに高貴なビジョンであっても、ただの夢で終わってしまうからです。しかし、権限を委譲するサーバントリーダー（ツール5）がいれば、家族は強固に団結し、最も大変な状況も耐え抜いて、素晴らしい未来が実現するのを見ることができます。

ここで私と妻が家族のために作った「家族の高貴なビジョン」を紹介します。このビジョンには、子どもたちも（多かれ少なかれ）賛同してくれました。決して完全なものではありませんが、私たちには役に立っています。あなたの家族のビジョンも私たちのビジョンと同じようでなければならない、とは思わないでください。その必要はありません。しかし、私たちのビジョンを共有することによって、あなたの参考になり、あなた自身の家族のビジョンを作り上げるのに役立つことを願っています。

### スレイトン家の高貴なビジョン

私たちはいつまでも、神とお互いと地域に仕える家族であり、またそのような家族となるべく努めます。共に成長しながら、私たちお互いの間の絆、すなわち信仰と愛情と喜びの絆を保ち、さらに強めるために全力を尽くします。お互いに親切に接し合い、いつもお互いの最善を図ります。私たちは、お互いに「疑わしきは罰せず」の原則を持ち、何があってもお互いに支え合います。

親は自分の必要や願いよりも、子どもや孫の個性・心・将来を優先にします。子どもや孫のために一生懸命働き、祈り続けます。神よ、可能な限り最良の母、最良の父となれるように助けてください。

若い世代は、誠実で勇敢で名誉ある一生を送ることを熱心に心がけます。そのように生活するためには、神の助けが必要であることを知っています。ですから、すべてのことにおいて神の祝福と導きを求め続けます。結婚する相手は高貴な人、すなわち信仰が強く、愛情に満ち、知恵深い人を求めます。父と母がしてくれたように、私たちも自分の子どもを神の愛と知恵の中で育てます。世代を超えて、お互いがどんなに遠く離れていても、年齢が離れていても、家族の絆を強め、深めるために全力を尽くします。

若い世代は一度結婚したら、離婚しません。若い世代は両親の模範を尊重して、お互いの違いについてとことん話し合い、お互いのために熱心に祈り、イエス・キリストが私たちに仕えてくれたように、私たちも互いに仕え合います。

若い世代は自分自身の家族の高貴なビジョンを作ります。そのビジョンは、このビジョンとは少し異なるかもしれません。しかし、最も大切な要素については、最善を尽くして、両親が私たちに伝えてくれたことを子どもに伝えていきます。それは、幸せな家庭と神の祝福から生まれる愛情と信仰と喜びと平安です。

私たちの両親は子どもを乳母や全寮制の学校に預けませんでした。私たちも何があっても、両親を老人ホームや施設に預けたりしません。これからもずっと、両親を尊敬し続けます。私たちが小さかったころに面倒を見てくれたように、私たちも両親の世話をします。

大変なことがあっても――そのようなことはあるでしょう――、私たちは一致団結して、共に戦い抜きます。いつでも、どこでも、助けの必要な家族がいれば、助けに行きます。常にお互いに正直になり、キリストが私たち一人ひとりに示してくれた愛をもって接します。お互いのため、またお互いの家族のために祈ります。なぜなら、「義人（正しい人）の熱心で効果的な祈りは非常に力強い」（聖書）と信じているからです。そして、それが真実であることを、私たちは自分の家庭の中で見てきました。

創造主なる神が私たちの心を一つに結び合わせてくださり、この高貴なビジョンを実現させてくださいますように。そして、神のさらなる栄光と、スレイトン家全員の祝福が現れますように。

アーメン

# 父親改革のための十のツールの概要

熟練した職人と同じように、父親にも、自分の仕事を成し遂げるためには、強力な道具（ツール）が必要です。それが父親改革のための十のツールです。どの家庭でもこれらのツールを役立てることができます。

ほんのわずかなスキルと、真の熱意と、そして後ろによい家族さえいれば、男にできないことはほとんどありません。

匿名

この父親改革のための十のツールを習得したおかげで、私は確かによい夫、よい父親、よい男になることができました。

ジョン（カリフォルニア州サンノゼ市）

この本の内容についてご意見のある方は、メールにて遠慮なくご連絡ください。
admin@familyfirstjapan.org

◇◇◇◇◇◇◇◇◇

前章で学んだように、家族をどこに導いていくかについて、高貴なビジョンを描くことが大切です。同様に大切なのが、奥様にもこのビジョンに賛同してもらうことです。さらに子どもにもこのビジョンを理解してもらい、いろいろな意見とアイデアをもらえれば、さらに強力なものになります。

しかし、ただ家族の高貴なビジョンを持つだけでは十分ではありません。重要なのは、正しいツールを用いて、時間をかけながら家族の高貴なビジョンに従って家族を導き、ビジョンを実現することです。家族の高貴なビジョンを実現すること。これが第一の目標であり、男性のライフワークに値するものです。

これが簡単なことであると言うつもりはありません。しかし、正しいツールと熱意と助けがあれば、成し遂げることができます。もちろん、一生懸命やる必要があります。そしてこれは一生懸命やる価値のあるものです。また、これには正しいツールが必要です。実際に、特定の十のツールが必要になります。これらのツール一つひとつについては、次の第2部で見ていきます。もちろん家族や友人の助けも必要になります。西部開拓時代の開拓者と同じように、この旅はひとりではできません。

また、このツールを上手に使いこなせるようになるためには、一晩では足りません。小さな企業の経営者や熟練労働者やメジャーリーグの野球選手と同じように、どんなに長い間仕事に携わってきたとしても、まだまだ自分のスキルは伸ばせるのです。一回目（あるいは二十回目）で、きれいなカーブが投げられるようになった人は誰もいません。どのような職業についてもいえることですが、優れた父親になるためにも一連の基本的なスキルがあって、それを習得するためには時間が必要なのです。

これから学ぶ十のツールが全世界で用いられているのを、私は見てきました。確かに子育てについては、それぞれの文化に独自の伝統ややり方があります。しかし、今まで出会った素晴らしい父親たちは、この十のツールのうち少なくともそのいくつかは習得していました。文化が異なれば、十のツールの外見も異なります。しかし、この十のツールはどこでも有効です。

では、簡単にこの十のツールを見てみましょう。見ていただくとわかりますが、これらの各ツールの最初の文字を並べると、覚えやすいようにFATHERHOOD（父親になること）になります。この単語を頭に入れておけば、手元に本がないときでも、十のツールが思い出せるでしょう。この十のツールは、どの家庭でも役に立ちます。このツールの一つひとつを、あなたの生活やご家族の生活の中で用いてくださることを願っています。

## ツール1　ファミリーファースト(Family First / Family Fun)

いま家族を最優先にして、家族と一緒に人生の祝福を楽しむならば、未来に向けて、さらに強い家族を築き上げることができます。家族で楽しい時を過ごすことが、最もよい時間の過ごし方です。

---

父親には、多くの役割があり多くの努力が必要です。しかし、同時に楽しいこともたくさんあります。早い話、あなたは全世界で最も愛している人たちと一緒に、人生の旅路を歩んでいるのです。毎日家族と楽しい時を過ごすからといって、多額のお金が必要になることは

なく、また自由時間を何時間も費やすことはありません。ただ自ら進んで、生活のちょっとした喜びを共に楽しみ、また大きな出来事を共にお祝いする気持ちがありさえすればいいのです。そして毎日、意識的に決意して、家族を最優先にすることです。

自分の人生の中で何を一番にするかを、私たちの誰もが決断します。仕事を選ぶ人もいれば、趣味を選ぶ人もいます。心配事を選ぶ人もいれば、これらいくつかを組み合わせて選ぶ人もいます。ツール1を上手に用いて、ファミリーファーストつまり家族を最優先にすると決心するならば、今の生活が楽しくなるだけでなく、家族のためにより強い未来を創り出すことができます。なぜなら今日私たちが共に楽しんでよい時を過ごすならば、それが未来のために素晴らしい思い出となるからです。この思い出は目に見えない糊のようになって、家族を強く結びつけるからです。どの家族も厳しい試練に直面します。どの家族もです。父親は、今日ツール1を用いるならば、家族が今の時を楽しめるように助け、そして来たるべき嵐に備えて、家族を強めることができます。

## ツール2　結婚へのコミット(All-in Marriage)

結婚へのコミットは、幸せな家族を築くための極意です。あな

**たが子どもに（さらには孫に）与えることのできる最高の贈り物の一つは、妻を愛することです。**

統計を見ると最もはっきりとわかります。両親がいて、全般的に幸せな家庭で育った子どもは、そうでない場合よりも少なくとも二倍の確率で、自分たちも幸せな家庭を築き、大学に行き、仕事の定着率が高く、社会で活躍しています。

残念なことに、このような家庭生活を経験していない子どもは、薬物に走ったり、未婚のまま子どもを産んだり、高校を中退したり、大きな犯罪を犯したり、仕事が長く続かなかったり、ひどい精神的な疾患にかかったり、不慮の死を遂げたりする傾向があります[1]。

結論はこうです。子どものために、本当に重要なことは、あなたがツール2を用いて、幸せでいつまでも続く結婚関係を築くことです。しかし、これは子どもにとって重要であるだけではありません。誠実な結婚関係は、妻にとっても、あなた自身にとっても非常に重要です。神が結婚というものを設計されたのは、あなたがもう一人の別な人間に対して、防御を解き、完全にオープンになり、あなたがそのままでいられる場所を用意するためでした。しかし、これは簡単なことではありません。一晩でできるようにはなりません。実際のところ、夫と妻の両者が完全に専念しなければできないことです。もし、あなたが本当に妻に尽くしていて、よいときも悪いときも妻の味方であることを、妻が知らないならば、あるいはそう確信できないならば、どうして妻は心の奥底にあることを、あなたに話そうとするでしょうか。ですから、間違えないでください。家族のリーダーとして、結婚にすべてをかけていることを示すのは、あなたにかかっているのです。

## ツール3　正しいモラルコンパス
(True Moral Compass & Humility)

自分と家族のために高いモラルコンパス（道徳的基準）を定めること、そして、その基準を世代を超えて子どもたちに伝えていくことは、あなたが子どもに遺すことのできる最も大切な遺産です。

自分が亡くなったら、どのような物質的な資産を子どもに遺せるかとあれこれ考える人が大勢います。しかし、私たちが父親として子どもに伝える必要がある、もっと大切なものがあります。それは、強固な倫理観と、時の試練を耐え抜いた価値観、すなわち「正しいモラルコンパス」です。これが、私たちが子どもに遺すことのできる最も大切な遺産です。私たちが世を去った後も、この「正しいモラルコンパス」はよいときでも悪いときでも、とても子どもの役に立ちます。正しいモラルコンパスについて語ることは、現代の文化の風潮に逆行します。今日では、長年の風雪に耐える道徳的・倫理的価値観については、語る人すらほとんどいません。しかし私たち男性にとって、モラルコンパスは欠かせないものであって、子どもにも勇敢で高潔で熱心な生活を送ってもらいたいならば、それは子どもにとっても不可欠です。

子どもに正しいモラルコンパスを受け継がせる前に、私たち自身のモラルコンパスが適切に機能しているか確認しなければなりません。もし適切に機能していないならば、神の助けによって、修復しなければなりません。そうして初めて、子どもに受け継がせることができます。これこそ、子どもに与えることのできる最大の贈り物です。なぜなら、このコンパスなしには、この世で子どもはどのようにして自らを正しく導くことができるでしょうか。その真理は簡単です。もし、子どもが、あなたから（道徳を）学ぶことができなければ、おそらく他から学ぶことはできないでしょう。

## ツール4　ハートに届く愛情(Heartfelt Love)

もしあなたが家族に、言葉と行動において、ハートに届く愛情を示したいのであれば、コミットと忠実さと恵みと優しさを用いなくてはなりません。

これは基本的なことのように思えるでしょう。そしてこれは実際に基本です。愛が基盤となって、その上に強い家族が築き上げられます。私は、中学生の子どもが感じるような淡い好意について語っているのではありません。私が語っているのは「死が私たちを分かつ」まで続く現実世界のことであり、これによってどんな試練も共に乗り越えていこうという種類の愛についてです。もし結婚して一年以上経っているならば、新婚のときのきらめきやロマンスは次第になくなっていくことはご存じでしょう。しかし努力するならば、時間をかけながら、そのきらめきやロマンスは、より強く耐久性のあるものによって置き換えられていきます。それは互いに尊敬すること、互いに信頼すること、つまり家族がお互いに頼り合う関係、そしてお互いに深く知り合う喜びです。

家族を愛するスキルを磨くこと、それも家族の一人ひとりが理解し感謝できるような仕方で愛することは、父親改革のためのツールとして最も大切なものの一つです。あなたはこの技術を磨かなければなりません。野球のボールを打ったり、ラグビーボールをキャッチしたりするのと同様に、私たちはみなこのスキルを上達させることができます。

## ツール5　サーバントリーダー
(Empowering Servant Leadership)

自分のことよりも家族のニーズを優先することによって家族を強めるならば、今もまた来たるべき世代においても、豊かな利益を生み出します。これこそが偉大な父親の本質なのです。

自分自身よりも他の人に仕えることを優先するのが、サーバントリーダーであり、すべての偉大なリーダーにとって欠かすことのできない資質です。仕えるとは、自分自身の必要や要求よりも家族の必要や要求を、喜んで優先することです。これは簡単なことではありません。私たちの多くは、自分自身の必要や要望を優先することが得意です。近代社会は、「常にナンバーワンを目指せ」というのが、あらゆる男性にとって最も重要だと信じさせようとします。しかし、そうではありません。

二千年前、パウロ（初期キリスト教の中心人物の一人）はすべての男性を励まして、妻（と家族）を愛するようにと言いました。それも「キリストが教会を愛し、教会のためにご自分を献げられたように」（聖書）しなさいというのです。このアドバイスは、時という試練を経て、確立されてきました。サーバントリーダーは家族にとってよいだけでなく、私たちにとってもよいものなのです。なぜなら、家族に効果的に仕えることによって、私たちはさらに強くよい男性になることができるからです。

## ツール6　関係改善スキル(Relationship Tools that Work)

**私たち父親は、自ら進んで耳を傾ける必要があります。また心から聴くというスキル、そして家族と深く関わり合うための能力が必要です。**

皆さん、現実を認めましょう。私たちのほとんどは、世界で最高の聞き手ではありません。

私たちのほとんどは、感情を大切にするよりは、行動するほうを大切にしてしまいます。これは悪いことではありません。しかし家族とは、本質的に人間関係のことです。家族と一生続く人間関係を築き上げるためには、家族の一人ひとりに心から耳を傾け、理解することができなければなりません。

確かに、私たちは家族を経済的に支えなければいけません。しかし、ツール10「ダイナミックな全面支援」で詳しく見るつもりですが、私たちは感情・精神・身体・霊性の面でも家族を養っていかなければなりません。感情・精神・霊性を上手に養う方法は一つしかありません。それは家族の一人ひとりと本物の人間関係を築き上げることです。そしてそれは、家族に耳を傾け、家族を理解することから始まります。

私たちの誰もが、耳を傾け、人間関係を築くスキルを伸ばすことができます。これは父親として、極めて重要なツールであるだけではありません。これがあれば、家族以外の人とも生産的で積極的な友好関係またはビジネス関係を育てることができるようになります。

## ツール7　天のヘルプ(Heaven's Help)

地上で最高の父親となるためには、究極の父からの助け（天の

## ヘルプ）が必要です。

スピリチュアル（宗教的、霊的）な面で、あなたがどのような世界観を持っているとしても、私たちは父親として、できるだけ外からの助けを受ける必要があることを認めるべきだと思います。神が本当に天にいる父であり、そして（イエス・キリストの教えのように）、神が私たちをご自分の子どもとして愛しているなら、あなたができるかぎり最高の父親になれるように神は助けたいと願っているはずです。そうであるならば、神に助けてくださいとお願いするのは当然ではないでしょうか。

ずいぶん前のことですが、私が不可知論者であったとき、親しい友人の一人が私に、「神ご自身を私に現してください」とお願いしてはどうか、と勧めてくれました。私はそのとおりにお願いしてみました。そうしたら神はご自分を示してくれました。長い時間がかかり、私も途上でいろいろとつまずきましたが、このことは私の人生をまったく変えました。もちろんよい方向にです。私たちはみな、人生の中で、愛・喜び・知恵・平安を豊かにもたらす源を必要としています。このことは特に、母親と父親に当てはまります。なぜなら、子どもはいつも、こうした資産を求めて私たちに頼るからです。お願いすれば誰でも神の愛・喜び・知恵・平安がいただけるのであれば、神にお願いしないのは愚かなことです。

## ツール8　良きパパ友(Other Good Dads)

たったひとりでうまくいく父親はいません。あなたには友人からの支えや、あなたが学ぶことのできる模範となる年上の父親の存在が必要です。

---

自分ひとりだけで成功した父親になることはできません。私たちは、そもそも社会的な生き物です。私たちは、女性ほどには社会的な交わりを多くは必要としないかもしれません。しかしそれでも、私たちには社会的な交わりが必要です。もし、あまり家族を顧みない仲間とつるむなら、そのような交際は私たちに悪影響を及ぼすことになるでしょう。「悪い交際は、よい動機をつぶしてしまう」のです。他方、品格と熱意と能力があって、家族を深く思いやる男性を注意深く探し出すなら、私たちはよい方向に影響を受けるようになるでしょう。

良きパパ友が与えてくれる前向きな影響は、非常に力強いです。ですから世界中のどの文化においても、良きパパ友とは、その人自身も家族に誠意を尽くし、友人にも誠意を尽くす人です。私たちは、しっかりした人格を備えた他のよい男性から助けてもらう必要があります。また彼らも、私たちの助けを必要としています。このツールを用いれば、同じように考えている男性と肯定的で生産的な友人関係を築くことができます。彼らもまた、よい父親になりたいと願っているのですから。

## ツール9　ネバーサレンダー
## (Optimistic, Never-Surrender Attitude)

どんなに大変なことが起きても、家族を見捨てることは決してできません。勝利を得る父親は決して諦めません。諦めてしまう父親は、決して勝利することがありません。

どの父親にとっても、これは最も大切なツールの一つです。またこれは、私たちの誰もが上手に使えるようになる必要のあるツールです。他の九つのツールを用いて素晴らしい仕事ができても、もしこのツールを用いる習慣がないならば、今までの働きがすべて無に帰してしまうかもしれません。内面の力と道徳的な勇気とを養って、家族全体を諦めないこと、それこそ男の中の男です。このツールはそのためにあるのです。

## ツール10　ダイナミックな全面支援
## (Dynamic,Whole-Person Support)

家族をただ経済的に支えるだけでなく、全人格つまり、感情的・身体的・知的・精神的に支えることが極めて大切です。

私たちの多くは（長年にわたって私自身もそうでしたが）、経済的な支えを強調しすぎます。もちろん、時には共働きの妻と協力しながら、家族のために物質的なものを備えなければなりません。しかし、家族を感情的・身体的・知的・精神的（霊的）に支えることは、同じように大切です。もしあなたが経済的に支えることだけに偏り、疲れきってしまい何の余力も残っていないなら、一度立ち止まってそれを変えるために考えるべき時です。

次の第2部では、これまでの「父親改革のための十のツール」の一つひとつに、独自の章を充てています。各章の最後にある「実践ガイド」も利用してください。息子の好きなテレビゲームの主人公の言葉をもじるならば、「ここが勝負所だぜ！」です。

## さらによく考えてみましょう

1　あなたの家族にとって、十のツールの中で最も大切なものは何ですか。それはなぜですか。

2　十のツールの中で、あなたが一番得意なツールは何ですか。逆に、どのツールが改善を必要としていますか。あなたの見解に、奥様や子どもは同意しますか。

3　十のツールの中で一番改善を必要としているツールは何ですか。

## 本章の即効ドリル

1　六十秒間、考えてみてください。家族に対して、一番最後に十のツールのどれかを用いたのはいつですか。

2　六十秒間、思い返してみてください。そのツールはどのようによく感じられましたか。またあなたと家族の両者にとって、そのツールはどのようによかったですか。

3　六十秒間、想像してみてください。そのような時間を、毎日、家族のみんなと共有したらどうでしょうか。またこのような時間は、あなたの家族関係をどれほど強く結びつけるでしょうか。

# 第2部

# 父親改革のための十のツール

ツール1

# ファミリーファースト

いま家族を最優先にして、家族と一緒に人生の祝福を楽しむならば、未来に向けて、さらに強い家族を築き上げることができます。家族で楽しい時を過ごすことが、最もよい時間の過ごし方です。

---

思い違いをしてはいけません。……人は種を蒔けば、刈り取りもすることになります。

聖書

私が就職したころ、こんなことを考えました。「毎日、自分は何のために働いているのだろう」。その答えは、「家族と家族の幸せのため」でした。そこで私は自分自身と約束をしました。「ファミリーファースト」。そのためには仕事を工夫して、出張が多すぎないようにしなければなりませんでした。また週間予定を作るときも、夕食までには家に帰れるようにしました。これを実行するのは簡単ではありませんでした。しかし、その二十年後、あのときの決断は正しかったとわかりました。

ランディー（カリフォルニア州プレザントン市）

「何だ、そんなツールなら朝飯前だ。もう十分よく使っているよ」と思われるかもしれません。しかし、多くの父親たちがファミリーファーストつまり家族を第一にすることができず、往々にして家族と一緒の時間を楽しむことができなくなっています。もちろん、このことを認める人はほとんどいません。しかし、簡単な質問があります。「家族と、定期的に楽しい時間を持っていますか」です。

もし、あなたの答えが、「いやあまり持っていない」、「はっきりはわからない」あるいは、「あなたには私の事情がわかりませんよ」でしたら、続けて読んでください。もしあなたの答えが、「時々」だとしても、このツールを使うことで、強められると思います。本当のところ、私たち全員がこのツールの使い方を上達させることができます。

あっという間に月日が流れていく中で、私たちの多くは緊張やストレスとの戦いはあっても、親子で笑ったり、愛し合ったり、気軽に楽しんだりするといった貴重な時間はほとんどありません。これは家族にとって本当につらいことです。特に子どもにとってはそうです。なぜこんなことになってしまうのでしょうか。多くの場合、意識しているのかしていないのかはわかりませんが、私たち父親が家族よりも他の何かを優先にしているのだと思います。私たちはみな、自分が生活の中で熱中していることを選んでしまいます。そこでもし私たちが、仕事や趣味、生活上の心配事などを家族よりも優先にしてしまうならば、結果として自分で蒔いたものを刈り取ることになります。

子どもは「愛」という言葉をどのようにつづるでしょうか。それは、T-I-M-E、つまり「時間」です。家族で楽しむ時間は、家族みんなにとって最高の「時間」なのです。楽しい時間といっても、何も豪華な休暇である必要はありません（もちろん、家族でよい休暇を過ごすのは素晴らしいことです）。それは、子どもといるときに、一緒に床にごろんと横になるだけでもいいのです。また、いい映画を一緒に見たり、新しいスキルを教えてあげたりするのもいいです。また、子どもの宿題を見てあげるのもいいです（もちろん正しい方法で助けなければなりませんが)。

いつもの生活から離れて、お互いに関心を持ち合うならば、何をするにしても、それが家族の楽しい時間になるのです。一緒に楽しむだけでなく(もちろん、それは家庭生活の中で最もよい時間の一つですが)、そうすることによって温かい素晴らしい思い出も作っているのです。

このようにして思い出をつくることには二つの目的があります。第一に、こうした思い出があるおかげで、家族の一人ひとりが自分は特別に愛されているのだとわかります。第二に、時間が経つにつれて、このようなよい思い出は、建てられた壁をしっかりとつなぐセメントのようになります。人生の嵐が迫ってきて、あなたの家族が倒れそうになったり壊れそうになったりしたときに、こうした思い出が助けになって家族が団結できるのです。そして、こうした嵐は、私たち全員にやってくるものです。

もしあなたが、「遠距離に住んでいる父親」だとしても心配しないでください。遠距離であっても、家族を第一にして、定期的に家族と楽しむことができます。実際に第3部では、まるまる一章を割いて「遠距離に住んでいるお父さん」について学びます。もし家族から遠く離れて暮らしているなら、今すぐにその箇所を読んでいただいても結構です。しかし、物理的にどんなに遠く家族から離れて暮らしているとしても、家族の生活には、あなたの愛と支えと励ましが必要です。

## 父親がいないという心張り裂けるお話

息子のいい友人であった（今もそうですが）青年のことです。彼の両親は離婚し、父親は車で四時間か五時間離れた所に住んでいたため、息子と過ごすことがほとんどありませんでした。このことは青年にとてもネガティブな影響を与えていました。ある日、この青年が私たちの家に来たときのことです。次の週末にお父さんがやってきて、一緒にクリスマスをお祝いするからうれしくてたまらないんだ、と話してくれました（これは一月中旬のことでした。十二月には、お父さんは息子に会ってくれなかったものですから）。しかし、その同じ日の夜遅く、彼の父親からメールが届いて、行くのが無理になったとのことでした。そのとき青年の顔に浮かんだ、苦しむような、見捨てられたような、絶望したような表情は忘れることができません。その週末、「彼の父親」が何をしていたのか、私にはわかりません。しかし、息子に与えた痛みと傷に見合うようなものではないことは確かでしょう。

アメリカの大企業で取締役を務めていたある父親が私に話してくれました。「結局はこういうことでした。家族を最優先にして、家族を救うのか、あるいは仕事を最優先にして、最高経営責任者になってみるのかでした。さて、私はいま最高経営責任者になりましたが、離婚してしまいました。このことはずっと後悔し続けるでしょう」

今日、家族と共に時間を過ごすことは、「古きよき時代」のこととなってしまいました。あなたが人生のどの段階にいるとしても、十年後または二十年後、あなたの子どもが何歳であるとしても、あなたはこの時期を振り返って、次の二つのおもな感情のうちのどちらかを抱くことになるでしょう。子どもと楽しい時を過ごさなかったといって後悔するのか、あるいは一緒に過ごしたすべての楽しい時を感謝するのかです。あるいは、ほとんどの父親と同じように、両方の気持ちを抱くかもしれません。そしてその両方とも正しいです。しかし、一つだけ保証できるのは、「もっと長い時間、会社にいればよかった」と思うことはないということです。

## 家族と楽しく過ごすためのアイデア集

ツール１はとても役に立ちますので、できるだけ使ってください。お金も時間もそんなにかかりません。ただ家族に、充実した時間や気配りを、進んで与えればよいだけです。あと時々必要になるのは、何か新しいこと、いつもと違うこと、楽しいことをするための、ほんの少しの想像力です。

では、どのようにすれば父親として「ファミリーファースト」というツールを上手に使えるようになるでしょうか。詳しくは章末にある「実践ガイド」でお話ししますが、ここでも素晴らしい父親たちからいただいたアイデアをご紹介します。あなたの役に立つアイデアがあればと思います（あなたにもこれはというアイデアがあれば、ぜひ教えてください。フェイスブック　https://www.facebook.com/ffg.japan/）。

北カリフォルニア州のケンが教えてくれたのは、子どもが好きでやっていることは、自分も好きになってみることが大切だということです。ケンは言います。「まず言いたいのですが、私は決してテレビゲームにはまってはいません。けれども、ほとんどとは言いませんが、多くのアメリカの十代の男の子は、いろいろな画面の前で、あまりにも多くの時間を過ごしていると思います。しかし時には、私も子どもと一緒になって、『コール オブ デューティ』でも何でも、子どもが遊んでいるのを見ます。また、私がプレーすることもあります。それがいつも笑いの種になるからです。言うまでもなく、私は『コール オブ デューティ』が一番下手です。けれども、子どもと一緒に笑って、楽しんで、おしゃべりができます。このためなら、私はほとんど何でもします」

シアトルに住んでいる友人のジョンが教えてくれたのは、ほかの父親とその子どもと一緒に楽しむのも大切だということです。ジョンは言います。「忙しい生活を送っている現代社会の中では、私たち父親は、同じ世代の子どもがいる父親たちともっと交流する必要があります。一緒に野球をしたり、家族ぐるみで海岸に遊びに行ったりと、これはすべてみんなにとって楽しいことです。子どもたちもさらに深い友情を築くことができます。またあなたがほかの父親と交流を持っている様子を見て、子どもたちはそこからも学びます」

福岡に住んでいる直樹さんが教えてくれたのは、子どもたちと自然の中で時間を過ごすことがいかに価値あることかということです。「一歳の娘が病気にかかり母親同伴でしばらく入院していたときのことです。小学生の二人の娘と家で留守番をしていた私は、週末に思いきって二人を連れて近くの山に出かけました。妻が不在のときに、もしけがでもしたら大変だと少し心配しましたが、結果的に娘たちは自分の身は自分で守らなくてはならないことを学んだようです。自然の中を歩くだけで子どもたちの心がどんどん元気になっていくのがわかりました。ふだん家にいるときや、ショッピングモールに出かけるときは、それぞれが違うことに目を向け、思いを向けることが多いのですが、自然の中に身を置くと、一緒に時間を共有しているという意識が芽生え、会話の質も高まり、家族の絆が深まるのだとわかりました。後々振り返っても、このような時間がいい思い出として子どもたちの記憶に残っていくのだろうと思いました」

香港の友人のプライスが教えてくれたのは、子どもと一緒に行う定期的な「楽しい決まり事」が大切だということです。毎週末、プライスは子どもと一緒に楽しいことをしました。それは時を経るに従って、かけがえのない思い出になりました。散歩をしたり、映画を見たり、おしゃべりをしたことが交ざり合って、まるで一枚の美しい絵画のような思い出になったのです。

北京から来た私の友人は、子どもを夜の外食に連れていきます。友人はレストランを経営しているので、子どもに早くからいろいろと経験させるのは家族全体にとってもいいことでした。レストランに連れていくことによって、子どもは素晴らしい礼儀作法を身につけ、いろいろな人たちと会話するすべを学びました。それに加えて、いつも楽しい時を過ごせました。今まで私たち家族が共にした夕食会の中で最も思い出に残るいくつかは、彼らとの夕食会でした。私の子どもは彼らが大好きになりました。彼らの子どもも、私の子どもが大好きになりました。私たち大人も、子どもたちが大好きになりました。素晴らしいときであり、素晴らしい思い出です。

西アフリカのモハメドが教えてくれたのは、自分が大切にしていることを子どもも大切にしてくれるように教えることが大事だということです。その秘訣は、できるだけ子どもを一緒に連れていくこと、そして時間をかけながら、だんだんと子どもにもやらせることです。それは魚釣りであったり、テニスであったり、飛行機の模型を作ることであったり、天体観測であったり、あるいはサバンナでヌーの跡を追跡したりすることであるかもしれません。何でも構いません。あなたが大好きで、子どもに適切であるなら、子どもを連れていってください。一緒にすることが何であっても、子どもはそれが好きになっていきます。なぜなら、それが父親との特別な時を意味するからです。そして、時間が経つにつれて、子どもも上手になります。最後には、子どもから、一つや二つ学ぶこともあるでしょう。これほどいいことがあるでしょうか。

## 家族を最優先にすることが大切です

「私の人生の中で、本当に父親になれるのだろうかと思い悩んだことが長い間続きました」と、シカゴ出身のブルースは語ります。「三十六歳になってやっと結婚したのですが、最初の子どもができたのは四十歳のときでした。いま五十二歳ですが、三人の息子がいて、それぞれ十二歳、九歳、四歳です。ほかの多くの男性に比べて、年をとってから父親になりました。今になってわかるのが、ほとんどの人が若くして親になろうとする理由です。若いほうが、体力があるのです！　しかし、何年もかけて学びえたのは、子育てにおいては、体力よりも子どもを愛し、子どもに仕えるというやる気と知恵のほうが大切だということです。毎日、私たちはみな父親として、意識して選択をしなければなりません。最良の時間と資源とを、妻や子どもとの関係を築くために注入するのか、あるいは時間をそのようには活用せず、残業・趣味・テレビ鑑賞・スポーツ観戦などの家族に関係のない諸活動に注入するのかです。

私は若いころから、〝何でも取り組む〟父親になろうと決めていました。それはつまり、自分には不得意であっても、やってみるということです。そのためには時間を工面しなければならないので、私は意を決して出張や夜の会合を減らしました。そうして夕方は家族と過ごせるようになりました。

そしていま、何年もいろいろな少年スポーツチーム（この方面の才能は、ほとんどありません）のコーチをしたり、ボーイスカウト隊の副隊長を務めたり、レゴ・プロジェクトを手伝うために莫大な時間を使ったり、子どものゲームをやってみたりしてみてわかるのは、こうした〝犠牲〟を払ったことが、実はまったく犠牲ではなかったということです。それどころか、息子たちとこんなにもたくさんの思い出となる時間を過ごせたことを、いまでは本当に『すべて喜びであった、と感じています』」

もし、あなたが家族を第一にし、時間を割いて子どもと楽しむならば、今もそしてこれからも、強い家庭を築くことができます。休息をとり、家族といい思い出を作ることの大切さについて、聖書はこのように語っています。「この両日は代々にわたり、すべての家族、諸州、町々において記念され、祝われなければならない」（聖書）。ですから、私たちもそうしましょう。家族を第一にしましょう。機会があるたびに家族でお祝いし楽しみましょう。そうすることによって人生の旅路がますます愛おしいものになるでしょう。

## さらによく考えてみましょう

1　妻や子どもと定期的に楽しむ時間を取るようにしていますか。妻や子どもなら、この質問にどう答えるでしょうか。

2　家族の中で喜びと楽しみをさらに増やすために、何ができるでしょうか。次の週末に、あなたは何ができるでしょうか。

3　家族との楽しい時間をさらに増やすために、何か変えられることはあるでしょうか。

## 本章の即効ドリル

1　六十秒間、思い出してみてください。家族と過ごしたとても楽しかったときは何ですか。また、なぜそんなに楽しかったのか考えてみてください。

2　六十秒間、考えてみてください。あなたと家族の両方にとって、家族で共に笑ったり、楽しんだりすることは、どれだけ愉快だったでしょうか。そのようにして一緒にいることが、どんなに素晴らしいことかよく考えてください。

3　六十秒間、考えてみてください。子どもと一緒にできる楽しい活動が、ほかにもありますか。あれば、それをやってください。

実践ガイド

# 「ファミリーファースト」のためのツールセット

ここでご紹介する課題は、「ファミリーファースト」というツールをさらに磨くために役立ちます。これから始まる一か月間は、一週間に少なくとも一度は家族と何か楽しいことをしようと決心してください。一緒に楽しむことを一種の〝習慣〟のようにしましょう。つまり、あなたと子どもが毎週楽しみに待つようなものにしましょう。

子どもが少し大きくなっている場合には、楽しい時間をあらかじめ計画しなければならないでしょう。リュックサックを背負って遠くに出かけたり、山登りをしたり、新しいスポーツやスキルに挑戦したりする計画を立ててください。わくわくしながらそのときを待つのも楽しみの一部です。ある程度子どもが成長して何か具体的なことに興味が湧き、しかもそれが得意なら、その方面のスキルが伸びるように助けましょう。サッカーでも、動画制作でも、弁論でも、ドラム演奏でも、あなたが子どもと同じようにうまくできなくても構いません。それでもあなたは子どもを励まし、子ども自身の特技を伸ばすように手助けできます。

次の章では、よい結婚がどのような恩恵をもたらすかを見ていきます。あなたもきっと、子どもによい結婚をしてほしいと願っているでしょう。古いことわざをご存じでしょう。「妻が喜んでいれば、あなたの人生も幸せなのです」。このことわざには、多くの意味が含まれています。そのことを覚えておく必要があります。それでは続けて学んでいきましょう。そして、あなたが学んだことを子どもにも伝えていきましょう。心を開いて、今まで人生の中で犯した間違いについて話しましょう。そして、もし機会が与えられるなら、それとは違うどのようなことをするつもりなのか話してください。

## 一か月の課題に挑戦しよう

これから一か月間、少なくとも週に一度、家族の全員と楽しいことをするようにしてください。一緒にゲームをするなど、簡単なものでも構いません。何をするかはさておき、目的はみんなで楽しい時を過ごすことです。あなたはその結果に満足し、家族も満足してくれるでしょう。鍵は、一か月以上続けることです。二か月続け、それから習慣にするようにしてください。三か月に延ばし、それから六か月にしてください。その実りを感じるようになります。一年間続けると、「ファミリーファースト」のツールは強化され、そのおかげで家族もさらに強くされているでしょう。

## 言い訳はしない

あなたは心の内でこう言っているかもしれません。「一日の終わりには、もうくたくたなんだよ」、あるいは、「私にはあまりにも多くの責任があるんだ」。これらは現実的な問題かもしれません。しかし、それら一つひとつに対する私の回答は一つであり単純です。「そんな言い訳はやめよう！」あなたにもできます。もし、あなたが最優先にするならば、最優先になるのです。一日の終わりに、これ以上に大切なものがあるでしょうか。あなたが離婚しているか、あるいは未婚のままだったとしても、あなたの子どもはあなたを必要としています。覚えていてください。言い訳は、ただの言い訳にすぎないのです。

　できるかぎり、人生は楽しい必要があります。楽しさは、よい家庭から得られる祝福の一つです。もしあなたが、今日は最悪だったと思っても（信じてください。私にもそんなことがありました）、家族が盛り上げてくれます。いつまでも苦労ばかりしていることはありません。請求書や上司のこと、または決して起こりそうにもないことについて心配ばかりはしていられません。イエスの教えのように、心配はまったく無用なのです（聖書）。ほとんどの心配事は実際には起きませんし、心配したからといって、物事は何も変わらないのです。家族や親しい友達と、今日一日を十分に楽しんだほうがいいのです。明日の心配は明日に任せましょう。

ですから、家族のうちの誰か、あるいは家族全員と何か特別なことをするように計画してください。父親改革のためのツールの中で、家族を第一にして、家族と楽しむというファミリーファーストは極めて大切なツールです。これは、実際は難しくありません。実は本当に楽しいことです。あなたのいのちが続くかぎり、機会があるごとに必ず、家族と楽しく過ごすという習慣を身につけることが目標です。そうするだけの価値があります。ですから、今日始めましょう！

ツール2
# 結婚へのコミット

結婚へのコミットは、幸せな家族を築くための極意です。あなたが子どもに（さらには孫に）与えることのできる最高の贈り物の一つは、妻を愛することです。

どのようにすれば〝家族にコミットした〟夫かつ父親になれるかを学んだおかげで、家族が安定し平穏になりました。正直言って、こんな家族になれるとは思っていませんでした。そしてこのおかげで、私は以前よりよい男になれたと思います。

ピーター（ワシントンＤＣ）

父親がしっかりしていないと、子どもに大きな悪影響を与えます。両親が忠実な結婚生活を送っている家庭の子どもは、そうではない子どもと比べると、大学を卒業したり、離職せずに仕事を続けたり、よい結婚生活を送ったり、充実した老後を過ごしたりする割合が、二倍以上も上がります。[1] 家庭崩壊した家庭の子どもは、薬物に走ったり、刑務所に入ったり、高校を中退したり、精神的な病にかかったり、未婚の子どもができたり、早死にしたりする傾向が二倍以上も上がります。[2]

アメリカ社会は今や、二つのグループによって分断されています。この二つのグループには、幸福、満足、生産性など、すべての意味のある物差しにおいて、大きな格差があります。この二つのグループを分けている境界線は、人種でも民族でも財産でも言語でもありません。その境界線は、両親がどうであったかという背景です。あなたは子どもに、どちらのグループに入ってもらいたいですか。

あなたは、子どものために最善を願っているでしょう。そこで私に言わせてください。もし、あなたが結婚しているのなら、子どもに与えることのできる最も重要な贈り物の一つは、あなたの妻を愛することです。「結婚へのコミット」とは、そういうことなのです。

たぶんあなたは、あなたを愛し、子どもを愛するよい奥様をお持ちだと思います。もしそうであれば、それを当然のことと思わないでください。聖書のことばによれば、よい妻は最も高価な宝石よりもはるかに貴いのです。本当にそのとおりです。若くして妻を失った男性に尋ねてみてください。彼が教えてくれるでしょう。あの古いジョニ・ミッチェルの歌は、あまりにもよく当たっています。「あなたがどんなに素晴らしいものを手にしていたのか、あなたはわかっていないのよ。それを失うまでは」

あなたの妻は子どもを愛しています。母親にはそのような本能が備えられているのです。だからインドの田舎にいる勇敢な母親は、子どもを見捨てないで、虎にも立ち向かうのです。ロサンゼルスの勇敢な母親は、自閉症の子どもに必要な援助を受けるために、山のように書かされる行政の書類も乗り越えるのです。母親とは、このように偉大なのです。そして私たち父親も同じように子育てに真剣であることを、あなたの妻がわかってくれれば、彼女はあなたの強力な同志になってくれます。父親には妻の助けが必要です。ただ子育てのためだけでなく、真の男として十分に成長するためにも必要なのです。

## 結婚という鏡

結婚生活はしばしば困難を伴います。私は、それは、私たちすべてが深刻な欠点を持った人間だからだと思います。そして、私たちが自分の欠点を認め、理解し、矯正しないならば、時が経つにつれて、その欠点は悪化していくのです。実は、その欠点に気づかせるために結婚があるのです。「人がひとりでいるのは良くない」と聖書に書いてある理由の一つはここにあります。私がもうすぐ結婚しようとしていたときのことです。ある友人が私に、「君は自分が根本的に自分勝手だと思うかい」と尋ねました。私は青二才でしたから、即座に「そんなことはない」と答えました。本当に心の底から、そんなことはないと思っていたのです。なにしろ、アジアとアフリカで五年間、貧しい人たちのために働いてきたところでしたから。あれから何年も経ちますが、あの言葉を思い出すたびに、自分で自分がわかっていなかったと思います。なぜなら、本当のところ、私はとても自分勝手だったからです。ただそのことを知らなかっただけでした。

よい結婚は多くの目的を果たします。その一つが、お互いの魂を鏡に映すということです。もしあなたが妻に対して心を許すなら、妻はあなたの長所をさらに強め、あなたの欠点を最小限にするよう助けてくれるでしょう。さらに、よい妻なら、男性の虚勢の裏には本当は恐れがあり、不安があることにも気づいています。よい妻は、夫が自身の欠点を理解し、正すことを助けるだけでなく、自身の長所に気づくことも助けてくれます。同じように、私たち男性も妻に対して（非常に優しくして）役に立つべきです。

これはよい結婚において、最も美しい（時には難しいですが）ことの一つです。長い時間をかけて、「鉄が鉄を研ぐ」（聖書）ように、妻の助けによって夫の人格を研ぎ上げることができます。このように、神の恵みによって、妻のおかげで私は以前よりよい男性となることができたと思います。

## 50％ルール

完全な妻などいません。それは完全な男性がいないのとまったく同じです。しかし、妻にはほぼ完全でいてほしいと願っている男性が少なからずいるようです。そこで、私から、妻に「少しがっかりしている男性たち全員に、ある重要なことを語らせてください。

「50％ルール」に注目していただきたいと思います。まず野球の観点から考えてみてください。プロ野球の歴史の中で、打率が五割、あるいはそれに近い成績を残した人はいません。ですから、私たち父親が結婚したとき、妻が私たちに期待していたビジョンの五十パーセントでも達成できれば、私たちは幸運、それもとても幸運といえます。そこで、あなたの奥様も、自分が結婚したときに希望していたことの五十パーセントに達しているなら、自分は祝福された人だと思ってください。もしあなたが「結婚へのコミット」というツールを使い始めるなら、このパーセントが著しく上がるのがわかるでしょう。ここで大切なのは、私たちが自分にできるかぎり最高の父親になる必要があることです。このことは、ある文化である時代にのみ正しいというものではなく、どの文化でもどの時代においても正しいのです。

もし、あなたと奥様が結婚生活において、大きな問題を抱えているとしたら、どうでしょうか。心配しないでください。あなただけではありません。実際、ある調査によると、半数以上の結婚において、配偶者のうちの片方か、あるいは両方が、別居や離婚について考えるほどの危機を、複数回経験しているとのことです。[3] 座礁して終わってしまう結婚関係と、生き延びてさらに強くなる結婚関係との違いはどこにあるのでしょうか。以下、いくつかのアドバイスを挙げます。

## 比較するのはやめましょう

まずは、奥様と見比べている女性はすべて脇に置きましょう。このことが、今日の多くの結婚関係において、不満や幻滅を起こさせている根本原因の一つです。あなたはこれまで出会った女性について空想を思い巡らすことがあるかもしれません。あるいは、それは頭の中で思い描いた「完全な女性」のイメージかもしれません。また奥様との仲がうまくいっていないときに、「もし、この人と結婚していたら、どうなっていただろうか」と頭の中で思いを巡らす相手かもしれません。あるいは、インターネットで氾濫している不健全で非現実的なポルノのイメージかもしれません。それが何であれ、捨てましょう。

このような女性は誰も、あなたの子どもの母親になることはありません。その女性は、人生の最良のときをささげてあなたを助け、今日のあなたになれるようにしてくれたのではありません。また、あなたと共に家庭を築く喜びも心の痛みも分かち合ったのではありません。そして統計からも明らかなのですが、再婚の離婚率は初婚の離婚率のほぼ二倍です。そうです。若いときの妻に満足しなさいと教えている神のことばには、理由があるのです。実在の人物であれ、デジタル上であれ、想像上の人であれ、あなたの妻と競合する女性はみな、頭の中から追い出さなければなりません。

なぜそうするのでしょうか。まず第一に、それだけが妻に対する正しい態度だからです。あなたは奥様の最良のときも、最悪のときも見てきました。あなたはほかの女性が頭にヘアーカーラーをつけたままの姿、病気したときの姿、あるいは頼んでおいたお使いをあなたが忘れたといって激怒している姿をどれだけ見ていますか。答えは、「一度もありません」でしょう。それは、その女性がヘアーカーラーをつけず、病気にもならず、激怒することもないからでしょうか。そんなことはありません。それはただ、あなたがその女性と一日中一緒に生活していないからです。

第二に、「健やかなるときも、病めるときも」妻を敬い、これを養う、とあなたは神と親しい友人の前で誓ったからです。私は大げさに言っているのではありません。私たちの社会はこの誓いを土台としているのです。この誓いを大切にすることによって、私たちは妻を敬い、子どもを祝福するだけでなく、私たちが暮らしている社会をも強めることになります。

第三に、あなたは妻に借りがあります。世の中には、あなたよりハンサムで、魅力的で、成功した男性がいます。あなたは妻に、そのような男性に思いを馳せてほしいと思いますか。明らかに「いいえ」でしょう。ですから、こうした方面でも、私たち一人ひとりが必要なリーダーとなりましょう。そして妻に対する競合者（想像上のであろうとなかろうと）を取り除きましょう。

## 離婚という選択肢はありません

また、離婚するという考えを視野から完全に消し去る必要があります。実際には、離婚することを一つの〝選択肢〟として考えることすらしないでください。もし誰か別の人と結婚できさえすれば（例えばすぐそばで働いているかわいらしい女性とか、映画に出演している美しい女優とか）、幸せになれるのに、と考えている男性がいるようです。しかし、実際は、その反対です。再婚は、初婚のほぼ二倍の確率で破綻しています。初婚を破壊した問題がしばしば、再婚を破壊した問題と同じなのです。

離婚では問題に対処することができません。離婚はしばしば、ただ自分を変えるという難題を避けるための逃げ道なのです。もし自分自身の問題に対処しないならば、その問題はまた顔を出します、時には以前よりも悪化している場合もあります。離婚が大人に与える影響は、通常かなりネガティブなものですが、子どもに与える影響はほとんどの場合、破壊的なものです。

## 緑の芝生が育つ所に

毎日、機会があるごとに、自分の結婚生活と家族を建て上げるようにしてください。そうです。水をまいた所では、芝生が本当に青々としています。ですから、必ず自分自身の結婚生活と家庭に水をまきましょう。本章の末尾にある実践ガイドでは、「結婚へのコミット」というツールを組み立てるための三つの異なる方法を考えます。このアイデアを全部使う必要はありません。しかし、よい結婚関係と幸せな家庭を築き上げるためには、あなたが主導権を握る必要があります。効力を実証されたこれらのツールはあなたの役に立ち、家族にすべてをかけた夫また父親になれるようにしてくれるでしょう。これが直接、強固な結婚関係や家族関係につながっていくのです。

## あまりにもありがちな離婚の物語

私の近所に住んでいるロバート（本書ではたいてい仮名を用います）は妻と離婚すれば人生はさらに良くなるだろうと思いました。喧嘩はなくなるし、自分の時間を「理不尽な理由」で奪おうとする要求もなくなるし……と、少なくともそう思いました。それで、孤独な女性の同僚が一緒に食事をしないかと誘ってきたとき、ロバートは断りませんでした。そのときから、ロバートの結婚関係はすぐに崩壊していきました。不倫すると、結婚関係は壊れていくのです。ロバートは離婚訴訟を起こしました。妻と子どもは懇願して、何とか問題を解決しようとしましたが、ロバートは頑として受け入れませんでした。離婚が成立すれば、物事はただ大いに好転するだろうと思っていたのです。

しかし、私の隣人は忘れていたことがいくつかありました。妻が財産の半分と、さらには家屋まで手に入れる権利があると聞いたとき、ロバートは驚きました。そしてロバートはかなりの額の扶助料を課せられました。これは法律に従って支払わなければなりません。最も悲惨だったのは、自分の子どもに会えるのが、今となっては月に二回だけになったことです。それに子どもは、ロバートが離婚の原因だったことを責めるのでした。そして、どうなったでしょう。例の孤独な女性の同僚は、元妻よりも要求が激しかったのです。ロバートは元妻や子どもと暮らしていたときよりも、さらに多く喧嘩をし、時間を奪われたのです。

皆さん、あの古いことわざから学びましょう。水をまいた所では、芝生はより青々と生えるのです。実際のところ、結婚が成功するか失敗するかの第一の責任は、家庭のリーダーである皆さんにあります。そうです、よい結婚関係を築くためには、夫と妻の両方が絶えずコミットしていなければなりません。それはちょうどタンゴを踊るときに、二人の人が必要なのと同じです。しかしまた踊りと同じように、どちらかがリードしなければなりません。遺伝的にも環境的にも、世界中の文化の中で、その責任は私たち男性にあります。そして、その責任を担うことによって、私たち自身はさらに強い男性になるのです。

裕福であろうと貧しかろうと、黒人であろうと白人であろうと、ヒスパニック系であろうとアジア系であろうと、大卒であろうと高校中退であろうと、一日の終わりには、私たちの誰もが鏡をのぞいて、この根本的な質問をしなければなりません。「自分はどのような男性なのか、どのような男性になりたいのか」。「結婚へのコミット」をした男性になりましょう。マーク・トウェインの次の言葉は的を射ています。「結婚して二十五年は経たなければ、どんな男性も女性も完全な愛を本当に知ることはできない」

## 結婚していないお父さんのために

もし妻がいなかったら、どうしますか。これは、世界中で離婚率が上がっている中で問われる大切な質問です。シングルファーザーであるとは、最適な状態ではありません。ですから、それでもできるかぎり最善の父親になりたいと熱望するシングルファーザーに敬意を表します。本書の第3部では、一章全部を割いて、片親による子育てについて考えました。もしあなたがシングルファーザーなら、どうか遠慮しないで、今すぐその章を読んでください。

もしあなたが結婚しているなら、奥様のゆえに今すぐ神に感謝してください。そして「結婚へのコミット」をした男性になれるように助けてください、と神にお願いしてください。これが奥様と、子どもと、自分自身に与えることのできる最高の贈り物です。

最後に、本章および各章の末尾にある「実践ガイド」を確認してください。本章のガイドには、「結婚へのコミット」のツールを強化するための具体的な提案が記されています。さらにアイデアが欲しい方は、次のウェブサイトをご覧ください。あなたの役に立つと思います。ファミリーファーストジャパン・ウェッブサイト https://familyfirstjapan.org/ フェイスブック https://www.facebook.com/ffg.japan/

## さらによく考えてみましょう

1 あなたは「結婚へのコミット」をした生活をしていますか。それはなぜですか。あるいは、なぜそうしないのですか。

2 もし、「はい」と答えたのなら、結婚関係をさらに強くするために何ができますか。もし、「いいえ」と答えたのなら、「結婚へのコミット」をした生活ができない、最大の障害となっているものは何ですか。

3 この障害に直面し、克服する勇気がありますか。

## 本章の即効ドリル

１　六十秒間、思い返してみてください。結婚式の当日はどうでしたか。そして、式の中で最高だった場面をすべて、じっくりと思い返してください。

２　六十秒間、思い返してみてください。結婚したとき、奥様について最も好きだった点を三つか四つ挙げましょう。そして、それはまだ奥様の中にあることを覚えてください。

３　今すぐ五分間を割いて、奥様のために何かよいことをしてください。「愛しているよ」とカードに書いたり、メールしたり、あるいはデートに誘ったり、お皿洗いをしたり、お花を買ってあげたり。それを、今日してください、必ず。

実践ガイド

## 「結婚へのコミット」のツールセット

ここでご紹介する三つのアイデアは、時の試練を経て実証されたもので、あなたの結婚をより強くしてくれます。まず手始めに一つか二つ選んでください。あなたにもピンとくるし、なおかつ奥様にも最も意味のありそうなものを選んでください。注意深く選ぶと同時に、奥様にとって何が最も有効かを必ず考慮に入れてください。

アイデアを一つか二つ選んだら、これから一か月の間、それを実践し続けてください。そうするならば、あなたの夫婦関係が大いに改善するのを実感できる、と私は強く確信しています。そうなると勢いがついて、あなたはまたこのリストを見返し、次の「実践ガイド」のアイデアを一つか二つ選ぶでしょう。

夫婦の関係とは、次の点でジェットコースターに少し似ています。つまり上に上がるか、下に下がるかです（あるいは、下がろうとしているか！）。あなたの結婚生活の中で、これらのアイデアのいくつかを実践して、「結婚へのコミット」というツールを磨いてください。この助けがあれば、夫婦関係というジェットコースターがどの方向に向かって行こうとも、あなたは安全に手すりにつかまっていることができます！

## アイデア1　心をきれいにしておく

できれば、少なくとも二時間ぐらい（もっと時間が欲しくなるかもしれません。それでも結構です）、自分ひとりだけで静かな、安心できる場所に移動してください。思ったより時間がかかるかもしれないので、終わる時間は決めないでください。じっくりと自らを振り返るために使う本を持参してください（もちろん私は聖書をお薦めしますが、何を選ぶかは自由です）。必ずノートも持っていってください。何かを書くためです。スマートフォンやタブレットのような電子機器はすべて電源を切ってください。気が散るだけですから。最初の時間（少なくとも十五分）は楽にしてください（けれども快適すぎてもいけません。眠くなってしまいますから）。気を散らすものを取り除いて、目の前にある課題に集中しましょう。課題とは何でしょうか。自分の心を正直に見つめて、心の中に実際にあるものを見い出すことです。

確かに、これを実行するためにには、あなたには（私にも）助けが必要です。それはちょうど私たちの誰もが（死ぬことなしに）、自分の心臓を実際に見ることができないのと同じように、私たちは自分の魂を正確かつ客観的に見ることはできません。しかし、神にはできます。そして、実際に見ています。ですから、ぜひ――正直にそして謙虚に――神にお願いしてください。自分の心の中に何があるのか、誠実な思いで見ることができるように助けてもらってください。

次に三十分（あるいはそれ以上）を割いて、自分自身に問いかけてください。あなたの奥様以外に、あなたの好意や愛情を奪い取ろうとするものが、ほかにあるでしょうか。自分に正直になってください。なぜなら、ここから本当の成長が始まるからです。それはもう一人の別の女性かもしれません。あるいはインターネット上のポルノの女性かもしれません。あるいは、ずっと前に別れたガールフレンドかもしれません。彼女はもはや記憶の中にしか存在しません。あるいは、それは女性ですらないかもしれません。あなたが自動車・スポーツ・金銭に夢中になっていることかもしれません。勇気を出してください。止直に振り返り、それを書き留めてください。

それから三十分を使って、決心してください。これらの競合するもの一つひとつについて、あなたはどのようにするつもりでしょうか。つまり、二つの選択肢があります。

1　妻に対して競合するものを、そのまま野放しにしておくこともできます。しかしこれでは、奥様に対するあなたの好意と愛情は少しずつ押し出されていきます。これは安易な道です。確かに、ほとんどまったく抵抗を受けないでしょう。しかし覚えていてください。もしこの道を選ぶなら、あなたの結婚関係はおそらく最後にはなくなってしまうでしょう。それはちょうど雑草を刈らないでそのままにしておくと、ついには庭全体を雑草が覆ってしまうのと同じように、あなたの注目を引こうとする競合者も、防がないでそのままにしておくと、やがてあなたの心をすべて支配してしまうのです。

2　神に助けてくださいとお願いして、自分の心から競合者をすっかり追い出すこともできます。そうするための最善の方法を一つひとつ考えていくのです。もし別の女性とあまりにも親密になっているならば、どのようにして彼女から手を引くのか決心してください（メモを書いて渡すのもいいかもしれません。家族を愛しているから、もうこれ以上彼女とは時間を取ることができないと伝えるのです）。もしインターネットのポルノにはまっているのなら、インターネットの閲覧ソフトの設定を変更して、明らかに性欲をあおるウェブサイトは見られないようにしようと決断してください。もしあなたが奥様にお金を出し惜しみしているのなら、おそらく金銭があなたの偶像になっています。お金は、よいしもべになる一方で、恐ろしい主人にもなります。ですから、それをどのようにして変えていくのか決心してください。

競合するものが何であろうと、戦略を考え出して、書き留めてください。また、自分の戦略を親しい（男性の）友人に話す必要があります。あなたが実際にそのようにしたかどうかは、この友人に責任をもって報告しなければなりません。どのような戦略の場合も同じですが、自分が実際に戦闘に突入しなければ、戦略を立てた意味がありません。あなたがこのような話を分かち合う人は、神父・牧師・カウンセラーなどがよいかもしれません（ファミリーファーストジャパンにはあなたの助けとなる父親がたくさんいます）。あるいは、長い付き合いのある信頼できる友人かもしれません。こういった人たちは、あなたの助けになります。

この時間の最後（おそらく二十分）を使って、友人に連絡をしてください。そして、あなたがしようと決めたことを話し、助けてほしいとお願いしてください。男どうし二人だけで話すために、できるだけ早く会ってほしいとお願いしてください。

この作業が済めば、あなたには計画も、仲間もできたことになります。あとは計画を実行するだけです。これは簡単なことではありませんが、少なくとも最初の二つの部分はすでにやり終えました。自分が書き留めたことを、ただやり始めてください。そして毎週友人と会って、前進しているか、長い間にわたって忠実であるかを確認してください。

多くの誘惑があって、後戻りしたくなるでしょう。しかし踏みとどまり、戦略に従い通し、それから神に助けてくださいとお願いして、自分の心を妻にささげ続けてください。これこそがまさに、あなたが奥様に、そして子どもに与えることのできる最高の贈り物です。

## アイデア2　妻の好き嫌いを知り、それを踏まえて妻を愛する

すべての人がそうであるように、あなたの妻にも彼女特有の好き嫌いがあります。あるものは、妻が本当に大好きです（私の妻は、朝、目を覚ましたときに飲む入れたてのコーヒーが大好きです）。またあるものは、妻が本当に大嫌いです（例えばそれはパンクしたタイヤを交換することや、あなたが連絡をしないで、夕食に遅れることかもしれません）。しかし、あなたは本当にどのくらいよく妻を知っているでしょうか。自信をもって言います。奥様が実際に好きなもの、嫌いなものを知ったら、そのいくつかにあなたはきっと驚くでしょう。

この課題の最初の部分は、妻の好き嫌いを自分がどれだけ知っているのかを確認すること

です。まず、妻が好きだと知っていることをリストしてください（海岸に散歩に行くこと、夜のお出かけ、あなたからの素敵なメモ、など何でも）。少なくとも十は挙げてください。できれば十五から二十まであれば望ましいです。だいたいでいいので、妻が一番好きなものから、それほどでもないものまで、順番に並べてください。それから今度は、妻がひどく嫌っていることについても、同じようにしてください（詰まったトイレを直すこと、雨の中サッカーの試合を見に行くこと、子どもの汚い靴下を拾うこと、など何でも）。同じように、一番嫌いなものから、それほどでもないものまで、順番に並べてください。

さて、二つのリストができました。いよいよこれを用いるときが来ました。最初のリストを出しましょう。これは、妻の好きなもののリストです。これから始まる一か月間、妻が大好きなことを少なくとも一日に一つは必ず実行してください。もし、あなたが、妻から遠く離れて暮らしているなら、今できることをしてください。それから計画を立てて、今度一緒になるときには残りのこともしてください。もしその気があるならば、一か月分の「妻を祝福するカレンダー」を作るのもいいでしょう。大変なことは、少し後でやるように予定することもできます。離れているときには、易しいことをするように予定を組むこともできます。一日や二日できなくても気にしないでください。ただ最善を尽くせばいいのです。大切なことは、妻が非常に喜ぶ方法であなたがどれほど妻を愛し、感謝しているかを示すことです。

同じようにして、もう一つのリストも見てください。生活の中で、妻が最もやりたくないことが並んでいます。妻のために、このリストの中からいくつかでも完全に取り除いてやる方法はありますか。例えば、妻がタイヤのパンクとか、自動車の故障全般が苦手ならば（苦手でない妻がいるでしょうか）、妻のためにＪＡＦメンバー（自動車が事故や故障したときに、修理や点検をしてくれる保険）に加入するか、それに類するものを買ってあげることができます。あるいは、妻が子どもの汚い洗濯物を触りたくないのであれば、子どもと約束して、もし今週お母さんが汚い服を一枚も触らないで済んだら、おこずかいを（あるいは別のご褒美でもいいです）あげることにしてください。この二つのリストについて、私が何を言いたいかはおわかりいただけたと思います。どうぞ想像力を駆使して、楽しみながら、やってみてください。

## アイデア３　妻に伝わる愛のことばを用いる

「すべての結婚は異文化交流である」。この昔からのことわざは当たっています。たとえあなたが幼馴染の恋人と結婚したとしても同じことです。すべての夫と妻は結婚したとしても、愛情や好意の表し方に違いがあります（同じように、愛情や好意の受け取り方にも違いがあります）。妻があなたの愛を聞き分けられるために、妻に対してどのように話し、どのように歩めばいいか理解していますか。多くの夫は理解していません。それどころか、理解しようと努力するのをやめてしまう夫もいます。しかし、すべての人間関係において言えることですが、よい結婚関係は効果的なコミュニケーションの上に成り立ちます。そして効果的なコミュニケーションは、「妻が理解できる言語で語る」能力の上に成り立ちます。

もしあなたが外国語を学んだことがあるなら、おわかりでしょう。そのためには、先生に助けてもらう必要があります。そして、あなたの妻ほど、彼女に伝わる愛の言語を知っている人はいません。ですから奥様にお願いして、教えてもらってください。こんなことを考えると、骨の髄まで恐怖に打たれますか。この点について助けてほしいと奥様にお願いする勇気はありますか。これは簡単なことではありません。自分の心を少し開いて、自分の弱さをさらけ出す必要があります（このことは男性にとって、いつも簡単とはいえません）。しかし、皆さん、その秘訣をお伝えしましょう。あなたの奥様は、あなたに弱さをさらけ出してほしいのです。もちろん、いつもではありません。特に、公の場では違います。しかし、女性は人間関係を大切にします。そして、大多数の妻は、夫と深く十分な人間関係を結びたいと願っています。ということは、時には弱さもさらけ出してほしいと望んでいるのです。ですから、奥様にお願いして、奥様に伝わる秘密の愛の言語を教えてほしいとお願いすることは、正しい方向に向かうよいステップになります。どうぞ、自分で試してみてください。

## 感情的な妻を愛する

女性は、必ずではありませんが、たいてい男性よりも感情的です。ほとんどすべての女性は（だいたい一か月に一回くらい）普段よりも感情的になるときがあります。この事実については、皆さんにずばり言いたいことがあります。「このことはありがたいことなのです！」。妻の女性ホルモンが月ごとに増えなければ、あなたには子どもが生まれないのです。これは、あなたと家族のために妻が毎月担っている宿命なのです。そして、これは男性である私たちは経験することができません。ですから、毎月そのときになったら、優しく、寛大に、感謝すらしましょう。妻がどのような感情の状態になっても愛することができるように、アイデアをいくつか紹介します。

1　妻が何の前触れも原因もないのに、急に泣き出したら、必ずぎゅっと抱きしめて、どんなにあなたが妻を愛しているかを伝えてください。

2　妻が、自分は母親失格だと気に病んでいるときは（最良のお母さんですら、時には失敗してしまうものです）、これまで妻があなたと子どもにどんなに素晴らしいことをしてくれたかを、すべて思い出させてあげましょう。抱きしめて、どんなにあなたが妻を愛しているか伝えてください（必ず、子どもにも同じようにさせてください）。

3　妻が文句を言って、先週、家の用事をあなたにお願いしたのに、ちゃんとやっていないと言われたら（例えば水道の蛇口から水が漏れているとか、部屋にごみが散らかっているとか、芝刈りがまだ終わっていないとか）、すぐにしてください。あなたにとっては大したことのように見えなくても、妻にとっては大切なら、すぐにしてください。子どもにも手伝わせてください。なぜなら、子どもにもお母さんを大切にすることを学ばせる必要があるからです。

4　もしあなたの妻が配偶者として、あるいは母親として、あるいは仕事でも何でも、自分は十分にできていないと感じているときには、必ず妻の話をしっかりと聞いてください。本当のところ、なぜそのような気持ちになってしまったのか、考えてみてください。もしかしたら妻を助けるために、あなたと子どもができることが、まだあるかもしれません。

5　機会があるごとに、あなたの本当の気持ちを妻に伝えてください。「あなたは、よいお母さんだよ。よい妻だよ。私には、本当にあなたしかいないよ」とか。ほとんどの妻は、このような真実を聞いて、聞き飽きることはありません。

6　赤ちゃんの健康や、子どもの学校の成績などについて妻が心配しているなら、それを真剣に考えてあげてください。ただ、「大丈夫だよ」と言うだけではいけません。もし妻の心配が続くようなら、赤ちゃんを医者に診せたり、学校の先生に相談しに行ったりしてください。女性の直感がよく当たるのには正当な理由があるのです。耳を傾けてください。

ツール3

# 正しいモラルコンパス

自分と家族のために高いモラルコンパス（道徳的基準）を定めること、そして、その基準を世代を超えて子どもたちに伝えていくことは、あなたが子どもに遺すことのできる最も大切な遺産です。

正しい人は誠実に歩む。彼の子孫はなんと幸いなことか。

聖書

私の父は、正しいことと悪いことの違いを教えてくれました。それは、私たちのために父がしてくれた最も大切なことでした。

アレックス（インドネシア、ジャカルタ市）

この本の内容についてご意見のある方は、メールにて遠慮なくご連絡ください。
admin@familyfirstjapan.org

◇◇◇◇◇◇◇◇◇

今日のアメリカや日本、そして世界中の多くの国で、道徳に対する高い基準を持つことの大切さについて話をすると、あまりよく受け入れられません。実際のところ、多くの人が道徳的基準という話題を避けています。アメリカのポップカルチャーによれば、「道徳の羅針盤（モラルコンパス）」という考え方はあまりにも古くさく、あまりにも難しく、あまりにも窮屈だそうです。しかしながら、契約が守られなかったり、親友が裏切ったり、政治家が虚偽答弁をして逮捕されたり、大企業の社長が株主を騙したために有罪判決を受けたりしたとき、この同じ人たちが嘆いたり、文句を言ったりするのです。「こいつらは何なんだ。善悪の違いもわからないのか」と彼らは嘆くのです。

さて、こうした人たちが育った家庭ではおそらく、父親が自分自身にも家族のためにも、しっかりした道徳のコンパス（モラルコンパス）を備えていなかったのでしょう。そうです。そこが問題なのです。

正しいモラルコンパスは、あなた自身やあなたの家族の、性格や人格の形成過程において、とても重要な役割を果たします。ここを見落とさないでください。父親が子どもに与えることのできる贈り物の中で、しっかりしたモラルコンパスに勝るものはありません。金銭でも、家柄でも、家屋でもありません。それらは、比べることすら意味がないのです。物質的なものは、子どもが成人してから、本当に難しい道徳的な問題に直面するときに正しい方向を選択するための助けにはならないのです。私たちはみな、子どもがいずれ、こうした試練に直面するのだということを知っています。そのときの決断によって、それ以降の子どもの家庭や職業や生活、さらには彼らの子ども（あなたの孫です）の未来についても、決まってくるのです。子どもたちは、あなたから「モラルコンパス」を受け継ぐことで、自分自身と家族が正しい道を進む最大のチャンスを手にすることができるのです。

年寄りは、しばしば、子どもに何を相続させるかの話をします。たいてい話題に上るのは、財産・家・自動車などです。子どもや孫を経済的に豊かにしてやりたいと願うことは、何も間違ってはいません。しかし、こうした人たちの多くは、大切な点を見落としています。莫大な物質的遺産を遺すことは、益になるよりは害を与えることのほうが多いです。逆に、非物質的なもの、道徳、倫理や霊的な遺産は、常によい基礎となって、成功する人生を築かせてくれます。ですから、私たちが子どもに（同様に孫に）手渡せる、最も重要なものは、強い価値観でありモラルです。これがあるならば、子どもの人生は正しい道に導かれ、また賢明な決断ができるようになります。

富んでいようが貧しかろうが、私たちは親として、何らかのモラルコンパスを子どもに伝えています。そこで問題となるのが次の点です。そのコンパスがあらゆる状況下でちゃんと機能するだろうか。それとも〝状況次第で変わってしまう〟コンパスで、状況や私たちの個人的な感覚や、あるいは別の何かの影響を受けて、異なった方向を指してしまうでしょうか（これこそまさに、機能不全に陥っているコンパスです）。

残念なことに、正しいモラルコンパスを子どもに渡すことに、今日の多くの父親は関心がありません。今日のアメリカや日本の社会では、あまりにも多くの父親が、この最優先にするべき責任を完全に放棄しています。難しすぎるとか、忙しすぎるとか、格好良くないとかいうのです。また、ある父親は、子どものことをただまったく理解していません。この同じ父親たちは、後になって、自分の子どもが成長して成人になってから、平気で嘘をついたり、仕事で詐欺を働いたり、不倫をしたりしたときに、「大ショック、はい、大ショック」（私がいちばん好きな映画「カサブランカ」からの有名な引用です）を受けるのです。

同じように、私たちの社会全般でも、多くの人はこのモラルコンパスについて語りたがりません。しかし、家族や社会が正しく機能するためには、このモラルコンパスは絶対に重要です。考えてみてください。もし家族のみんなが、繰り返しお互いに嘘をつき合ったら、家族はどうなるでしょうか。もし子どもがあなたに盗みを働いたら、家族はどうなるでしょうか。もし子どもがお母さんやお父さんの熱心な子育てに頼ることができなければ、家族はどうなるでしょうか。答えは明らかです。

もう少し考えてみましょう。すべての人々が、いつも、嘘をついたり、騙し合ったりして、誰もお互いに信用できなくなったら、社会はどうなるでしょうか。ここでも、答えは非常に明らかです。実際、世界では、社会がほとんどそのような状態になってしまって「破綻した国」の数が、増えています。破綻した国は、最貧国と呼ばれる国の中に多くあります。なぜなら、誰もお互いに信用できないからです。

## 正しいモラルコンパスが大切である

ジェームズ（仮名）は、お金で買えるものならほとんど何でも買ってもらえるような、裕福な家庭で育ちました。高価なプレゼント、世界一周の旅行券、高級車などです。ジェームズは、家族が、多年にわたって高額な寄付を続けていたので、アイビーリーグの大学（アメリカ東海岸の伝統的私立大学）にも入学できました。ジェームズは、ほとんど何でも与えられましたが、本当に大切なものは与えられていませんでした。ジェームズの父親は、わざわざ息子に「正しいモラルコンパス」を持たせたりしなかったのです。その結果、ジェームズは、大学を卒業して、家族の管理下でなくなってから、完全に道を踏み外しました。何十年も酒とドラッグに溺れた後のジェームズには、以前の面影はありませんでした。ジェームズには大きな信託資金がありましたが（しかし、いつも金欠状態のように見えました）、とてもみじめでした。ジェームズに与えられた資金も贈り物も他の物質的なものも、みな本当にまったく助けになりませんでした。実際のところ、長い目で見るならば、こうしたものがジェームズに損害を与えたのです。しかしジェームズにとって最も痛ましかったのは、正しいモラルコンパスがなかったために、正しい判断ができなかったことです。コンパスがないために、航路に迷い、最後に人生を座礁させてしまったのです。

残念なことに、今日ではあまりにも多くの父親が、こんなことを考えています。「ほかの誰かが、私の子どもに善悪の違いについて教えてくれるだろう」。その誰かを求めるとき、教師・牧師・コーチ・カウンセラーなどが助けになってくれるでしょう。しかし、彼らには、それを自分たちだけで教えられるための備えがなかったり、能力もありません。確かに、子どもには家族以外にも、よい模範が必要です（「良きパパ友」が大切であることについては、ツール8で学びます）。しかし、時代を超えて、すべての文化において、子どもに善悪の違いを教えることは常に、父親（そして母親）の最優先の仕事でした。その仕事は今日でも変わっていません。この大切な働きにおいて指導力を発揮するのは、父親としての私たちの責任です。

さて、私は父親と母親が最善を尽くせば、子どもは間違いを犯さないと言うつもりはありません。誰でも間違いを犯します。実際、私たちと同じように、子どもも大きな間違いを犯すことがありえます。ですからツール4の「ハートに届く愛情」が大切になるのです。聖書では、こう教えられています。「愛は多くの罪をおおうからです」

しかし、文化を超え、大陸を越えて明白なことが、一つだけあります。それは、もし私たちが父親として最善を尽くして、言葉においても行いにおいても、家族のために正しいモラルコンパスを設定するならば、子どもはさらに多くの可能性に恵まれて、自ら強い道徳的なブレない心を養うことができます。事実、もしこのことについて父親（および母親）が迷っているなら、聖書には興味深い約束があります。

「若者をその行く道にふさわしく教育せよ。そうすれば、年老いても、それから離れない」（聖書）

これは奥深い聖書のことばです。そして、またよく誤解されることばです。注意して見てください。「あなたの子どもは決して間違いを犯さない」とか「あなたの子どもは完全な少年少女になる」とは言っていません。そうではなく、ここで言われているのは、「もし私たちが子どもを訓練して育てるならば（この中には、善悪の違いについて理解させることも含まれます）、大人になってもこうした教訓を覚えていて、そこから離れない」ということです。

「大切な原則」（訳注）は家庭から始まります。そして、その原則は私たち父親から始まるのです。私たちは家族で（母親と合意のうえで）決めたルールに従って生活しなければなりません。もし、私たちが、ルールの一つでも破ったなら、それをきちっと認め、家族の赦しを求めなくてはなりません。このようにして初めて、「大切な原則」は機能します。それは、みんなに当てはまるか、それとも誰にも当てはまらないか、のどちらかなのです。ひとたび基本的なルールを定めて、家族で守ることにしたら、必ずそのルールは、「全員が理解したうえで従う」、としなければなりません。「全員の理解」というのは、理解できないルールには、誰も従わないからです。「全員が従う」というのは、全員に当てはまらないルールは、ルールではないからです。

子どもたちは、基本的なルールを理解したならば、次は、そのルールを試そうとします。そこで私たちは、適切な「しつけ」を行わなければなりません。「子どものしつけ方」などという話題が、今日人気のない話題だということは、わかっています。けれども、信じてください。いかなる愛情もしつけがまったくなければ、悲惨な結果に終わるのです。それは、いかなるしつけも、愛情がまったくなければ、悲惨な結果に終わるのとまったく同様なのです。両方とも極端になると、家族にとって致命傷です。そして、両極端にならず、幸せの比率は、十分（じゅうぶ）の愛情に対して一分（いちぶ）のしつけというのを私の経験からお勧めします。一貫した（ブレない）しつけをすること、および、年齢に応じたしつけをすること、の二つはどうしても必要です。実際に、将来子どもが成功するか否かは、しつけにかかっているといっても過言ではないと思います。

訳注――原文では、Rule of Law. 英米法における「法の支配」のことで、国民は民意を反映した適正・公平・合理的な法によってのみ支配されるという考え方。ここでは、家族全員が家族で決めたルールを指し、全員が厳守することが大切で、親も子も同じであるということ。

## 思いきってしつけましょう

一貫した（ブレない）態度でしつけをすること、および、年齢に応じたしつけをすることは、子どもの将来にとってとても重要なことであり、おそらく一冊の本とまではいかなくても、一つの章を割く価値があるでしょう。しつけとは、まさに、子どもが「正しいモラルコンパス」を自分自身で作れるように、私たちが、常によく考えながら、注意深く使わなくてはならないツールなのです。私たちは、大人として、行動には結果がついてくることを知っています（知っていなくてはなりません）。これは、私たちが子どもに教えることのできる最も大切なことの一つです。なぜなら、誰も生まれたときには、そんなことなど知らないからです。私たちの責任として、時間がかかっても、子どもに、自分の行動には、それが肯定的な行動であれ否定的なものであれ、必ず現実の結果がついてくるのだ、ということをしっかりと理解させなくてはならないのです。その理解に基づいて賢明な決断ができるようになることは、子どもが成熟した大人になるための条件の一つなのです。

実際に研究によって証明されたのですが、子どものために境界線や制限を設定することから生じる多くの重要な恩恵の一つが、そのことによって子どもが安心感と満足を得ることです。多くの児童心理学者が教えてくれるでしょうが、理にかなった制限や境界線を与えない両親のもとで育った子どもは、大きくなってから「満足だ」と感じることがほとんどありません。

しかし、どのようにすれば常に賢く効果的に、子どもに適切な制限を設け、年齢にふさわしいしつけを施すことができるのでしょうか。これは、まるまる一冊の本になるような主題です。そして、このことを主題とする良い本が、何冊かあります。例えば、ジェームズ・C・ドブソン博士の『新・思い切ってしつけましょう』（前島常郎訳、ファミリー・フォーラム・ジャパン、二〇〇八年）やラリー・ファウラーの『しっかりした子ども』(Larry Fowler, *Rock-Solid Kids*, Bethany House Publishers, 2015) などです。どちらでもいいので、お読みになることをお勧めします。しかしここでは、効果的なしつけをするために、基本的な十二の原則に触れましょう。

## 1　目標は子どもを教えることであって、罰を与えることではない

いつも覚えていてください。しつけの第一の目標は子どもを教えることであって、罰を与えることではありません。このことは、何度言っても言いすぎることはありません。しつけ

には適切な罰が含まれていなければなりません（反省タイム、外出禁止、運転禁止、など状況に最もふさわしいものであれば何でもよい）。しかし、しつけの目標は、子どもに善悪の違いを教えることであるべきです。そして、教える際には、なにが悪かったのか、なぜそれが悪いのか、そして元どおりにするためには何をしなくてはならないのか（例えば、散らかしたものを片づける、お母さんにあやまる、壊したものを弁償する、など）を、きちんと説明してください。罰を与えるだけで、子どもがどんな悪いことをしたのか、およびなぜそれが悪いのかについて、明確な説明がないのならば、それは「残酷でかつ異常（二〇一四年の映画の題名）」なことです。

## 2　怒りをもってしつけをしない

確かに、子どもが、あなたのお気に入りの腕時計やスマートフォンやゴルフクラブを壊したら、その瞬間は、たいそう怒るでしょう。理解できます。しかし、忘れないでください。壊したのはあなたの息子（あるいは娘）だし、腕時計やスマートフォンやゴルフクラブは、いつでも別のものを買うことができるのです。怒ることは構いませんが、怒りに任せて子どもをしつけてはいけません。ここで一つはっきりとさせてください。決して、子どもをたたいたり、殴ったりして、けがをさせてはならないということです（これは家族の誰に対してもそうです）。断じてやってはならないのです。実際、ほとんどの父親は、この類いの問題は関係ないだろうと思っています。しかし、今日、児童虐待（や配偶者虐待）は、驚くほど多くの件数が起きているのです。ですから、この点については百パーセント明確にしておきたいと思います。

### 3　行為の程度に応じて適切なしつけをする

子どもをしつけるときは、必ず、息子や娘の行為の内容、年齢、人としての成熟度に見合ったしつけをしてください。

もしあなたが、子どもの比較的小さな過ちに対して過大な罰を与えてしまったら、子どもが本当に深刻な過ちを犯したときにどのようにするつもりでしょうか。もしあなたが、しつけをまったくしない親だったとしたら、あるいは重大なしつけが必要なときでも、ほんの軽いしつけで済ませる親だったとしたら、あなたの息子や娘は、自分たちの行動には必ず結果がついてくることを、どうして学ぶことができるでしょうか。

### 4　しつけは一貫していて、正当で公平にする

私の子どもたちはいつもこう言います「お父さんは、私よりも○○（別の兄弟）にはずっ

と甘い」。しかし、妻も私も、子どもたち全員に対して、常に一貫した態度で公平に接するように万全を期してきました。自分の親が長男をかわいがりすぎるとか、末の妹をかわいがりすぎるとか、思っている人は結構いるものです。そういう人は、自分はあまり愛してもらえなかった、だから愛される価値がないのだ、と思ったりして、人によってはなかなかその気持ちを克服できないでいます。ですから、子どもには、ほんの少しでもえこひいきの重荷を背負わせないようにしましょう。私たちは、子ども一人ひとりに対して、十分にかつ平等に愛情を注がなくてはなりません。そして、しつけも同じようにしなければならないのです。

## 5　しつけが利かないときは、さらに厳しくする

子どもが繰り返し過ちを犯す場合、特にその過ちがますます深刻になるときには、しつけの基準を上げるようにしてください。繰り返しますが、子どもは、自分の行動には結果が伴うことを理解しなくてはならないのです。ですから、子どもが、同じ行為を何度も何度も繰り返すなら、しかも、親が苦心して、愛情溢れるしつけをしたり、行為の過ちを子どもに教えたりするのにもかかわらず、それが繰り返されるならば、それはしつけの基準を上げるタイミングでしょう。私は、子どもが同じルールを二回破ったら、すぐに「かんかん」になりなさい、と言っているのではありません。そうではなく、私が言っているのは、息子や娘が、

同じ問題行動を何回も繰り返すのならば、しつけも次の段階に進むべきであるということです。子どもは、その問題行動は過ちだから変えなくてはならないことを、きちっと理解する必要があります。もしかしたら、同時に専門家の助けを借りるべきときかもしれません。今日のアメリカには、日本と同じように大勢の素晴らしい家庭相談員やプロのカウンセラーがいて、必要のある家庭には定期的に助けに来てくれます。必要があるときには、子どものために専門家の助けを求めることは、決して悪いことではありません。実際に、とても大きな助けになります。

## 6　夫婦そろって「はい」は「はい」、「いいえ」は「いいえ」とする

しつけに関しては、妻（あるいは元妻）と一致団結するようにしてください。しつけに関する最悪の状況は、子どものしつけ方について、父親と母親の考えがあからさまに違うときです。あるいは、母親（もしくは父親）が、何回でもすぐに、子どもの要求に屈してしまうことです。子どもは利口です。重要な意見の違いには気づかない、などと思わないでください。子どもは、どのようにしたら簡単に親を丸め込めるかの傾向を知り、それを自分に有利になるように利用してきます。

「お父さん、どうしてあのことでそんなに厳しくするの？　お母さんだったらまったく気に

しないのに……」などと言われると、対応は難しいです。もちろん、子どもがある特定の過ちを犯した場合、どのようにしつけるか、あるいはそもそもしつけるか否かについて、理にかなった意見の相違があるかもしれません。しかし、そのことについては、妻と二人きりのところで解決してください。もし何らかの理由で解決できないとしても、お互いに支え合うと同意してください（少なくとも子どもの前では）。しつけの問題について共同戦線を張ることは、あなた方にとって、事をかなり楽にしてくれますし、最終的には、子どもにとっても楽になります。

子どもをしつけようとはするが、子どもに駄々をこねられると、いつも「それなら、いいよ」と諦めてしまう親は、実は、子どもの「否定的行動」をただ助長しているだけなのです。ですから、しつけ面では、あらゆる努力をして、子どもの母親と一致団結できるように、そして夫婦そろって「はい」は「はい」、「いいえ」は「いいえ」とするようにしてください。これはいつも簡単とはかぎりません。しかし、長い目で見ると、本当に大きな利益をもたらしてくれます。

## 7　しつけにおいて指導力を発揮する

父親の皆さん、現実を直視しましょう。母親は通常、子どもの養育面では、私たちよりも

（はるかに）優れています。私は、そのことを神に感謝します。しかしルールを作り、それを確実に守らせることは、私たちにかかっています。ルールが破られたときは、（ほとんど必ず）父親である私たちの出番になります。子どものしたことは何が悪かったのか、なぜ悪かったのか、それを償うためには何をする必要があるのかを、しっかりと理解させるのです。幸いなことに、この重要な役割のために、私たち父親には十分な能力や備えがあります。私たちはただ常に、努力しなければなりません。これは誰か別の人に任せることのできる仕事ではありません。なければいいな、と思って済ますこともできません。これは父親として最も重要な役割の一つです。

## 8 「十対一ルール」

しつけをしたら、その十倍に当たる前向きな励ましをしてやるように努めてください。子どもが何かよいことをしているのを見つけたら、そのことを褒めてください。このように前向きな励ましをしてやるならば、子どもは自分が何か悪いことをしないかと父親は見張っているだけではなく、何かよいことをしたら褒めてもくれることを知ることができます。このようにすれば、子どもがよい行動をしているのを見かけるのが、もっと増えるでしょう、そしてさらに大切なことですが、こうしたことが助けとなって、子どもは、現実的な環境の中で自尊心を築き上げるようになります。

今日の子育て本の中には、嘘の褒め言葉や中身のない言葉を使って「子どもの自尊心を築き上げよう」と語るものが多すぎます。息子が勉強しなかったために、数学の成績がCであった場合、「君は賢いんだ」「君は素晴らしい生徒だよ」「先生がひどかったね」などの言い訳を言ってやる必要はありません。「今度はもっと勉強しなさい」と言ってやる必要があります。しかし、息子が一生懸命勉強し、よく準備をしたので、Aの成績（ある生徒にとっては、Bかもしれません）を収めた場合には、「本当にお父さんもうれしいよ」と褒めてやる必要があります。一回しつけをした場合には、十回愛情を示し褒めてやるのが、とてもよいバランスです。

## 9　子どもに合わせて、しつけを調節する

それぞれの子どもに合うように、しつけは調節してください。なぜなら、それぞれの子どもは異なっているからです。もし、あなたの子どもに男の子も女の子もいるなら、そのことはすでにおわかりでしょう。しかし息子どうし、あるいは娘どうしの間にさえ、気質に（あるいは年齢に）かなりの違いがあります。ですから、いつも平等で公平なしつけをするように努めなければならない一方で、それぞれの子どもに合うように、しつけは調節しなければ

なりません。

例えば、私たちの息子の一人は少し内向的です。一人でいるのが好きなので、一人きりになれる時間が必要です。もう一人の息子は、まったく正反対の性格です。人と一緒にいるのが大好きで、会話に入れてもらえないと嫌がります。この二人に対して、効果的なしつけは、それぞれの子どもに対して異なります。また、異なる必要があります。しかし、どんなしつけを行うにしても、愛情が大切であることを決して忘れてはなりません。私たちが一貫して愛を注ぐならば、「愛は決して滅びることがありません」（聖書）。

## 10　子どもの生活に影響を与えるほかの重要な人たちと協力する

子どもの生活に影響を与えるほかの重要な人たちと必ず協力して取り組んでください。妻・教師・コーチ・牧師・ユースワーカー（若者の成長を支援する活動に携わる人）と緊密に連絡を取りながら協力することです。また子どもの生活に大きな役割を果たしているほかの大人との連絡・協力もいいです。このことは次の三つのおもな理由で、役に立ちます。

まず第一に、こうした連絡や協力をすることによって、今まで自分では気づかなかったけれども、変えていかなければならない（子どもの）姿勢や態度について知る手がかりを与えられることがあります。第二に、ある特定の行動や問題に対して、チームとして一緒に取り組むのですから、成功する可能性が高くなります。第三に、子どもが尊敬する人に、あなたと同じことを語ってもらうことは良いことです。あなたの息子や娘が、父親や母親から聞くのと同じことを、尊敬する大人から聞くならば、そのインパクトは大きいものです。

## 11　しつけをする役割を年上の子どもや親類に任せない

弟や妹をしつける役目を、年上の子どもに押し付けてはいけません。その年上の子どもがどんなに成熟していたとしても、あまりにも責任が重すぎます。またそれは、けがをさせたり、心を傷つけたりする可能性のある、悲劇の詰まったパンドラの箱を開けるようなものです。

兄や姉は、年下の兄弟姉妹を励まして、正しい行動ができるようにする――これは極めて重要です。しかし、しつけとなると、それは父親と母親の責任です。これと同じことが、おじ・おば・祖父母などについてもいえます。親類も、良い模範を示したり、正しい行動を励ましたりして、しつけを助けることができるし、また助けるべきでしょう。しかし、しつけを行うのは、あなたと妻だけです。

## 12　子どもの味方をする

「お父さんは私を守ってくれる、助けてくれる」と子どもに思ってもらう必要があります。単に「しつけをする人だ」と思われるだけではいけません。何も、少年野球の試合で息子がホームインしたときに、審判が誤ってアウトの判定をしたなら、文句を言いに行くべきだといっているのではありません。子どもは現実の世界について学ばなくてはなりません。現実の世界から子どもを遮ってしまうことは、実際には有害です。しかし、もし（例えば）小さい子どもが学校で（あるいはほかの場所でも）何度も繰り返しいじめられたり、不当な扱いを受けたりしているならば、あなたは、その状況を正し、そのようなことが二度と起こらないようにしなければなりません。それにより、子どもはあなたに深く感謝するだけでなく、社会のルールは全員のためにあること、そしてそれはよいものだとわかるのです。

結論として、子どもは、世の中の「基本的な現実」を知る必要があるので、きちっとしたしつけは重要であるということです。この基本的な現実とは、行動すれば（正しくも悪くも）、それに伴う結果が生じるということです。こうした現実から子どもを遮断し遠ざけようとする親もいます。それが極端な場合、そういう親は「放任主義」と呼ばれたりします。

子どもの誤った行動に対して、「放任主義」になってはいけません。子どもには正しい道を示してください。たくさん褒めて、たくさんの愛情を注ぎ、必要があれば、しつけを少し加えてください。繰り返しますが、一回のしつけに対して、十倍の愛情と褒め言葉を注ぐのが、よい割合です。

## 以前、近所に住んでいた人の悲しい物語

何年も前のことです。私たちから通りを一つ隔てた所に、一組の夫婦が住んでいました。この夫婦は文字どおり、子どもに何でもやりたいようにやらせていました。近所に住んでいて、比較的〝自由な考え方〟をする人たちの中には、この夫婦を褒める人もいました。「すごく子どもを信頼している」とか「すごく進歩的だ」とかよく言っていました。

その家の娘が私たちの娘と友達になりました。そこで、ベールの向こうにある現実を垣間見ることができました。子どもがやりたいことは何でもやらせてもらえた本当の理由は、実は両親がめったに家におらず、子どもをまったく構っていなかったからのようでした。結果として、子どもはあまり愛情を受けることがなく、またあまりしつけも受けていませんでした。（信じてもらえるかどうかわかりませんが）小さな女の子は雨の日によく私たちの玄関の前に来て、寒いから中に入れてほしい

と言ったものでした。その少女の話を聞くと、あまりにも悲惨なのでただ言葉に詰まるだけでした。少女が学校から帰ってきても、両親がいないことが時々ありました。そして両親は、少女に鍵を渡すのを忘れることもありました。あるときには少女が訪ねてきて、夕ご飯が欲しいと言ったこともありました。両親は外に出かけたままで、娘の食事を用意していなかったのです。私たちはできるかぎりの世話をしました。少女もそのことでとても感謝してくれました。

結局、私たちはそこから引っ越していきました。けれども数年後、別の人を訪問する用事があって、前の家の近くに行ったとき、その少女を見かけました。かなり薬物に依存していることは明らかでした。友人の話によれば、少女は施設に入ったり出たりしているということでした。少女は明るくてかわいらしく、ただ愛情と温かさと、自分の面倒を見てくれる人を探していたのでした。残念なことに、彼女の父親はその数年後に薬物が原因で心臓発作を起こして亡くなりました。父親は小さな娘の面倒をあまり見なかったので、少女が求めているような人にはなれませんでした。母親もまたなれませんでした。悲しいことに、この両親のわがままと自己中心のつけを、彼らの娘が、彼女の人生を犠牲にすることによって支払ったのでした。

## 本当の謙虚さの価値

決して忘れてはいけないことですが、しつけはそれ自体が目的ではありません。また怒りに任せて、しつけをしてはなりません。しつけは重要なツールであって、それによって子どもが正しいモラルコンパスを作り上げることが目的です。私たちは父親として、模範を示さなければなりません。そのためには私たち自身が、モラルコンパスを正しく作り上げ、それを用いていなければなりません。子どもは私たちがすることをすべて見ています。そして、覚えています。ですから、「私が言うとおりにしなさい、けれども私がするとおりにしてはいけません」ということが、親が失敗してしまう原因なのです。父親であるあなたが語るべきことを語り、そして決めたとおりにちゃんと歩むならば、子どもにしっかりとした価値観と倫理を受け継がせることができます。これが人として子どもに与えることのできる、最も重要な贈り物の一つです。

しかし、私たちはみな過ちを犯します。つまり常に百パーセント正しいモラルコンパスを持っている人は、誰もいないのです。そこで謙虚さが大切になってきます。このごろは謙虚さについて語られることはあまりありませんが、それでも謙虚さは男らしい美徳です。それでは、本当の謙虚さとは、どのようなものでしょうか。またなぜ、父親である私たちにとって、謙虚さは重要なのでしょうか。もちろん謙虚さにはたくさんのよい定義があります。けれども、私がとても好きな定義はこれです。「現実を正確に理解し、神の世界における自分の立場を正確に理解すること。そして、自分の本当の長所と短所を理解すること」

なぜ、謙虚さが大切なのでしょうか。それは、神の世界における自分の立場を正確に理解すればわかるのですが、私たちは一人ひとりが大切であり、神に深く愛されている一方で、私たちが自分の隣人よりもさらに大切だとか、さらに愛されているとかいうことはないからです。ですから、物事がうまくいっているときでも謙虚な気持ちでいれば、自惚れずに済みます。そして物事がうまくいかないときでも謙虚な気持ちでいれば、私たちはみな過ちを犯すものであること、またそうした過ちにもかかわらず、私たちは大切であり、価値があることを、思い出させてくれるのです。

本当の謙虚さは、私たち父親にとても大切です。なぜなら、謙虚な気持ちでいれば、自分が間違ったときに、そうだと認めることができるからです。当然のことですが、父親であるかぎりは、過ちを犯すのです。しかし、このことはまた子どもにも同じように当てはまります。子どもも常に過ちを犯すからです。ですから、私たちが過ちを犯しても、すぐにその責任をとり、償おうとするのを子どもが見るならば、子どももそこから学んで、自分が過ちや失敗を犯したときには、どのようにすればいいのかを知るのです。

## 本当の謙虚さは資産

友人のスコットは謙虚さについて多くのことを教えてくれました。スコットは賢い人でしたが、同時に私が知っている中で、最も正直で謙虚な人の一人でした。このことはスコットの社会人生活においても大きな資産となり、仕事においてはこの上ない成功を収めました。しかし、もっと大切なことは、謙虚であったおかげで、スコットは素晴らしい父親になれたことです。スコットは予想以上の課題・試練・失敗に直面しましたが、自分の失敗について、子どもに正直に話していました。ですから家族は、スコットが本当にどういう父親であり、またどのような父親ではないかを知っていました。スコットは徹底して謙虚で、まったく隠し事をしなかったおかげで、自分と家族が人生の深刻な事態に何度も直面しても、それをよい方向に好転させることができました。またそのことを通して子どもが学んだのは、たまに失敗することがあったとしても、自分のモラルコンパスを投げ捨てる必要はないということです。コンパスを再調整する必要があるかもしれませんし、あるいは真剣に反省してコンパスを再設定しなければならないかもしれません。いずれにしても、このコンパスは、人類が手に入れた最も重要な資産のうちの一つです。それどころか、「正しいモラルコンパス」と「真の謙虚さ」という二つのものが備わっていれば、まずもって私たちは十分に人間らしくなることができます。

子どもたち一人ひとりに、正しいモラルコンパスと真の謙虚さを継承させることが、極めて重要です。これは私たちが子どもに遺すことのできる最も偉大な遺産の二つです。この二つは、金銭や家や、その他の物質的なものよりも、はるかに大切です。なぜなら、この二つがあれば、常に変化している世界の中にあっても、子どもは自分の航路を定めることができますし、必要なときには謙虚になって途中で航路を修正することもできるからです。

## さらによく考えてみましょう

1　正しいモラルコンパスが、私たちが父親として子どもに遺してやれる最も大切な遺産の一つであると認めますか。なぜそう認める、あるいは認めないのですか。あなたのモラルコンパスをより正確にするためには、何が必要ですか。

2　「十対一ルール」（一回しつけを施したら、その十倍の愛情を示すこと）をあなたと奥様はどのくらいよく用いていますか。そこに改善の余地はありますか。どのように改善しますか。

3　しつけに関しては、あなたと奥様は意見を統一していますか。なぜ統一している、あるいはしていないのでしょうか。この点に関して、どうすれば改善できますか。

4　あなたの言う「はい」は本当に「はい」であり、「いいえ」は本当に「いいえ」でしょうか。つまり、善悪の境界線を明確にして、それをしっかりと遵守しているでしょうか。それとも、子どもが駄々をこねて泣いたり、文句をたらたら言ったりすると、たいていは負けてしまいますか。

## 本章の即効ドリル

1　六十秒間、考えてみてください。あなたは、自分の葬儀のとき、みんなからどのように言われたいですか。「尊敬していた、誠実だった、信頼できた、親切だった、謙虚だった……」。そのように言われたいと思いませんか。

2　六十秒間、考えてみてください。今日あなたが死んだら、みんなは正直なところ、あなたについてどのように言うでしょうか。

3　今日から始めましょう。人生の残された時間を使って、みんなから「あの人はこんな人だ」と言われたい人物になれるように励みましょう。必ず神にお願いして助けてもらってください。信じてください。聖書の神は、そのようなお祈りに応えるのが大好きです。

実践ガイド

# 正しいモラルコンパスと真の謙虚さというツール

あなたは父親として、どのようにして高いモラル基準を自分にも家族にも課していますか。また、どのようにしてその基準を保っていますか。要は、これはリーダーシップの問題です。よいリーダーは常に、自分自身から始めることが要求されます。「私が言ったとおりにしなさい。私がするようにしてはいけません」というのは、リーダーにとって破滅に至る原因です。これは私たち父親についても言えます。ですから、まず自分自身のモラルコンパスを点検して、必ずコンパスが適切に動くようにしましょう。

## 自分のモラルコンパスを点検する

誠実に正直に次の質問に答えてください。

1　あなたのモラル基準は高いですか。家族の前でも、そのとおりに生活していますか。一個人の私生活においても、その基準を守り通して生活していますか。
2　その基準は、時を超えて有効な外部の基準を基にしていますか（例えば十戒など）。それは、何千年以上もかけて信頼に値すると証明されていますか。それとも、あなたの基準は実際には、それぞれの状況において自分には何が最善かというようなものでしょうか。
3　あなたと奥様は、同じモラル基準を共有していますか。
4　あなたも奥様も、言葉と行いを通して、この基準をはっきりと一貫して子どもに伝えていますか。
5　自分自身の行動はその基準と一致していますか。
6　自分が過ちを犯したときは（私たちはみな過ちを犯します）、すぐにそれを認め、赦しを乞い、自分が引き起こした混乱はみな後始末して、今後はこのようなことを繰り返さないように、力と勇気を下さいと神にお願いしていますか。

7　このような価値観を共有し、あなたが航路から外れないように助けてくれる人と友情を育んでいますか。

もし、これらの鍵となる質問に本当に「はい」と答えることができたなら、おめでとうございます。あなたは正しい道を歩んでいます。まず自分自身の中に正しいモラルコンパスを作り上げることが最初の一歩となって、子どもがそれぞれのコンパスを作り上げるように助けることができます。自信過剰にならないでください。自分自身のために正しいモラルコンパスを作り上げることは、決して完成することのない仕事です。あなたにできることは、常にコンパスを改良し強化することです。また、そうしなければなりません。

人生において鍵となる質問を覚えていてください。私たちは前進するか、後退するかです。同じ場所に、じっととどまることはできません。とどまることは、高慢あるいは自信過剰という最大の危機の一つです。高慢になると、今いるところで十分だと思うようになり、もうこれ以上、上を目指す必要はないだろうと思うようになります。これは大きな間違いです。実際のところ、高慢（あるいは自信過剰）になったすぐ直後に、大きな失敗を犯すことが頻繁にあります。それもしばしば道徳に関する失敗です。

ニューヨークの元市長（家柄のいい民主党員です）の話です。美しくて聡明な南部出身の女性と結婚し、四人のきれいな娘に恵まれていたにもかかわらず、彼は高校を中退した女性と関係を持ったのです。その女性は麻薬中毒で、売春婦でした。これによって彼は、出世の道を断たれました。もう一つの例です。サウスカロライナ州元知事（共和党員で、妻の財産・人脈・知性のおかげで大いに成功した人です）は、彼の妻に比べものにならない、魅力もないアルゼンチンの中年女性との関係に陥りました。そして経歴も家族も台なしにしてしまいました。

ここで大切なのは、政治家をつるし上げることではありません。大勢の社長、また私たちのような普通の男性が、「ああ、今の自分は最高だ」と言ったすぐ後に、この災難への道を下っていったのです。聖書では、こう教えています。「高慢は破滅に先立つ」

これが真理です。つまり、神の恵み、家族の愛、友人の助け、正しいモラルコンパスがなければ、私たちはみな、先に紹介した政治家とまったく同じ境遇に陥りうるのです。このことについては、正直に認める必要があります。もし私たちが父親として、男性として、自分がどんなに道徳的な失敗に陥りやすいかを知っていれば、そのおかげで、いずれは大きな失敗に導く可能性のある小さなことを避けることができます。また、この真理を知っていれば、私たちは人生を前進していくことができます。そして自分のモラルコンパスをさらに改善・改良して、本当に最高のものを子どもに受け継がせることができます。

## 進んでいくときに助けとなるもの

もし先述の七つの質問に対して、一つでも「いいえ」と答えたならば、正直に答えていただいてありがとうございます。何かが間違っていると認めなければ、修復することはできません。認めることができたならば、最も難しい部分（問題があると認めること）が済んだのですから、それを一緒に直すことができます。

ぜひ信頼できる友人と話し合ってください。先述の質問に自分がどのように答えたのか、その友人に正直に話してください。そして、自分の心の中でこのような父親になりたいと願っている父親になれるように、助けてほしい、また祈ってほしい、とお願いしてください。罪は暗闇や偽善が大好きです。しかし、私たちが罪を光と真理の中にさらすなら、罪の力はなくなっていきます。もし私たちが、友人や家族の助けをもらいながら、正直に勇気と信仰をもって罪を取り扱うならば、神の恵みによって、罪は癒やされます。ご質問がありますか。どうぞお知らせください。admin@familyfirstjapan.org

## 行動について語る

もしあなたの正しいモラルコンパスがよく機能していて、また子どもと有意義な時間を過ごしているなら、あなたの中にあるものを子どもはたくさん自分の中にも取り込むようになります。このようにして子どもは学ぶからです。しかし、ただ語ったとおりに行動するだけでは十分ではありません。自分の行動について語る必要も出てくるでしょう。そうすれば子どもも理解するようになり、自分の行動には結果が伴うこと、またどこで軌道から外れたのかがわかるようになるでしょう。ここにはふつう、しつけも含まれます。子どもに正しいモラルコンパスを身につけてほしいと願うなら、しつけは、私たちが進んで用いるべき、また用いることのできる道具です。

## 「十対一ルール」

この章では、しつけが大切であること、そして、「十対一ルール」（一回のしつけに対して、その十倍の愛情を注ぐ）というものについてお話ししてきました。次に掲げるのは、子どもが何かよいことをしているのに気づいたとき、どのように愛情と感謝と称賛とを伝えるかという五つの例です。

1　子どもにメールを送る。あるいは、手紙を書いて郵送してもいいでしょう。最近、子どもがした、あるいは成し遂げた具体的なことについて、あなたがどれだけ評価しているかを伝えてください。

2　その特定の子どもを「今日の最優秀賞」として表彰し、なぜその子が賞をもらえたのか家族全員に説明してください。何か小さな賞品をあげてもいいですし、あげなくてもいいです。それはあなた次第です。大切なのは、そのよい行いをみんなで認めることです。

3　子どもの良い行いや良い成績に、あなたがきちんと気づいていること、そして、その結果、特別賞あるいはご褒美がもらえたのだ、ということをその子にはっきりわからせてください。

4　今度子どもを見かけたら、つかまえてギュッと強く抱きしめてあげてください。特別な理由や行いがなくても、ただ子どもを愛していることを伝えてください。ただ愛している、と。

5　子どもに、かわいいプレゼントを贈ったり、「レジェンド証明書」を作ったり、いろいろしてあげてください。あなたから愛されていることを、子どもに知らせてください。

次に子どもが過ちを犯したとき、どのようにしたら適切にしつけることができるか、五つの例を紹介します（子どもの行いの何が悪かったのか、そしてなぜ悪かったのかをはっきりと説明することをいつも忘れないでください）。

1　子どもがどれだけ親をがっかりさせたかを、言葉ではっきりと説明できるように準備してください。また、このような行いを繰り返したらどうなるのかも説明してください。注意していただきたいのですが、このようなやり方は敏感な子どもには効きますが、元気のいい子どもにはいつも効くとはかぎりません。もし、これがうまく効かないならば、二度目に同じことをしたときに、あらかじめ警告しておいたおしおきをしなければなりません。いつもあなたの「はい」は「はい」であり、「いいえ」は「いいえ」であるようにしてください。そうしないと、しつけの点で問題となってしまいます。

2　子どもの年齢や、してしまったことに見合う家事や責任を負わせてください（例えば、一週間、夕食の皿洗いをしたり、ひとりで犬の散歩に出かけたり、弟か妹の部屋の掃除をしたり、などです)。

3　子どものお小遣いの額（もしあげているなら）と、しでかした問題の程度に応じて罰金を科してください。子どもがお金の価値を十分理解できる年齢であれば、たいてい効果的です(だいたい十歳以上)。

4　子どもの年齢やしつけの程度に合わせて行動を制限してください(例えば、一時間の反省タイム、一か月間の外泊禁止、一か月間自動車運転禁止、三日間コンピューターの使用禁止など)。

5　深刻で、繰り返される問題については、もっと極端なしつけの手段を実行してください。例えば、十代の子どもが繰り返し万引きをする場合には、警察に来てもらって問題の重大さを理解させる必要があるかもしれません。もう一度言いますが、子どもがいつも嘘をついたり、騙したり、盗んだりという深刻な行動上あるいは道徳上の問題を起こす場合には、専門家の助けを求めてください。こうしたことは、さらに大きな問題が起きる兆候かもしれません。そうなると、その対処には専門家の助けが必要になります。

しつけに関しては、あなたの妻あるいは、子どもの母親と一致してください。そして二人とも、必ず語っているとおりに行動し、また行動していることを語って教えてください。しつけにおいては、一致していることがとても重要です。

子どもが正しいモラルコンパスを持てるように、また真の謙虚さを身につけられるように助けるなら、子どもの現在と今後の一生に対して、あなたは力強い祝福を与えることになります。そして子どもが成長したときには、このことのゆえに、子どもはあなたを祝福してくれるでしょう。

ツール4
# ハートに届く愛情

あなたが家族をどれほど愛しているか（そして家族が自分にとって、また神にとってどれほど価値があるか）を伝えるには、コミットメント・忠実さ・恵み・優しさが必要です。

愛は多くの罪をおおうからです。（聖書）

私はあまり愛情が感じられない家庭で育ちました。ですから、妻と子どもを本当に愛することを学ぶのに時間がかかりました。しかし、少しずつ時間をかけながら、神の助けによって、本当の愛とはどういうものかを理解することができました。またその愛を家族のために用いることもできました。このことは、とても大きな進歩をもたらしました。

ダン・マクリーン（バージニア州）

この本の内容についてご意見のある方は、メールにて遠慮なくご連絡ください。
◇◇◇◇◇◇◇◇◇ admin@familyfirstjapan.org

毎日家族を愛することは、口で言うのは簡単ですが、日々実行するのは容易ではありません。しかし、これは確かに大切なことです。実際に家族の中において、ハートに届く愛情とは、自動車のエンジンにとってみればガソリンのようなものです。愛がなければ家族は長続きしません。

「愛」とは使い古された言葉ですが、多くの意味があります。また、よく間違った意味で使われます。ほとんどの場合、「愛」という言葉はロマンチックな意味で用いられます。確かに、それは私がここで語ろうとしていることの一部ではあります。しかし、この言葉にはほかの側面もあって、それは家族にとってかなり重要なものです。これらの側面は、「ハートに届く愛情」というツールを構成する四つの要素で成り立っています。そこに焦点を当てて、考えてみる必要があります。その要素とは、コミット・忠実さ・恵み・優しさです。

## コミットメント

あなたがコミットしていないなら、家族を愛していることにはならないのです。あなたが育った環境では、父親が家族に対してそれほどコミットしていなかったかもしれません。私の場合はそうでした。父親は頼りになるときもありましたが、ならないときもありました。父親はそばにいてくれるときもありましたが、いないときもありました。父親がこんなことをしていては、子どもは傷つきますし、人を信頼するという子どもの能力が発達しなくなります。最善の家族は常に、コミットメントを土台としています。家庭のリーダーとして私たちは、思いと言葉と行いで、この献身を身につけ、示していかなければなりません。この点について、マレーシア出身の友人テク・センは偉大な模範です。テクは自分のすべてを本当に家族にささげていました。その結果として、テクは私が知っている中でも最も素晴らしい家庭に恵まれた男性の一人となりました。

コミットについて、最初に気づかされることは、これには時間がかかるということです。すでにお話ししましたが、ほとんどの子どもは愛を「一緒に過ごすこと」だと考えています。忙しすぎる父親が好んで使う古い言い訳、例えば「大切なのは質の高い時間でしょ」などの主張は全体像を捉えてはいません。もちろん、質の高い時間は大切です。しかし常に質の高い時間を生み出す唯一の方法は、喜んで十分な時間をささげる意思があるかどうかにかかっています。確かに、たまにはうまくいくときもあるでしょう。しかし、金鉱夫なら誰でも教えてくれるでしょうが、金を見つけるためには、長時間ひたすら選鉱鍋で土砂を洗い続けなければならないのです。

コミットとは、心で感じるものであるのと同時に、意思をもって決断することでもあります。実際に、愛するという感情が休んでしまうと（そうなります）、あなたの戦いを支えてくれるのは、意思と姿勢です。長期間にわたるコミットを中軸となって支えてくれるのが意思と姿勢です。そしてあらゆる成功した家族にとって、それは礎石の一つです。伝統的な結婚式の誓いですら、この大切さについて語っています。「富めるときも貧しいときも、健やかなときも病めるときも、二人がこの地上にあるかぎり」とありますから。コミットについて少しでも考えてみるならば、なぜこれがそんなに大切なのかがわかります。コミットは、ただ家族のためだけでなく、自分自身のため、また私たちが暮らしている社会のためにも大切なのです。

## 妻、子ども、さらには孫のためにも

夫が妻や子どものためにコミットするならば、それが安定した家族という建物の土台になります。夫がコミットしていれば、家族は安心することができます。なぜなら、何が起ころうとも、世界で最も身近な人物が自分たちを決して見捨てないという事実があるからです。このおかげで子どもは、情緒や勉強や社交性などあらゆる側面において、より自信に満ち、強く、優秀になることができます。このような長所は大人になっても続きます。そして健全な夫婦関係から生まれた子どもは、子ども時代に離婚の犠牲になった同級生に比べて、はるかによい結婚をしているようです。

このことについては、ある調査結果も強く裏付けています。夫か妻のどちらかが離婚家庭出身の場合、夫婦共に離婚家庭出身でない場合に比べると、その結婚生活は二倍も破綻する可能性があるそうです。また、夫婦の両者とも離婚家庭出身の場合には、結婚生活が破綻する可能性は三倍以上にも上ります。[1] 離婚の影響は世代を超えて広がっていきます。孫の世代になっても、祖父母が離婚している場合には、そうではない同級生と比べて、平均して教育水準が低く、結婚しても不和が多く、両親との人間関係もうまくいっていないようです。[2] もう一度言いますが、あなたに離婚歴があるとしても、諦めないでください。離婚は損害を与えるという事実から逃れることはできませんが、その損害を最小限に抑えるために努力することができます。それが、この本で紹介しているツールを用いることであり、子どもの母親と協力することであり、自分にできるかぎり最高の父親になることです。

## 自分自身のために

妻が長期にわたって夫にコミットするのはたいてい、夫が妻に対して長期にわたってコミットしていることへの見返りです。皆さん、覚えておいてください。最初に車椅子生活になってしまうのは、ほとんどいつも男性のほうです。そのとき、ひとりぼっちでいたいですか。そうではないでしょう。先にこんな秘訣について学びました。家族へのコミットを大切にすることによって、私たちはさらに強い男性、さらによい男性になります。しかし、安易な解決策に頼ったり、困難に直面したときに（こうした事態はすべての家族に必ず訪れます）これなど投げ捨ててしまうなら、そうはいかないでしょう。

もし、このことについてもっと証拠が必要だというのであれば、ここに調査結果がありま

恐縮ですが
切手を
おはり
ください

郵便はがき

〒164-0001
東京都中野区
中野 2-1-5

いのちのことば社
フォレストブックス 行

お名前

ご住所 〒

Tel.

男　女

年齢

ご職業

WEBからのご感想投稿はこちらから
https://www.wlpm.or.jp/pub/rd
新刊・イベント情報を受け取れる、
メールマガジンもございます。

# 愛読者カード

書名

お買い上げの書店名

本書についてのご意見、ご感想、ご購入の動機

ご意見は小社ホームページ・各種広告媒体で匿名にて掲載させていただく場合があります。

本書を何でお知りになりましたか？

1. □ 広告で（　　　　　　　　　　　）
2. □ 書店で見て
3. □ ホームページで（サイト名　　　）
4. □ SNSで（　　　　　　　　　　　）
5. □ ちらし、パンフレットで
6. □ 友人、知人からきいて
7. □ 書評で（　　　　　　　　　　　）
8. □ プレゼントされて
9. □ その他（　　　　　　　　　　　）

今後、どのような本を読みたいと思いますか。

ありがとうございました。

ご記入いただきました情報は、貴重なご意見として、主に今後の出版計画の参考にさせていただきます。その他「いのちのことば社個人情報保護方針 https://www.wlpm.or.jp/about/privacy_p/」に基づく範囲内で、各案内の発送、匿名での広告掲載などに利用させていただくことがあります。

す。アメリカが行った全国調査によれば、離婚歴のある男性の六五パーセント、離婚歴のある女性の七八パーセントが、離婚したおもな理由として献身がなかったことを挙げています。離婚した男女両者の六二パーセントが、結婚していたときにもっと頑張っていればよかった、と思っています。男性の三分の二が、離婚したのは間違いであったと感じています。[3]

## 社会、地域社会、さまざまなコミュニティーのために

コミットした家族がいれば社会が恩恵を受けるのは明らかです。コミットし合う両親がいる家庭出身の子どもは、感情的にも心理的にも安定していて、友人関係もしっかりしていて、成績もよく、大学に進学することも多く、生産性のある仕事をして、自分自身も健全で献身した家族を持つようになります。他方、壊れた家庭出身の子どもは、学校を中退したり、精神的な病にかかったり、重罪の有罪判決を受けたり、早死にしたり、刑務所に入ったりすることが多いのです。また自分自身も、家庭を顧みない父親になったり、複数の男性との間に子どもをもうけるシングルマザーになったりして、この悪循環をまたすべて繰り返します。[4]

すでに一九六〇年代に、上院議員のダニエル・パトリック・モイニハンは未来を予言するかのように、こう書いています。「アメリカの歴史には、間違えようのない教訓が一つある。

コミュニティーが、崩壊した家庭で多くの若者が育っていくことを放任してしまうならば、結果的にそのようなコミュニティーは混乱していきます。つまり、母子家庭で、大人の男性と安定した人間関係を築くことなく、将来に対する合理的な期待を持つことができない環境で育つ若者たちをコミュニティーが無視してしまうことは、コミュニティー全体を混乱させてしまいます」[5]。皆さん、私たちは自分たちの果たすべき役割を果たして、未来の家族・社会・国家が決してこのようにならないようにする必要があります。

## 忠実さ

聖書を通して、最も明確に、また最も繰り返されている警告が、結婚に対する不貞であることは、決して偶然ではありません。「あらゆる港町に女がいる」というジェームズ・ボンドのイメージは、映画館の大きなスクリーンの上では格好よく見えるかもしれませんが、実態は自分の家族から長期間にわたって離れているといっているようなものです（しかも、最後は自分ひとりだけで孤独になり、むなしい気持ちになるのだ、と私は言いたいです）。

アメリカ海兵隊の生涯のモットーは、Semper Fidelis（Semper Fi ともいう）です。訳せば、「常に忠実であれ」という意味です。アメリカ海兵隊の人なら誰でも（アメリカの軍人なら誰でも）理解していることですが、任務が成功するか否かは、喜んで自分自身の利益よりも隊全体のことを優先するかどうかにかかっています。このSemper Fidelisは、すべての偉大な父親のモットーでもあります。

もし、あなたが結婚しているならば、妻に対して忠実であるとは、ただ単に性的に淫らな関係に陥っていないというだけでは足りません（もちろんこれは絶対に不可欠な要素ですが）。これはほかの点でも同様に、妻に対して常に忠実であることを意味します。妻がいなくて友人と一緒にいるとき、妻をよくけなしたりしませんか。多くの男性はそうします。しかし、これは危険な習慣です。性的な関係は持たないけれども、感情的に他の女性に心引かれたことはありますか。それはちょうど海兵隊員が塹壕から飛び出して走り回り、「撃ってくれ、撃ってくれ」と叫ぶようなものです。公的な場面でも、私的な場面でも、奥様をどのように扱っていますか。Semper Fidelisとは、決して妻をネタにして変な冗談を言わない、また妻に二流市民であるかのように感じさせないという意味です。あなただって、妻からそのようにされたくないでしょう。家族がどのような雰囲気になるかは、あなたにかかっています。それがリーダーのすることです。

忠実さにはいくつかの要素があり、それぞれがお互いに支え合っています。例えば、もしあなたが公の場でも私的な場でも、妻に対して敬意をもって接するならば、あなたは情事に走ることはほぼないでしょう。なぜでしょうか。なぜなら、そうすることによって、大切にされたいという妻の要求をあなたは満たすことになり、妻もより進んであなたの必要を満たしてくれるからです（したがって、不倫に対する関心がより少なくなります）。自分でもやってみて、そしてどうなるかを見てください。しかし、覚えておいてください。人間は一晩では変わりません。こうしたことには時間がかかります。

あなたはこう考えておられるかもしれません。「ああ、この忠実さってやつは大変だな」。そのとおりです。セックスに狂奔している私たちの社会では、忠実さを守ることは簡単ではありません。私たち全員が、助けを必要としています。海兵隊が一人では戦闘をしないのもそれが理由です。海兵隊は隊列を組んで戦います。ツール8「良きパパ友」を見るときに、親しい友人や相談相手が大切であることについて詳しく学びます。しかしここでは、すべてのよい父親にとって、「Semper Fidelis（常に忠実であれ）」がモットーになるように繰り返す必要があります。この二つの簡単な単語に備わっている力を考えてください。

この時点で、あなたはこう考えているかもしれません。「忠実さなんて、もうだめにしてしまったよ」。もしそうであるなら、あなたは深刻な問題を抱えていることになります。私は大げさに言っているとは思いませんが、夫婦の間の不貞は、あなたの体に癌があるようなものです。抜本的な治療を施し、癌を取り除かなければ、いのちを落とすことになるでしょう。それと同じように、あなた自身も不貞を取り除かなければ、結婚生活はだめになるでしょう。聖書に、離婚の正当な理由は、たった一つ不貞行為のみ、と明確に記されているのも、偶然ではありません。

これには理由があります。ですから、あなたが、結婚生活以外で性的な誘惑に陥っているのならば、この深刻な問題は直ちに取り扱う必要があると心得てください。不貞に対して簡単な解決法はありません。最善の解決策は、まずそもそものような場所には行かないことです。しかし、もしそのような問題をすでに抱えているなら、結婚が破綻する前に助けを得て対処してください。

もし、あなたが妻と家族に対して忠実であるなら、「おめでとうございます」。そして「ありがとうございます」。

「おめでとうございます」と言ったのは、あなたが自分自身を忠実な男性として示し、何世代にもわたって家族の中に忠実さという遺産を遺す道を順調に歩んでいるからです。考えてみてください。あなたは、子ども・孫・ひ孫たちに妻や家族を欺いてほしいと思いますか。もちろん、「いいえ」でしょう。未来の世代において不貞が起きないために、今日あなたができる最も大切なことは、忠実さという遺産を遺すことです。

「ありがとうございます」と言ったのは、私たちの世界には、あなたのような人がもっと必要だからです。金持ちなら大勢います。有名なスポーツ選手も大勢います。「セレブ」と言われる人なら十分すぎるくらいいます。しかし、人格と誠実さを備えた忠実な人、すなわち子どものために高い基準を設け、自らもそれを守る人は、今日の私たちの世界で最も必要とされている人です。ですから、ありがとうございます。本当に、ありがとうございます。その素晴らしい行いを続けてください。あなたの忠実な結婚生活の秘訣を少しでも教えてくださいますか。そして他の男性を助けてくださいませんか。連絡先は、admin@familyfirstjapan.org もしくは、フェイスブック　https://www.facebook.com/ffg.japan/ です。ご連絡をお待ちしています。互いに励まし合いたいと思います。

## 恵み(Grace)

「恵み」という言葉は最近あまり聞かれません。私たちの先祖はよく使っていましたが、私たちの多くにとっては、古めかしい感じがします。それでも、これは大切な言葉であり、父親として私たちが実践すべきことです。恵みとは「本来ならいただけないはずのあわれみ」、「いただけないはずの同情」、あるいは「いただけないはずの愛情」とさえ言えるでしょう。これは、私たちに欠点があるにもかかわらず、神が私たちに示してくれる愛です。定義の中にある「本来ならいただけないはずの」という言葉に注目してください。これが恵みの鍵となる要素です。またそれが、なぜあらゆる家族の人間関係において、恵みが重要であるかの理由です。

恵みは鍵となります。なぜなら、私たちはみな、例外なく、失敗を犯すからです。子どもが、私たちが大切にしている釣り竿やアイフォンを壊してしまった。この三か月の間に、妻が三回も自動車をこすってしまった。あるいは、私たちが激怒してしまった（父親として、私たちはこのことに気をつけなければなりません。そのとき激情に駆られて発してしまった言葉が、長期にわたる深刻な結果を生じてしまうことがありうるからです）。ここで私が言おうとしていることを要約するならば、こういうことです。つまり、私たちは失敗を犯すのです。聖書では、これを罪、あるいは自己中心と呼んでいます。もし子どもがいれば、きっとわかると思います。子どもはこの世に生まれ出たとき、「どのようにすれば他の人を助けられるだろうか」などという考えはありません。実際には、まったくその逆です。

私たちはみんな失敗を犯すので、私たちみんなが恵みを必要としています。それはまず家族から始まります。もし私たちが失敗したとき、家族から恵みを受けたいと思うなら、家族が私たちをがっかりさせたときに、家族のみんなに恵みを示さなければなりません。父親として模範を示すのは、私たちの責任です。私たちが家族のみんなに対して恵みを、それも本当の恵みを示すたびに、家族が建てられている土台そのものを強めることになります。

なぜそうなるのでしょうか。それは、私たちが他の人をどれだけ愛しているかを示したいときに、恵みは、私たちが手にしている最高のツールの一つだからです。では見てみましょう。もし誰か不審者が家に侵入してきて、アイフォンやゴルフクラブや自動車を壊したとしましょう。あなたは警察を呼んで、その人を逮捕してもらうでしょう（それでいいのです）。しかし家族のみんなは不審者ではありません。ですから、もし家族の誰かが同じことをしたら、それは恵みというツールを使う絶好の機会です。ほほえみながら、ほかのゴルフクラブも壊していいよ、と言いなさいということではありません。私が言いたいのは、この状況を用いて、妻に対して「愛情を表す瞬間」あるいは、子どもに対して「教える瞬間」にする必要があるということです。

## 愛情を表す瞬間と教える瞬間

「愛情を表す瞬間」とは、例えば次のようなことをいいます。「正直なところ、ぼくも少し気が動転したんだよ。きみが事故を起こしたから（あるいは何でも）。でも、きみはあの車よりはるかに大切だよ。車なら修理できるし。だから、心配しないで。とにかく、きみが無事でよかったよ」。このような状況のときに、怒ったり嫌味を言ったりするのではなく（私が育った家では、このようなことが山ほどありました）、恵みを示すことができるなら、私の言う「結婚銀行」にたくさんの貯金をしたことになります。このような貯金は利子がついて返ってきます。ですから次にあなたが変なことをしたとしても、恵みを受け取った妻は素晴らしい恵みを示してくれることでしょう。

「教える瞬間」では、子どもを助けて次の三つのことをはっきりと理解させ、納得させます。①どんな悪いことをしたのか、なぜしたのか。②なぜ赦しを乞う必要があるのか。なぜ事態を元どおりにするために最善を尽くす必要があるのか。また必要があれば、なぜそれ相応の報いを受けなければならないのか。③それでもあなたが子どもをとても愛していること、また子どもを助けて、子どもをできるかぎり最高の人にしてあげたいこと。

このようにすれば、恵みを完全に用いたことになります。そのような状況で、子どもをおとしめたり怒ったりしないで、その代わりに恵みを用いることができるなら、私の言う「家族銀行」に貯蓄することになります。子どもたちがまだ小さいうちに、この「家族銀行」にできるだけたくさん貯金することが大切です。なぜなら、子どもが十代に入ると、たくさん〝出金〟することになるからです。例えば門限を設けたり、着る服装や男女交際についてルールを作ったりするからです。

私たち父親が持っているツールの中で、恵みは最も強力であるにもかかわらず、あまりにも利用されていないツールの一つです。それはおそらく、私たちが小さかったころ、あまり多くの恵みを受けていないからでしょう。また、世界中の文化の中でも、男性が「恵み深い人」であることに誇りを感じることはあまりありません。だからといって、恵みが大切でなくなることはありません。それどころか、現代の世界では恵みが少なくなっているので、かえって恵みの価値は高まっているのではないでしょうか。

## 家族の変化に合わせて恵みを示す

ある親しい友人から手紙が届きました。「あれはユダヤ歴の新年祭――ローシュ・ハッシャーナー。一年で一番大切な家族の日――の前日のことでした。その日は、十九年間で初めて、家族全員では集まりませんでした。長男のアロンは大学一年生でした。いろいろな思いがありました。休暇が近づいてきても、アロンからの電話はありませんでした。これはどういうことだろう、と私たちは迷いました。アロンは大丈夫だろうか。まだ、私たちを愛しているだろうか。私たちから電話したほうがいいだろうか。電話すると悪い先例を作ることになるだろうか。

神に感謝します。私たちはアロンに電話することにしました。素晴らしい話し合いができました。実は、アロンは新しい友人や新しい授業で忙しすぎただけでした。後に、新年休暇が終わってから、ニューヨークに行く機会があったので、アロンと夕食を共にしました。話しているうちに、素晴らしいことがたくさん出てきました。もちろん、今でもアロンは私たちを愛していましたし、私たちのことを思っていてくれました。妻も私も、アロンの新しい状況について、もう少し思いやってやればいいだけでした。そしてただ、過去がどうであったか（同じ屋根の下で住んでいた）だけを考えるのではなく、アロンの新しい現実についても考えてやるべきでした。要するに、家族の状態が変わったことを私たちは理解する必要がありましたし、またアロンが新しい環境に慣れるにつれて、恵みをさらに広げてやる必要がありました。

私がアロンに言ったのは、お母さんやお父さんと連絡を取ることは今でも大切だということです。そこで私たちは計画を立てました。毎週金曜日の午後、安息日が始まる前に、ユダヤ教徒は子どものために特別な祈り（ヤコブの祈り）をささげるのですが、そのときにアロンがこの世界のどこにいるとしても、共に話し合い、私がアロンを祝福すると決めました。アロンはまた、母親とも電話で話すことにしました。もちろん、私たちはいつでも話しをしますが、今は約束の時間を「予定に入

「れた」ので、私たちがお互いの生活に関わりがないまま一週間が過ぎることはなくなりました。」

神の愛と恵みは、私たちに深い本当の喜びを与えてくれるだけでなく（愛されることはとても大切です）、ほかの人にもっと簡単に愛と恵みを示せるようにしてくれます。蒸し暑い日に、きれいで澄んだ水が溢れ流れる美しい泉のように、あなたの人生もほかの人のために、特に家族のために愛と恵みが溢れ流れるようにしたいと神は願っておられます。あなた自身の心が神の愛と恵みによって定期的に満たされていなければ、このことは、まったくもって不可能です。

ですから、必ず生活の中で、神の恵みに本当に触れているようにしてください。神があなたを愛してくださるのは、あなたが何かできるから、あるいは何をしようとしているから、あるいは今まで何かをしてきたからではありません（神は絶対に買収できません）。神があなたを愛しているのは、ただあなたを愛しているからです。イエス・キリストを通して、今日私たちは神の恵みを受け取ることができます。神は誰にでも等しく恵みを与えてくれます。人種・言語・外見・収入・宗教などは、まったく関係がありません。そうです。神はあなたが負っているすべての負債を支払ってくれます。しかし、私たちは神に、赦してください、私たちを変えてくださいとお願いしなくてはなりません。これには勇気が要ります。ですから、今まで一度もそのようなことをしたことのない方は、神にお願いして、心の中に迎え入れてください。またあなたの人生のリーダーとなってもらい、罪を赦してもらい、よりよく、より強い男性にしてもらってください。神はそうしようとしています。神の願いは、自分の愛と恵みがあなたの中に流れ込み、またあなたを通して、いのちを与える愛が溢れる永遠の泉のように、あなた自身の心と周りの人とに届くことです。

あなたの「恵みの泉」が溢れ出ていないなら、今日こそしっかりと溢れ出るようにしてください。泉を止めているものが何であれ（おそらく、この世の心遣いや心配でしょう。こうしたことは、あなたの喜びも奪い取っています）、どうぞ直ちにいま神の前にひざまずいてお願いし、邪魔になっているものをきれいに取り除いてもらってください。神にお願いして助けてもらって、勝利の中を歩んでください。これこそ、すべての神の民について、神が目指している目標です。つまり、あなたの恵みの泉が再び自由に流れ出し、きれいになることです。ひとたび、いのちを与える神の愛がまたあなたの心に流れ込んだなら、あなたは家族のためにさらに大きな恵みを与えるようになるでしょう。

今度、家族の誰かにがっかりさせられたら、この恵みというツールを使いましょう。家族はあなたの態度に驚くことでしょう。そしてきっと感謝して、喜んでくれるでしょう。やってみましょう。壊れた物は、自動車であれ、カメラであれ、修理すればいいのです。あなたの家族はすでに申し訳ないと思っています。怒ったところで、問題は解決されません。それどころか、怒れば必ず状況はさらに悪くなります。しかし恵みによって対応すれば、状況は必ずよくなります。

## 優しさ

大人なら誰でも本能的にわかることですが、男性と女性との間には、大きな違いがあります。ほとんどの場合、女性のほうが男性よりも優しく、人を養い育てることに優れています（生物学的にも霊的にも）。また結婚して、少しでも夫として過ごした人ならわかると思いますが、ほとんどすべての女性は、優しく人を養い育てるやり方には反応しますが、海兵隊を訓練する軍曹のようなやり方にはあまり反応しません。

私が言っているのは、人生に対する対処の仕方は非常に多岐にわたり、一般的に私たち男性はより直接的で、行動を基にしたやり方を好んでとるということです。「やってしまおう」というやり方です。このやり方は、必ずしも悪くはありません。職場や、ほかの男性との人間関係において、もしこのような仕方で臨まないならば、おそらく大変な事態に遭遇するでしょう。しかし、「ハートに届く愛情」というツールの一部として、私たちが意識して優しさを養わなければならない理由が、まさにここにあります。

　私たちの生活の中で、もっと優しさを伸ばしましょうと励まされた人はほとんどいないと思います。ところが実際には、優しさを最も磨く必要のある人が、私たちの中には何人もいます。一日中会社で仕事をしたあと、家族と顔を合わせて、今度は優しさというツールを取り出すのは容易ではありません。しかし、家族を本当に愛したいのならば、これはとても重要なことです。家族は嫌な上司ではないし、横柄な同僚でもありません。このような人たちとは、確かに血のつながりも全然ありません。けれども子どもは家族であり、自分の一部とも言えます。ちなみに、子どもを養子縁組したり、親戚から子どもを受け継いだ父親については、養子にしたり、受け継いだりした子どもも（時間をかけながら、愛情と配慮を注ぐことによって）自分の一部になるのです。

　結論です。職場や友人関係と同じような仕方で家族とも接しようとするならば、うまくいかないでしょう。仕事や仕事上のつき合いから生じるストレスやプレッシャーについては、多くの言い訳があるかもしれません。しかし、真実は真実です。もし本当に役に立つ夫や父親になるには、家族に対してもっと温和に謙遜に、養い育てるような接し方を身につけなければなりません。ほかに方法はありません。

しかし、ここにいい知らせがあります。私たち一人ひとりに、それこそ私たちの中でいちばん難しい人にさえ、優しい面はあるのです。これは本当です。なぜなら、かつては、それがかなり昔のことであったとしても、私たちはみな優しい男の子だったからです。希望と夢と恐れがあって、抱きしめられたい、愛されたい、褒められたいと思っていました。その部分が長い間、眠ったままであったとしても、まだ存在します。あなたの家族はその優しさを感じる必要があります。そのことについて家族が肯定的に反応してくれることに、あなたは驚くでしょう。そして、皆さん、ここには深い真理があります。あなたのこの部分つまり優しさをもっと伸ばしてください。それは、私たちの心の要素の一つだからです。

決して〝弱い〟男になるわけにはいかない、と考えている男性もいます。仕事の世界では、弱くなることのよって仕事が制限されてしまう可能性があることは認めます。しかし、いま話しているのは仕事の世界ではありません。家族のことについて話しているのです。家族はあなたのすべてを見る必要があります。ただ強くて頑丈な部分だけではなく、敏感で不安定な部分も見る必要があります。私を信頼してください。しかるべきときに、しかるべき方法でそれをするならば、あなたが家族の前で心をさらけ出すことで、家族はなおいっそうあなたを愛するようになるでしょう。家族はさらに深くあなたを知り、さらによく愛するようになります。これが結婚であり、家族です。つまり別の人格を深く知り、その人を弱さも含めてすべて愛することです。

## 子どもへの愛の言語（伝え方）を学ぶ

アメリカ合衆国中西部に住むブルースが言っています。「積極的に行動する父親にとって重要なことの一つは、子どもは自分独自の『愛の言語』を持っていて、子どもたちがそれぞれかなり違う学び方をすることです。私の三人の息子は、それぞれ異なった対応が必要でした。体に触れてやったり、言葉で褒めることによって認めてあげたり、一緒にスポーツやゲームをしたり、また一緒に本を読むときには、その子だけに集中してやったり、とさまざまでした。一人ひとりがユニークな存在であって、それぞれの好み・賜物・才能・気質・人格を備えています。子どもと過ごす時間は何であれ、うまく用いるべきだということを学びました。まだ学ぶべきことがたくさんあるとわかっています。これは、できるだけ最高の父親になるという進行中の旅路です。そして、この旅はすべての時間と才能と財産をつぎ込む価値があると私は確信しています。価値のあるものであることには間違いありません。それは、私たちの一人ひとりが自分にできるかぎり最高の父親になるという、ほかの人が代わることのできない特権を与えられているからです。

「ハートに届く愛情」のツールを構成する四つのすべての要素を実践するためには、私たち父親のほとんどが助けを必要としています。そこで、あなたのために実践ガイドを用意しました。私にも必要です。なぜなら、私自身もたくさん学ばなければならないからです。

## さらによく考えてみましょう

1　「ハートに届く愛情」というツールは、あなたの家族にとって、どのくらい大切ですか。

2　「ハートに届く愛情」を構成する四つの要素のうち、あなたが最も得意なのはどれですか。また、それはなぜですか。逆に、どの要素が最も不得意ですか。また、それはなぜですか。

3　このことについて、勇気をもって家族に尋ねることはできますか。そして家族の反応から、どのようなことを学びましたか。

## 本章の即効ドリル

1　六十秒間、考えてみてください。どのようなときに自分は深く、また完全に愛されていると感じましたか（おそらく子ども時代か、あるいは人生の中で特別な日でしょうか）。

2　もし結婚しているなら、六十秒間、思い出してみてください。いつ妻から初めて「愛している」と言われましたか。そのとき、どんな気持ちがしましたか。

3　いますぐ五分を割いて、メールでも手紙でも構いませんので、真摯に心から、とても愛しているよと家族の皆に伝えてください。今日以降、今日もそして毎日、自分は本当に深く愛されているのだと家族に感じてもらうことは、あなたの力でできることです。いま、その力を使ってください……できるうちに。

実践ガイド

# 「ハートに届く愛情」のツールセット

これまで「ハートに届く愛情」のツールを構成する四つの要素を見てきました。つまりコミット・忠実さ・恵み・優しさです。どのようにすれば、この重要な要素を強め、磨いて、家族のそれぞれとの人間関係の中で用いることができるでしょうか。

コミットとは意思をもって決断することで、あなたにしかできないことです。あなたの代わりに誰かができることではありません。自分の結婚生活や家族のために、どれだけコミットしていますか。三つの選択肢を挙げましょう。①とてもコミットしている。②それなりにコミットしている。③あまりコミットしていない。一つ選んでください。

「とてもコミットしている」を選んだなら、よかったです。どんな結婚でも、また、あらゆる強い家族の土台にもコミットがあります。コミットがなければ、すべてのよい家族のしるしである長期間にわたる信頼関係、深い信用や個人としての安心感を深めることができません。しかし、もしあなたが「とてもコミットしている」を実際に選んだとしても、その答えを確認するために簡単なチェックをしてください。ここ数か月、自分の時間をどのように過ごしたか、見てみてください。何がわかりましたか。あなたが何かにコミットしていますと言ったとしても、あなたの時間の過ごし方を見れば、あなたが実際は何にコミットしているかがわかります。

いくらかの時間を割いて、家族のことを考えたり、祈ったり、連絡を取ったり、ただ楽しい時を過ごしたりしていますか。家族の誕生日、サッカーの試合、ピアノの発表会を覚えていますか。もしあなたがこのようなことをしていなければ、悪い知らせがあります。あなたは家族のために「とてもコミットしている」とは言えません。それがまさに現実です。

しかし、よい知らせもあります。あなたは変わることができます。家族と過ごす時間を最優先にしてください。約束は守ってください。どんな方法でもいいので、家族のそばにいてあげてください。家族と一緒に時間を過ごせる機会は逃さないようにして、家族と一緒に行動してください。

すでにお話ししましたが、子どもは愛情のことを「一緒に過ごす時間」だと思っています。もし本当に、とてもコミットしている父親になりたいなら――これはとても重要なことです

——、家族のために時間を作り出すようにしてください。このほかに方法はありません。

## コミットメントというツールを磨く三つの方法

1 **約束を守る。**これは簡単なように見えますが、目まぐるしく変化する私たちの世界では、家族への約束をまず最初に変更するほうが簡単です。娘の発表会を見に行くと約束したのなら、ぜひ見に行ってください。息子と動物園に行くと約束したのなら、ぜひそうしてください。これから五十年も経てば、何であんなに忙しかったのか、自分でも思い出せないでしょうが、息子や娘は、父親が約束を守ってくれたことを覚えているでしょう。

2 **家族の都合に合わせて自分の優先順位を変更する。**子どもとパズルをしたり、ボードゲームで遊んだり、あるいは宿題を助けてあげたりする機会があるときは、それを逃さないでください。もし新聞の日曜版を読むのが大好きなら、子どもに何か記事を読ませて、それからその記事について説明して話し合ってください。これもアイデアです。

3 **家族と過ごす時間は量も質も大切にする。**家族とたくさんの時間を共に過ごすのは難しいかもしれません。しかし、それはしなければなりません。友達と何かをする代わりに、それぞれが自分の子どもを連れてこようと提案してください。あなたも友達も、おそらくもっといい時間が過ごせるでしょう。そして子どもたちも、きっとそうです。

## 忠実さというツールを強める三つの方法

昔のことを思い出せますか。あのころはまだ家族に対して、あなたは忠実ではありませんでした。いま家族はあなたを信頼できるでしょうか。つまり、あなたが語ったとおりのことを行い、また本当にするつもりのことを話してくれると信じてくれているでしょうか。もし、このことがあなたの問題であるなら、正直に「そうだ」と答えてくださって、ありがとうございます（この問題については、多くの男性が「そうではない」と答えます。そしてそのことが、結局はゆっくりと痛めつけるようにして家族をダメにしていくのです）。もし忠実さというツールが曲がっているなら（あるいは壊れているなら）、直すことができます。左記の三つのことが、助けとなるでしょう。

1　**自分の欠点を告白し、家族の赦しを乞う。**これが簡単ではないことは、わかっています。しかし、これは必要不可欠な最初のステップです。一緒にゲームをすると約束したにもかかわらず、自分が行かなかったからといって、息子ががっかりしたはずはない。あるいは放課後に娘を学校に迎えに行くのを忘れたからといって、娘の心が傷ついたはずがない。そんなふうには少しも考えないでください。もしあなたが問題を起こしたなら、家族はすでに知っています。家族に赦してもらい、ちゃんとできるように助けてほしいとお願いすることは、正しい方向に向かう大きなステップです。

2 **「はい」は「はい」、「いいえ」は「いいえ」であるようにする。**「ねえ、その日は外出する予定だから、無理なんだよ」と正直に言うよりも、不確かなことを約束しておいて、やっぱりしないほうがましだ、と考えている父親がいます。実際には、自分ができることと、できないことについては、正直であるほうが、はるかにいいです。このことは家族についても、誰についても言えることです。「約束するときは控えめに、でも実行するときは相手の期待以上に」という古いことわざは、まったくもって正しいです。ですから家族に対しても、約束するときは控えめにしておいて、実行するときには家族の期待以上にしましょう。やがて家族もそれに気づき、感謝してくれるでしょう。

3 **必要なら備忘録を作る。**カレンダーにしるしをつけるとか、アイフォンに入力するとかして、約束を忘れないようにしてください。私の場合は、スマートフォンのカレンダー機能が、素晴らしい備忘録のツールになっています。あなたには、もっとよいアイデアがあるかもしれません。それならそれで結構です。考え方ははっきりしています。何かをすると約束したら、その約束は守ってください。

## 恵みというツールを強める三つの方法

この章で述べたように、すべての父親にとって恵みは大切なツールセットです。ここに、生活の中に恵みを与える三つの方法を挙げます。

1　**自分に恵みが与えられたときを思い出す。**もしあなたが幸運なら、両親あるいは、祖父母は恵み深い人でしょう。もしそのような幸運に恵まれていなかったとしても、おそらく今までの人生の中で、まだあなたが小さかったころに、恵み深い人に出会っているでしょう。あなたに、誰かが恵みを与えてくれていればいいのですが。たとえ子ども時代に恵みを体験したことがほとんどなかったとしても、天の父なる神の恵みを思い出すことができます。この恵みは実に豊かです。

2　**自分が完璧ではないこと、また完璧に近くもないことを覚える。**なぜこれが大切なのでしょうか。なぜなら、正直に自分自身を見つめるならば、どれだけ自分が恵みを必要としているかがわかるからです。もし、いま家族に対して恵みを施すならば、いつか自分が恵みを必要とするときに、家族から恵みを受け取ることになるでしょう。つまり、自分がほかの人からの恵みをどれだけ必要としているかを本当に理解するなら、自分自身もほかの人に対して恵みを示すようになるはずです。

3　**恵みを示す機会を求める。**私はもともと「恵みに満ちた人」ではありません。それに近いとも言えません。ですから、恵みを示せる機会がないかといつも求めるように心がけています。そして恵みというツールを使う機会は毎日あります。どのツールでも同じですが、この恵みというツールも使えば使うほど、使い方に慣れてきます。ですから今日から始めましょう。恵みを用いる機会を探しましょう。時間をかけながら、自分の中で恵みがさらに強くなり、さらに力を増すのがわかるでしょう。それはあなたにとって莫大な利益になるでしょう。その利益は家族だけでなく、友人、同僚、近所の人にも及びます。

## 優しさを強める三つの方法

家族のリーダーとして、父親であるあなたは家庭の雰囲気を整えることができます。母親が激怒したり気落ちしたりしているとき、あなたが彼女にどのように接するかが、子どもにとって模範となります。同じように、子どもがいたずらをしても、子どもが心から謝り、赦してほしいと言うならば、優しさというツールを取り出すことが重要になります。

オフィスであれ、作業場であれ、店舗であれ、私たちほとんどの男性にとって、優しさはそぐわないものです。ですから家に帰る前に、数分間をかけてストレスをほぐすことが大切になるのです。オフィスであったくだらないことなんか脇に置いてください。家族の皆はあなたを愛していて、あなたからの優しさを必要としています。

優しさはおもに、言葉を用いる会話の中で生かされます。そこで質問をさせてください。あなたの言葉は優しさで味つけされていますか。優しさは潤滑油のようなもので、人間関係をさらによくしてくれます。もしかりにあなたの妻がいつも優しい心ではなかったとしても、家族のリーダーはあなたです。あなたがずっと優しくし続けていれば、時間が経つにつれて、家族も前向きに反応してくれるようになります。これには時間がかかるかもしれません。もしあなたが今までそんなに優しさを示してこなかったのなら、特にそうです。しかし、これにはそうするだけの価値があります。

昔のことわざには、「賢者の舌には親切がある」とあります。ですから賢くなって、神からの助けを願い、家庭で言葉を慎みましょう。今日から始めてください。ここに三つの方法を紹介しますので、そうできるようになるでしょう。

1　**荒々しい言葉に答えるときは、その前に十まで数える。**覚えておいてください。穏やかな言葉を用いれば、大きな論争にならないで済みます。

2　**時間に余裕を持つようにして、家族の誰かが困難な日々を過ごしていないか気づけるようにする。**何が大変なのか尋ねてあげてください。必ず注意深く耳を傾けてください。必要なら、強く抱きしめてあげてください。ただ尋ねるだけでも、優しさを用いていることになります。そして、家族の一日を好転させる助けができるかもしれません。

3　**ゆったりとして人生を楽しむ。**時間をゆったりとって、「愛しているよ」と家族の皆に伝えてください。家族のことや今日の一日を神に感謝してください。素晴らしい今日という日を楽しんでください。天の父なる神が優しくしてくださるのですから、その神に感謝してください。

「ハートに届く愛情」というツールを構成する各要素、コミットメント・忠実さ・恵み・優しさは互いに密接に関連し合っています。一つのツールを使い始めると、ほかのツールも使いやすくなっていることに気づくでしょう。時間をかけながら、この「ハートに届く愛情」

というツールを積極的に、また効果的に使っていくならば、家庭が大きく変わっていくのがわかるでしょう。聖書では、こう教えられています。「愛は多くの罪をおおう」

失敗をしても心配しないでください。誰でも失敗はするものです。ただ「ハートに届く愛情」というツールを使い続けてください。このツールは信用できるもので、こうした失敗を見えなくしてくれます。なぜなら、神のことばである聖書にあるように、「愛は決して絶えることがありません」から。

ツール5

# サーバントリーダー

自分のことよりも家族のニーズを優先することによって家族を強めるならば、今もまた来たるべき世代においても、豊かな利益を生み出します。これこそが偉大な父親の本質なのです。

父親が子どもに与える影響を決して疑わないでください。非常に献身的な父親のもとで育った子どもたちは、幼いときから信頼について学びます。自分が必要とされていること、自分には価値があること、安心して、自信を持って、高い目標に向かってよいことを学びます。人生の荒波を乗り越えていくために必要な励ましを得ることができます。男の子は父親から父親としてのあり方を学びます。私は自分の父親からこれらのことを学びましたが、それはとても幸せなことです。

アル・ゴア元副大統領

◇◇◇◇◇◇◇◇◇

この本の内容についてご意見のある方は、メールにて遠慮なくご連絡ください。

admin@familyfirstjapan.org

サーバントリーダー（人を生かすサーバントリーダー）というツールは、私たち父親にとって極めて重要なツールです。このツールは、すべての偉大なリーダーシップにとって不可欠ですが、「自分が一番」という私たちの文化の中では、このツールを上手に使えるようになるのは容易ではありません。本当に幼いころから、私たちは常に「ナンバーワンを目指しなさい」という言葉で養われてきました。人を生かし、仕えるリーダーになるとは、今日の社会の流れの中で逆行することを意味します。

もしかするとあなたの両親は、喜んであなたのために犠牲を払ってくれたかもしれません。もしそうなら、あなたは相当な恩恵を両親から受けています。犠牲をいとわない愛は力強いものです。これは、二千年前に十字架にかかったイエスが示した愛と同じ種類の愛です。今日では、世界中の多くの人々がイエスの生涯とイエスが示した模範を称賛しています。このことについて、しばらく考えてみましょう。あなたが宗教についてどんな考え方を持っているとしても、イエスの模範は注目に値します。イエスの模範が示しているのは神の力であり、犠牲をいとわない愛の力です。こうした力はサーバントリーダーの中心にあるものです。

## サーバントリーダーとしてのイエス

イエスは、人を生かし、人に仕えるサーバントリーダーの完璧な模範です。イエスは自分のことよりも、私たちのことを一番に考えました。何世紀にもわたって、宗教指導者たちは神の愛について語ってきましたが、イエスは実際にその愛を身をもって示してくれました。今日、イエスは私たちに力を与えて、イエスと同じような愛を家族に示せるようにしてくれます。天の父なる神が私たちを愛していることを私たち自身が知らなければ、どうして人を愛することができるでしょうか。

信仰に関して、あなたがどのような立場にいようとも、サーバントリーダーについては、イエスから学べる教訓は多くあります。イエスは、みすぼらしくて貧しい、教育のない労働者を選んで、リーダーに育て上げました。そしてそのムーブメントは世界を変えていったのです。イエスはその中で、私たちのために、サーバントリーダーについて、いくつかの鍵となる原則を作り上げてくれました。事実、イエスは、父親改革のための十のツールの力を示す偉大な模範でした。イエスはこれらのツールを熟知して、いつも使っていました。

## 模範を示すことによって指導する

私の友人の一人はワシントンＤＣに住んでいます。その地域の居住者のほとんどは多くの業者を雇って芝生を手入れさせています。その友人が最近、次のような話を書いて送ってきました。

「私はヒューストンで育ったものですから、小さかったころの思い出としては、土曜日の朝は自分の窓の外でうなっている芝刈り機の音でよく目を覚ましたものです。外をのぞくと、よく父が芝を刈っていました。父が何時間も外で庭仕事をしている間、私や弟や妹は土曜日の朝にテレビでアニメを見ていました。父は仕事が終わると、中に入ってきて、私たちの昼食のホットドッグをよく作ってくれたものです。このような父を見てわかったのですが、家族がいろいろと快適な生活を楽しめたのは（例えば、手入れの行き届いた芝生で私たちが遊べたのは）、まさに父が働いてくれて、仕えるような態度でいてくれたからでした。それが理由で、毎週土曜日の朝は、私が自分で芝を刈り、二人の息子が窓から私の姿を眺めているのを見ると、誇りを感じるのです。息子たちが成長していくときに、ほかの人にやってもらえば、何でもかたがつくと思ってもらいたくありません。そうではなく、勤勉であることや汗を流すこと、手を動かし体を使うこと、そうやって自分の責任をまっとうすることの価値をわかってほしいと思います。ただ誰かほかの人にお金を払って、自分のことをやってもらえばいいと思ってもらいたくはありません」

父親改革のための十のツールを身につけるなら、あなたは、家族のために強く、そして人を生かすことのできるサーバントリーダーになります。この分野で助けが必要だと感じる人は、ぜひ神にお願いして、神の助けを受け取ってください。ある人にとっては、この提案は奇妙なことに思われるでしょう。しかし、ツール7の「天のヘルプ」でお話ししますが、私たちが地上でより良い父親になれるよう、天の父なる神にお願いするのは、理にかなったことです。このような祈りには応えてくれると神は約束してくれています（聖書にそう書いてあります）。また、神は、あなたがどんな状況にあっても、あなたの心の中に神の愛・平安・喜びをさらに深く感じられるようにしてくれると約束しています。

私たちはすべて、心に愛の力を必要としています。犠牲をいとわない愛が強くない家庭で育てられた人は、特にこの愛の力が必要です。残念なことに、アメリカの多くの地域では、家族のために犠牲をいとわない愛を注ぐことは時代遅れになっています。そして今日、私たちは個人としても、家族としても、国家としても、そのつけを払わされています。

## 人を生かすサーバントリーダーの偉大な模範

一九九二年のバルセロナ・オリンピックを覚えていますか。デレク・レドモンドはイギリスで最も優れた短距離走者の一人でした。父親のジムや家族全員のサポートもあり、デレクは四百メートル走の優勝候補の一人でした。ところが、デレクは、生涯で一番大切なレースで足の腱がつってしまい、トラックでうずくまってしまいました。ほとんどの人は（世界レベルの運動選手ですら）そのままうずくまっていたでしょう。しかしデレクは起き上がって、最後までレースを走ろうとしました。左足はほとんど使えませんでした。顔の表情に浮かぶ苦痛は、テレビで見ている何百万人の人にも明らかでした。
起き上がり約三十メートルを走って、またくじけそうになったとき、進入禁止のテープを越えてデレクの父親が息子のそばに走り寄ってきたのです。そして、彼が息子の肩を抱きかかえると、息子の左足の代わりになって、一緒にレースを完走したのです。それは、オリンピック史上、最も偉大な瞬間の一つとされています。デレクは、メダルを獲得できませんでした。しかし、勇気をもって立ち上がったことが、何百万人の人の称賛を得ることになったのです。父親のジムは、息子を助け最後まで完走させてあげた素晴らしい実例として「サーバントリーダー」ツールを見せてくれたのです。

https://www.olympicchannel.com/ja/video/detail/derek-redmond-s-inspirational-race-barcelona-1992/

私たち父親には、家族のニーズを最優先にする機会がたくさんあります。それを活用することで、非常に現実的に、私たちの「犠牲をいとわない愛」を家族に示すことができるのです。それは、「サーバントリーダー」ツールの中心にあることです。以下のことも、その機会に含まれるでしょう。

1　**日々の行いを通して仕える。**妻や子どもに仕える機会は毎日あります。その機会を捕らえていますか。それとも、「まだ働かせるのか」といって文句を言いますか。仕えるとは、ただ仕える行動だけを行えばいいのではありません。仕えるとは愛情を示すという姿勢です。この両方が大切です。

2　**家族の優先事項を第一にする。**おそらく今まであなたは、家族の優先事項を必ずしも第一にはしていなかったでしょう。しかし、今日から新しく始めましょう。それは、まずあなたの頭の中から始まります。どのようにしたら、自分よりも家族のニーズを優先にできるのか、いくつか方法を考えてみてください。例えば、あなたは自分のために何かを買おうとしていましたが、息子には冬のコートが必要であるとわかるかもしれません。家族のリーダーとして、模範を示してください。将来、子どもに家族のためにサーバントリーダーになってもらいたいと思うのなら、今日あなたが家族のためにサーバントリーダーになる必要があります。

3　**家族の注目を天の父なる神の方に向けさせる。**私たち父親が、すべてのことに答えられるわけではない、と認めるには勇気が要ります。そして、すべての答えを知っている唯一の存在に家族の目を向けさせるためには、さらに勇気が必要です。しかし、子どもが私たちから独立し、また私たちが死んだ後もずっと、神は子どもを助けることができますし、また助けてくれるのです。

ここで注意ですが、サーバントリーダーというツールを有効に用いるとは、子どもが欲しがるものには何でも「はい」と言って与えることではありません。子どもがいちばん欲しがっているとわかっていても、「甘いものは、これ以上はだめだ」、「テレビの時間はもう終わりだ」、とか「あの友達とは付き合ってはいけない」などと私たちは父親として言わなくてはなりません。これはつまり、長期的に見て家族にとって最善のことを第一にするということです。そのためには、「だめ」と言わなければならない場合もあるのです。

## さらによく考えてみましょう

1　サーバントリーダーというツールの観点から見て、自分をどのくらい評価していますか。一から十までの段階（十が最高として）で答えてください。

2　家族なら、あなたに何点をつけるでしょうか。家族の採点はあなたの採点に近いでしょうか。あるいは、かなり異なるでしょうか。家族の採点から何を学びますか。

3　あなたにとって、サーバントリーダーの姿を定期的に示せる機会は何ですか。あなたは、その機会を生かすつもりですか。

## 本章の即効ドリル

1　六十秒間、思い出してみてください。今までの中で、自分にとって最高の上司・コーチ・教師は誰ですか。その人がどのように助けてくれたので、部下・選手・学生として、あるいは一人の人間としてあなたが成長できたのか考えてください。

2　六十秒間、考えてみてください。まだ自分が幼かったとき、両親や祖父母はどのように自分を助けて、力を与えてくれましたか。そのときは、どのような気持ちになりましたか。

3　六十秒間、黙想してみてください。家族の皆は、どのようにして自分に仕えようとしてくれましたか。家族が助けてくれたときには（あるいは、助けようとしてただ一生懸命に努力してくれたときでもいいです）、どんなに心地よかったか思い出してください。

実践ガイド

# サーバントリーダーのツールセット

真心をもってサーバントリーダーの姿勢を身につけるのは大変です。そして、そのためには必ず個人的な犠牲も必要になります。しかし、このリーダーシップはとても大切です。軍隊から、会社、家族に至るまで、どのような組織においても、リーダーシップが雰囲気を作り出します。組織のより優れた利益のために、もしリーダーが喜んで仕えてくれるなら、その組織はたいてい活気が出ます。もしそうでないなら、たいてい多くの失敗を重ね、責任をなすりつけ合い、不健全な人間関係に陥って終わってしまいます。

では、どのようにすれば、サーバントリーダーというツールを身につけ、さらに伸ばすことができるでしょうか。次の三つのことをすることができます。

1　**家庭の中で、サーバントリーダーを発揮する機会を見つけ出す。**もしかしたら息子が学校でうまくいっていないのかもしれません。宿題の習慣を身につけるためにあなたの助けが必要なのかもしれません。もしかしたら娘が初めての自動車を買うに当たって、アドバイスを必要としているかもしれません。もしかしたら、妻が新しいドレスを必要としているかもしれません。あるいは、しっかりと抱きしめてあげる必要があるかもしれません。もし、あなたが探し求めるなら、今日でも、サーバントリーダーというツールを用いる機会があります。

2　**家族のみんなに、サーバントリーダーについて話す。**このツールは、母親や父親だけではなく、家族の全員が使えるものだと教えてください。家族の一人ひとりを励まして、お互いに仕え合う機会を探し求めるようにしましょう。家族がお互いに仕え合ったら、必ず温かく褒めてあげましょう（あるいは別な仕方でご褒美をあげてもいいでしょう）。妻があなたに仕えてくれたときだけでなく、子どもに仕えてくれたときにも、必ずそれを認めて感謝してあげてください。最も大切なことですが、あなた自身の、サーバントリーダーというツールを、家族に仕えるために使い続けてください。家族は気づいて、あなたの努力を見習うでしょう。

3　**神に、そして親しい友人にお願いして、自分を励ましてもらい、サーバントリーダー**

**というツールを伸ばし続けましょう。**このツールを磨き続けるためには、おそらく神の助けと友人の助けが必要になるでしょう。サーバントリーダーがだんだん身についてくると、今まで一度も気がつかなかった、ほかの仕える機会も見えてきます。

実際のところ、初めのうちは家族からそんなに大きな反応はないかもしれません。しかし機会を探し続けて、サーバントリーダーというツールを家族のために使い続けてください。このツールを実践するたびに、あなたはさらによい家族、さらによい未来を築くことになります。

## ツール6

# 関係改善スキル

**私たち父親は、自ら進んで耳を傾ける必要があります。また心から聴くというスキル、そして家族と深く関わり合うための能力が必要です。**

私が言っていることを彼は真剣に聞いたことがないと感じました。いつも問題を解決したいようでしたが、私は、ただ彼に話を聞いてほしかったのです。

エイミー（離婚歴のある女性で、三児の母親。元夫についての談）

夫が真剣に私の話を聴き、私を理解してくれていると知ったとき、世界がまったく変わったように感じました。

マリア（幸せな結婚生活を送る女性、四児の母）

この本の内容についてご意見のある方は、メールにて遠慮なくご連絡ください。

admin@familyfirstjapan.org

◇◇◇◇◇◇◇◇◇

男として、私たちは何か行動を起こしたいと思います。しかし、よい父親になるためには、自ら進んで注意深く耳を傾ける必要があります。また心から聴くスキルと、妻や子どもと深く関わり合う能力が必要です。これらの「関係改善スキル」は非常に重要であり、前章の「サーバントリーダー」というツールの次に、この章が来るのは偶然ではありません。私たちが、自ら進んで注意深く耳を傾け、家族が言っていることを心から聴かなければ、本当の意味で家族に仕えることはできません。私たちが耳を傾け、心から聴き、深く関わり合うことができなければ、家族が心の深いところにある希望や夢や恐れを、私たちに話してくれることは期待できません。

## 自ら進んで注意深く耳を傾けること

注意深く聴くとは、ほとんど意志の問題です。これはほかのことは脇に置いて、家族が話していることに十分かつ熱心に耳を傾けようと、意図して努力することを意味します。男性である皆さん、これはほとんどの私たちにとってそんなに得意なことではありません。私たちは忙しく、心配することがたくさんあり、「それが何であれ、妻や息子や娘が、何回も話したがるようなことに関わっている時間なんてない」と思いがちです。もし、私たちがそのような態度ならば、家族が私たちに心の内を打ち明けないのは、驚くようなことでしょうか。

物事を正しい方向に向けるために、提案があります。今日から、注意深く耳を傾ける努力を始めてください。ここしばらく家族のみんなに真剣に耳を傾けていなかった人の場合には、家族が再び心を開いてくれるだけでも時間がかかるでしょう。しかし、努力して、家族の苦労・恐れ・希望・夢について真に耳を傾けるなら、時間をかけながらですが驚くべき結果を目にすることでしょう。

自分がいつでも注意深い聴き手であるかどうかを、どのように知ることができるでしょうか。以下に、簡単な質問をいくつか挙げますので、考えてみてください。

- 人が話しているときに、何か別のことを考えていることがよくありますか。
- 人の話にすぐ口を差し挟みたくなり、それで頻繁に人の話を途中で遮ってしまうことがありますか。
- 頭の中で、ぼんやりといろいろなことが思い浮かんでしまい、時々会話の流れを見失ったりしませんか。
- 会話をしている最中なのに、しばしば相手の肩越しに誰か別の人を見たくなったり、テレビやスマートフォンを見たくなったりすることがありますか。

これらの質問のいずれかに「はい」と答えたなら、あなたには問題があるでしょう。しかし、幸いなことに、私たちはみな注意深く聴くためのスキルを学ぶことができます。これは、「関係改善スキル」の重要な部分です。このスキルを上手に使えるように、私たち一人ひとりが学ぶことはとても重要です。いくつかのヒントを次に示します。

## よい質問をする

注意深く耳を傾けるための一つの優れたスキルは、よい質問をすることです。「今日はどうだった？」などとただ尋ねればいいというわけではありません（これは会話を始めるためには向いていますが）。

私が言っているのは、もっと深くて大切な質問のことです。あなたが、家族にとって重要なことに注目しているし、気にもしているのだと、わかるような質問です。次のような質問が含まれます。

- 「このあいだ会ったときに意地悪だなと思ったあの友達とは、どうなった？」
- 「今は○○○についてどう思っているの？」
- 「やあ、それは本当に困ったね。○○○が起きたら大変だよね。私にできることは何かないかな。助けになりたいんだけど」
- 「私たちは、どうしたらいいと思う？」
- 「仕事（または学校など）はどう？　あの大きなプロジェクト（あるいは今学期、成績）は最近どう？」

家族があなたに話してくれた話題について、真剣な質問をするならば、あなたが積極的に耳を傾けてくれていること、あなたが家族を理解し、深く気にかけていることが家族にも伝わります。

## 教訓となる話

ザックと彼の妻（リサと呼びます）は二十年以上も結婚生活を送っていたのですが、数年前に非常につらい思いで離婚しました。ザックは勤勉でよい稼ぎ手でした。仕事が大好きで、とてもうまくやっていました。リサが自宅で二人の子どもの面倒を見ている間に、ザックはあちこちと遠くまで出張に出かけていました。幼い娘には学習障害があり、息子にはいくつかの深刻な健康問題がありました。ザックも妻もクリスチャンだったので、二人とも離婚がいいとは思っていませんでした。けれども、愛する子どもたちに与えられた「不公平とも思える」重荷については、これはどうしてだと神と格闘していました（これはまったく理解できることです）。

息子が大学に入学して家を出たとき、ザックは夫婦のコミュニケーションが質・量ともに低下していることに気づきました。リサは自分だけの生活を送っていましたし、ザックもそうでした。少しずつ悪くなっていく夫婦関係を改善するために、何かすればいいかもしれない、とザックは考えました。しかし、何かをするきっかけが全然つかめませんでした。

二人のコミュニケーションは悪化の一途をたどり、ついには表面的なこと以外にはほとんど何も話さなくなってしまいました。驚くことではありませんが、二人の親密な関係が薄れてくるにつれて、親密な体の触れ合いも減っていき、ついには身体的な交わりはまったくなくなってしまいました。ザックは孤独感で気分もふさぎ、その気持ちを穴埋めするために仕事に没頭しました。リサはリサで、仕事や友達との付き合いで時間を過ごしました。この事態を変えようとして、どちらも行動を起こすことはありませんでした。ですから、状況は何も変わりませんでした。そして結局、ザックもリサも離婚をいいとは思っていなかったのですが、離婚によって二人の結婚生活は終わりました。このことは子どもたちを動揺させました。

ツール9で学ぶことになる「ネバーサレンダー」決して諦めない姿勢は、とても大切なことです。けれども「自分は絶対に離婚しない」とか、「私に離婚なんてありえない」などといって、自分を欺かないようにしましょう。もし自分の結婚生活について働きかけることをやめてしまうならば、離婚は起こりうるし、起きるかもしれないのです。そして、ここで鍵となるのがコミュニケーションです。

## 会話の後を大切にする

注意深く耳を傾けていることを示すもう一つの素晴らしい方法は、会話の内容について息子や娘に携帯メールやラインを送ってあげることです。メールを通して、息子や娘の話してくれたことが本当にお父さんの心に届いていることを伝えましょう。息子や娘の父親であることをどれほど感謝しているかを伝えてください。また、その具体的な課題のために祈っていると必ず伝えてください。そして、一週間くらいしたら、また必ず連絡をして、その後がどうなったかを確認してください。私を信頼してやってみてください。あなたが上手に注意深く耳を傾けてくれることに家族は気づき、感謝するでしょう。

もちろん、家族のみんなはそれぞれ違います。九歳と十六歳の子どもでは、あなたとの関わり方も異なるでしょう。しかし、あなたが、注意深く聴くことで誠実に関わろうとしていることに、家族の誰もが感謝するでしょう。注意深く耳を傾けるという訓練を続けていれば、ゆっくりとではありますが確実に、家族のみんながあなたに本当に心を開いてくれるのがわかるでしょう。これは父親に与えられる最大の特権の一つです。時間をかけながら、家族の関係が発展してくると、話されている言葉だけでなく、その言葉の背後にある深い意味も理解できるようになってきます。私が「積極的に理解する」と呼んでいるスキルは、関係改善スキルのツールセットの中にあるもう一つの重要なツールです。

## 真に聴くという能力

積極的に理解するというスキルは、注意深く耳を傾けるというスキルのそのすぐ上に成り立っています。これは言葉を聞き取るだけでなく、言葉の背後にある深いメッセージを理解するスキルです。このスキルは、時間をかけながら注意深く耳を傾けることを土台としています。これはすべてのよい父親にとって不可欠なスキルです。父親改革のためのツールセットの中に、あなたも私も入れておく必要があります。なぜでしょうか。

私たちにそのスキルが必要なのは、そのスキルを用いるときにのみ、家族の一人ひとりを本当に理解できるからです。人は、それぞれ違います。英語も、他の言語と同様に、標準的な語彙がありますが、同じ言葉でも、誰がどのように使うかによって、意味が違ってくるのです。言葉の背後にある、より深いメッセージを本当に理解する唯一の方法は、その話し手を理解することです。また、話し手が話しているときの状況や、その同じ話題について話し手が以前に言ったことも理解することです。

これが、注意深く耳を傾けることがとても重要な理由です。時間をかけながら耳を傾けていると、言葉の背後にあるメッセージを本当に理解するための文脈が見えてきます。このおかげで、愛する人をさらに深く積極的に理解することができるようになります。そして今度はそれが、関係改善スキル第三のツールに直接つながっていきます。これは、すべてのよい父親が必要とするツールで、家族と「深く関わり合う能力」です。

## 深く関わり合う能力

これは、関係改善スキルの中で最も重要です。この能力のおかげで、時間をかけながら家族は強く結び合うことができます。またここから、お互いへの尊敬・愛情・理解が生まれてきます。ただし、この能力が発揮されるのは、注意深く耳を傾けることと積極的に理解することを継続して行うときだけです。

ここに、私たち人間についての真理があります。すなわち、私たちは成長しつつあるのか、あるいは死につつあるかのどちらかです。同じことが、私たちにとって最も重要な人間関係についても当てはまります。つまり、人生において時間が止まることがないのと同じように、大切な人間関係も止まることがないのです。それは、時間とともにより親密になっていくのか、それとも疎遠になっていくのかのどちらかです。

愛する人と深い関係を築くという作業は、生涯にわたるプロセスです。またこの作業に関わるのは、欠点のある人間ですから、浮き沈みもあります。時には、かなり深刻な浮き沈みもあるでしょう。しかし時間が経つにつれて、人間関係の向かう方向がはっきりと見えるようになるでしょう。私たちが結婚している場合には、夫としての私たち一人ひとりの長期的な目標は、妻とどんどん親密になることです。関係改善スキルのツールセットを用いるならば、それは可能です。

家庭における父親として、これらの関係改善スキルを率先して用いるのは、あなたの責任です。時とともに、ある組織がそのリーダーの性格を帯びていくのとちょうど同じように、あなたの家族も最初のきっかけをあなた（そして母親）からもらうのです。

関係改善スキルをよく磨いて用いるならば、やがて家族のみんなそれぞれを、より深く本当に理解し、愛することができるようになります。また、子どもと、これから子どもが持つであろう家族に対して、素晴らしい模範を示していることになります。そして何よりもうれしいのは、家族があなたを信頼して、心の奥底にある思いや非常に困難な課題について話してくれることを実感できることです。そのとき、あなたは家族と本当にわかり合える関係を築くことができるようになるでしょう。

正直言って、私たち男性のほとんどが、「関係改善スキル」を備えていません（はっきり言って、私もそうです）。ですからぜひ、章末にある「実践ガイド」をよく読んでください。これは、あなたを助けて、関係改善スキルを強め、磨くために特別に執筆しました。

幸いなことに、これらのツールは家族の中（ここでは本当に重要になります）で役に立つと同時に、職場の同僚や、友人などと一緒にいるときにも役に立ちます。それどころか、どこでも役に立ちます。

人生とは、要するに人間関係のことです。ですから、関係改善スキルを習得することが非常に重要になるのです。そして、このツールの習得は、あなたにもできます。

## 無敵になる方法

ホセとサラは幸せな結婚生活を送り、三人の子どもがいました。ホセは出張することが多く、子どもたちの行事にはなかなか参加することができませんでした。けれども、ホセは安定した収入を得ていました。そんなホセが会社の人員削減で職を失った当初、夫婦はそれほど心配していませんでした。

しかし、二〇〇八年に世界金融危機が起こると、ホセが前職で得ていたような給与がもらえる仕事は見つけることができなくなりました。そのころから二人の心配が始まりました。近所で住宅の「売出中」の看板が増えていったとき、自分たちの家も購入時より相当価値が下がっていることに気づきました。その後も何も進展がないまま時間が経つにつれ、二人の心配はさらに増していきました。さらに状況は悪くなっていき、二人の心には余裕がなくなっていきました。二人の心が限界に達し、爆発寸前になったとき、ホセは何かを変えなければならないと決心しました。でなければ、自分たちの結婚生活は本当に破綻する危険性があったからです。

ホセは教会で相談できる男性を探しました。ホセがとても尊敬している二人の年上の男性に相談することができました。またホセは牧師にも相談しました。ホセは彼らに勇気をもって素直に自分の状況を打ち明けました。その結果、具体的に何を変えなければならないかが明確になりました。まずは、妻に対して心を開き、将来への恐れや、うまくいっていないことを正直に伝えるということでした。それを実践した結果、ホセとサラは共に力を得て、夫婦で協力する思いを取り戻すことができました。また、ホセは毎日、熱心に祈るようになりました。このことも状況を好転させる助けになりました。

　しかし、ホセが気づいた最も重要なことは、自分自身の態度を変えるということでした。ホセが気づいたのは、自分が何か月もの間、恐怖や心配に駆られていたということでした。こうした否定的な感情は、自分にも家族にも（また就職活動にも）役に立たないとわかってはいましたが、どのようにその感情を変えることができるのかわかりませんでした。そんなとき、古くからの友人が、新約聖書にある教えに従って「すべてのことに感謝」してはどうかと勧めてくれました。人生の中で起こるよいことに感謝すべきだというのはわかっていましたが、よいことだけでなく、すべてのことに感謝することを神は求めている、と友人から言われたときに、ホセは困惑しました。ホセにはこれはおかしなことだと思えました。解雇されたのに、なぜ感謝ができるのか。夫婦が直面している経済的な困難に、なぜ感謝できるのか。

それから友人は、「もし私たちが恐れの感情に同意しながら生活し続けるなら、心配事は決してなくなることはないでしょう」と言いました。それはホセにとって今まで聞いたことがない言葉でした。同時にホセはそれを認めざるをえませんでした。なぜならこの数か月間、ホセは恐れながら生活を続けており、そのせいで事態は悪化する一方だったからです。友人は続けました。「でも、私たちが信仰によって生きるなら、聖書の真理という光に照らされながら生活することになります。聖書には『神を愛する人……のためには、すべてのことがともに働いて益となる』とあります。その意味に従えば、私たちは困難なことさえも受け入れて、神に感謝することができるのです。それは私たちを無敵にします」

ホセは友人が言わんとしていることを理解し始めました。「神の子どもである私たちが、感情的な幼子のようであることを、神は望んでいません」と友人は言いました。「私たちが信仰と希望と愛において強く成長することを、神は望んでいます。そして、そのように成長するための唯一の方法が、人生の厳しい経験を通して成長することなのです。そのことを理解できたら、困難なことでさえ神に感謝できるようになります」。それを聞いたとき、ホセは深い安らぎを心に強く感じました。「それによって私たちは無敵になるのですか」とホセは友人に尋ねました。「そのとおりです」と友人は答えました。「なぜなら、神から来る喜びは、人間にとって最も真実で最も深い力の源だからです。そして何ものも、また誰もそれを奪うことはできません」

## さらによく考えてみましょう

1　あなたは、今の自分の積極的に耳を傾けるスキルをどのように評価しますか。一から十までの段階（十が最高として）で答えてください。また積極的に理解するスキルや、深く関わり合うスキルはどうでしょうか。

2　これら三つのスキルについて、家族ならあなたをどのように評価するでしょうか。家族に聞いてみてください。もし評価が大いに異なるなら、それはなぜでしょうか。

3　自分の関係改善スキルの中で成長できる部分があるとしたら、それはどのあたりでしょうか。また成長するために、どのような計画がありますか。

## 本章の即効ドリル

1　六十秒間、思い出してみてください。自分が尊敬する人から、本当に深く理解され、評価されたと感じたときのことを。それがどれほど気持ちよかったか思い出してくださ い。

2　六十秒間、考えてみてください。あなたの家族にとって、あなたに理解され、評価されたと感じることはどれほど重要でしょうか。

3　六十秒間、将来の家族の姿を想像してみてください。そこでは、家族全員がお互いが理解され、ありのままの自分が高く評価されている、と心の底から感じています。

実践ガイド

# 関係改善スキルのツールセット

## 注意深く耳を傾けるための三つの秘訣

注意深く耳を傾けるスキルがあれば、家族の中でも外でも大いに役に立ちます。注意深く耳を傾けるスキルを磨ける機会は、妻や子どもや友人との日常的なやり取りの中にあります。特別なトレーニングは必要ありません。注意深く耳を傾けるスキルを習得するならば、職場でも役立ちますし、また人との関わりが大切になる生活のあらゆる場面において役に立ちます。では厳密には、どのようにして注意深く耳を傾けるスキルを身につけることができるのでしょうか。ここに三つの秘訣を紹介します。

1　**話し手の話に十分に波長を合わせる。**これには、自分のほうで二種類の努力が必要になります。まず、自分の注意力を奪おうとするものは、すべて脇に置く必要があります。新聞、携帯電話、テレビなどです。第二に、自分の注意力をすべて話し手に集中する必要があります。このようにすれば、その人が語っていることをあなたが尊重し、またその人があなたにとって大切であることを、その人に示せます。

2　**話し手が意見を求めてきたときには、よい質問をしたり、適切なコメントをしたりする。**このスキルを用いれば、あなたの理解はさらに深まり、その一方で、話し手が話していることにあなたが本当に寄り添っていることを示せます。

3　**数日後でも数週間後でも、適切なときにその会話で話したことを取り上げる。**あなたが会話したことを覚えていて、また十分に気にかけて、またその話題を取り上げてくれたことで、妻や子ども（または同僚）は深く感謝するでしょう。

## 積極的に理解するスキルを習得する

積極的に理解するためには、その基礎としてまず注意深く耳を傾ける必要があります。なぜなら、ある程度長期間にわたって注意深く耳を傾けなければ、他の人を本当に理解することは決してできないからです。私がお話をさせていただくほとんどの父親は、自分が家族のことをかなりよく積極的に理解できていると信じ込んでいます。本当にそうである場合もありますが、多くの場合はそうではありません。そこで、あなたに少し質問させていただきます。

1　あなたの妻がいま抱えていると思う最も大きな心配事を三つ書き出してください。
2　あなたの妻が今の生活において、最も喜びそうなことを三つ書き出してください。
3　あなたの子どもが抱えていると思う最も大きな心配事を、子どもごとに三つずつ書き出してください。
4　あなたの子どもが最も喜びそうなことを、子どもごとに三つずつ書き出してください。

次に、家族のそれぞれと話し合い、あなたの答えが実際とどれだけ近いか確認してください。楽しくて興味深い会話ができるはずです。

あなたの答えが家族みんなの実際とほぼ一致していたら、おめでとうございます！　確かに、あなたは家族を積極的に理解していると言えるでしょう。もしそうでなかったとしても、ただ家族に質問をして、その答えに注意深く耳を傾けただけでも、家族の各人に対する積極的な理解が深まったはずです。それはとてもいいことです。

## 家族と深く関わる

時間をかけながら、注意深く耳を傾けるようにし、それを基にしながら家族を積極的に理解するようになると、家族と深く関われるようになってくるでしょう。これは、性格が似てくるとか、政治的な見解や音楽の好みが同じようになることではありません。実際のところ、深く関わり合うことは、周りの状況や表面的な類似性にはまったくよりません。深く関わるとは、心の奥底で、お互いに相手を理解し、共感し、尊重し合うことなのです。

夫婦の中には、すぐにお互いに深く関わり合えるという能力に恵まれている人もいます。しかし、このように祝福されている夫婦でさえも、深く関わり合うための能力を工夫し続けなければなりません。なぜでしょうか。それは時とともに、人も状況も変わっていくからです。

そのような能力に恵まれていない夫婦（私たちの大半がそうです）は、選択する必要があります。注意深く耳を傾け、積極的に理解し、深く関わり合うスキルを用いて、できるだけ深い関係を家族と築くことを選ぶのか。あるいは、ただ表面的に家族と関わることを選ぶかです。率直に言って、後者を選んだほうが簡単です。しかし、もしあなたがテレビを選んだとしても、テレビはあなたのことを気にかけてはくれませんし、今後も決して気にかけてくれないでしょう。

## 一か月で関係改善スキルを強化する三つの方法

1　**妻に手紙かメールを書く。それから子どもに手紙かメールを書く（子どもが何人かいる場合には、それぞれ個別に書く）。**自分との関係が不安定であったり、無きに等しいものであったりする場合には、正直になって手紙の中でもそれを認めてください。その問題における自分の過ちを認め、よりよい、より強い人間関係を築きたいと伝えてください。家族にとって重要だとわかっていることについて、前向きな質問をしてください。家族にお願いして返事を書いてもらい、各質問にも答えてもらいます。家族の返答について注意深く考えてください。行間を読んで、家族が本当に気にかけていることを理解してください。それから、その返答を受けたうえでの質問をして、確実に積極的に理解するようにしましょう。

2　**何度かやり取りしたあと、家族のそれぞれを誘って個別に二人だけで過ごす時間を取る。そして、話し合った問題について、さらに話を進める。**家族が気にかけている問題を、あなたも積極的に理解していることが伝わるようにしてください。自分にできることなら何でも助けたいと、伝えてください。（例えば「ねえ、あの店の店長は、ぼくと仲がいい友達のサムなんだ。きみのバイトの面接が終わったら、一言言っておいてあげるよ」）

3　**その後、少なくとも週に一回は家族のみんなと連絡を取り、一緒に話した問題がどうなっているかを確認する。**あなたが、家族のそれぞれについてより深く知るにつれて、家族も、生活の中であなたが耐えている、重圧や懸念や現実について、（たいていは）より大きな関心を持つようになるでしょう。

すべての組織はリーダーの性格を帯びるようになることを忘れないでください。ですから、時間をかけながら、関係改善スキルのツールセットをあなたが用いていくならば、家族のみんなも自分自身の関係改善スキルを、より上手に操れるようになるでしょう。このようにすれば、周りのすべての人間関係が改善され、時間をかけながら家族の絆も強くなります。これは一晩ではできません。けれども時間をかければ、確実にできます。

# ここで少し休憩

## 私たちは日々よりよい父親になっていますか。

これで半分以上が終わりました。そこで正直なところ、どうでしょうか。これまでの旅路が楽しく、刺激的で、やりがいがあれば、と願っています。またあなたが、やる気を失っていないことを願っています。もしそうならば、しばらく読むのをやめて休むことも検討してください。その時間を使って、最近習ったツールを試してみるのもいいでしょう。どのツールがうまく使えていて、どのツールがうまくいっていないかを家族のみんなから聞き出してみてください。あるいは家族を連れ出して、映画を観にいったり動物園に行ったりしてください。そうしたことのほうが、今日次の章を読むよりもはるかに大切です。

この本は、ただ読んで忘れてしまうような本にならないことを願っています。この本が参考書や筋トレのマニュアルのようになることを、私は願っています。つまり、あなたがよい父親になるために、今日役に立つだけでなく、今後の人生においても役立ててほしいのです。これは、じっくりと時間をかけて読む本です。また父親としての役割を担う現場で、励ましや新しいアイデアが必要なときには、いつでも読み返せる本として作られています。

完璧な父親はいません。私たちはみんな、助けを必要としています。私自身も大いにそうです。

しかし、忘れないでください。父親の役割というのは、実は楽しいものです。もちろん、これは骨が折れます。けれども世界で最高の仕事でもあります。そして、あなた自身の家族のためにその仕事を請け負うことについては、全世界の中で、あなたが最も資格のある人です。現実の問題として、あなたに代われる人はいません。ですから、勇気を失わないでください。ローマは一日にして成らず、です。世界トップレベルの父親も一日ではなれません。諦めないでください。時が経つにつれて、働きの成果を見ることができるようになります。それが見られるのは、素晴らしいことです。

ですから必要なときには、心配しないで、ぜひ休んでください。けれども、よい父親になることは休まないでください。何はともあれ、あなたがいま父親であるならば、残りの生涯もずっと父親であり続けるのです。ならば、まさにできるかぎり最高の父親になってはどうでしょうか。

ツール7

# 天のヘルプ

地上で最高の父親になるためには、究極の父からの助け（天のヘルプ）が必要です。

わたしが来たのは、羊たちがいのちを得るため、それも豊かに得るためです。

聖書

私は、まったく崩壊した家庭で育ちました。父はアルコール依存症で、不倫をしていました。しかし、神の恵みと助けによって、妻と私には四人の素晴らしい子どもが与えられました。これ以上のことはありません。

ダニエル（ニューヨーク州ニューヨーク市）

この本の内容についてご意見のある方は、メールにて遠慮なくご連絡ください。
admin@familyfirstjapan.org

◇◇◇◇◇◇◇◇◇

この章のタイトルを読んだとき、「そうだ、もちろん神の助けが必要だ」とあなたは心の中で思われたかもしれません。あるいはおそらく、「〝天のヘルプ〟って、一体何をいっているのだろうか」と心の中で問いかけているかもしれません。あなたの反応がどうであれ、ぜひとも私に耳を貸してくださり、この章全体を読んでみてください。その後、そのようなアイデアは必要ないとおっしゃるなら、それで結構です。

この章のタイトルが意味するところは非常に単純です。あなたは自ら進んで全能（不可能のない）の神にお願いして、よい父親になれるように助けてください、と言いますか。あなたと私とでは、神についての理解が違うかもしれませんし、またお願いの仕方も異なるかもしれません。でも、それはそれでいいのです。また、私は自分の神への理解が絶対正しいと訴えようとしているのではありません。あなたもきっと、そんなことをするつもりはないでしょう。しかし、私はあなたと同意できると確信していることが一つあります。それは、父親の役割を果たすためには、助けが必要である、と考えている点です。ここによい知らせがあります。それは聖書では、さまざまなイメージで神が描写されていることです。しかし、イエスについての驚くべきことの一つは、イエスが神とは、天のお父さんなのだと教えたことです。このことがいかに革命的なことであったかは、比較宗教学の学者でもないとすぐにはわからないかもしれません。

二千年前、ほとんどの人間は土着の多種多様な偶像を崇拝していました。ゼウスやネプトゥーヌスのような古代ギリシア・ローマの神々を思い浮かべてください。これらの神々は気まぐれで、信頼できず、お互いに争い合っていました。そして多くの場合、人間を犠牲としてささげることによって、それらの神々をなだめる必要があったのです。しかし、私たちの「天の父」として描かれる神は、どこにもいませんでした。

旧約聖書に描かれているイスラエルの神は、人々を片端から打ち殺す復讐心の強い神だと非難する人もいます。しかし注意深く分析すると、実に異なる状況が見えてきます。旧約聖書の全体を通して見ると、一つのテーマが何度も繰り返し明らかにされているように見えます。それは、十戒のまさに最初のメッセージです。「わたしは、あなたをエジプトの地、奴隷の家から導き出したあなたの神、主である。あなたには、わたし以外に、ほかの神があってはならない」（聖書）。旧約聖書の中で、神はイスラエルの人々が世界初の一貫した一神教の民族となるように準備していたようです。

多くの失敗を犯し、絶好の機会の何度も逃し、さらには捕囚の憂き目に遭った末に、イスラエルは神からのメッセージを理解しました。これが、イエスの抜本的な教えの基礎となりました。イエスの教えとは、敵を愛すること、サーバントリーダーシップに力があること、政教分離などです。そして究極の真理、すなわち私たちには、天のお父さんがいて、そのお父さんが私たちを子どもとして愛してくれることも、その教えです。その愛は、私たちの外見・財産・家族関係によって左右されることはありません。また私たちがどれだけ神に尽くし、犠牲を払うのかも関係ありません。それは古代の異教の神々が要求していたものです。しかし、聖書が語る神は、私たちが神の愛を受けるのにふさわしいかどうかにかかわらず、ただひたすら私たちを愛しているのです。古いことわざにあるように、「私たちは神の手のひらに刻まれています」。

考えてみてください。もしイエスが多神教文化（つまり、多くの異なる神々が崇拝されている社会）の中に現れたのなら、イエスは数多くいる神々の中のただ一人とされていたことでしょう。しかし、イエスが姿を現したイスラエルは、当時の世界でただひとつだけの一神教の社会でした。そこでイエスが主張したのは、自分は唯一の神のただひとりの子であり、その神とは実に天のお父さんだということです。それは非常に過激な主張だったので、当時の宗教的指導者も政治的指導者もイエスを死刑にしました。このことの背景として重要なのは、旧約聖書の時代に、イスラエルが世界初の一神教文化になったことで、それゆえこのイエスの主張がとても大きな問題になったのです。

## 聖書の偉大なる啓示

現在、大多数の人たちが、実はほんの一握りの伝統的な宗教に属しています。しがない大工の〝非嫡出の〟息子で、犯罪者として処刑された男が、どのようにして今や世界最大の宗教であるキリスト教の頭領になったのか、無神論者にとっては、それを説明するのは非常に困難です。今日、地球上の二十億人以上の人々が何らかの形でクリスチャンであるという事実は、超自然的な力と切り離して説明するにはとても無理があります。二番目に大きな宗教であるイスラム教も旧約聖書にルーツがあり、イエスを「キリスト」であり、「神が遣わした預言者の中の第一人者」であると認めている事実は、典型的な無神論者にとっては厄介な〝一致〟かもしれません。そして、世界で主要な一神教の中で最古の宗教であるユダヤ教から、キリスト教もイスラム教も生まれ出たという事実もまた、無神論を信じる人にとって、解くことのできないもう一つのパズルです。

私がここでお伝えしたいことは、無神論者を非難することではありません。誠実な無神論者になるためには、信仰による相当な跳躍が必要です（だからこそ、私は「無神論を信じる人」という言葉を使ったのです）。実際に、無神論者になるためには、少なくとも私がクリスチャンになるときに跳んだのと同じくらい大きな信仰の跳躍が必要です。私が信仰をもって跳躍した結果は、長年にわたって（困難なときもありましたが）私の人格を成長させ、愛と希望と喜びを豊かにしてくれました。しかし誠実な無神論者が信仰をもって跳躍した結果たどり着いた境地は、本当に大事なものは何もないという世界でした。何もないのです。なぜなら、私たちは単なる原子の集合体にすぎず、生まれるときにはつながり、死ぬときにはバラバラになるだけであると信じるなら、そこには何の真理もありえないからです。そこには魂も存在しません。正しいこともなければ、間違ったこともありません。最終的には、ジャングルの法則が唯一の法則になるのです。なぜなら、何であれ、最も強いものがルールを作るからです。もちろん、すべての誠実な無神論者を私は大いに尊敬しています。彼らには、ある種の強さがあって、私には欠けているものです。しかし、そのような世界で、私は生きたいとは思いません。

幸いなことに、旧約聖書と新約聖書の教えには、素晴らしい啓示（人の力では知りえないことで神が教え示すこと）があります。すなわち、あなたにも私にも天のお父さんがいて、このお父さんは私たちすべての人々を自分の子どもとして愛してくれるということです。聖書には、「しかし、この方（イエス・キリスト）を受け入れた人々、すなわち、その名を信じた人々には、神の子どもとなる特権をお与えになった」とあります。ここで言われていることで大切なことは、私たちの人間の人生には意味があるということです。正しいか間違っているかは重要であるということです。またすべての人々を神の子どもとして相互いに尊敬し敬わなければならないと示されていることです。そして、この地上で私たち人間の生涯は、物語の最終目的ではないことも意味します。それどころか、この世での人生は、これからやってくる、はるかに美しい物語への短い序章でしかないと教えているのです。

またここでわかるように、私たちの天のお父さんは、父親になるとはどういうことかをよく理解しています。なぜなら、神ご自身には一人息子がいるからです。そして、その息子は、私たち人間の弱さや困難な生活を十二分に理解しているのです。それだけでなく、その方は死ぬことによって、私たちの生活の中に潜む罪や死の力を打ち破りました。そして、墓からよみがえったとき（これは罪と死の力が打ち負かされた証拠です）、その方は私たちに聖霊を送ってくれました。その聖霊の助けによって、私たちがよりよい人、よりよい男性、よりよい父親に成長することができるようになるためです。これは本当によい知らせであり、私たちの人生にとって、前向きな意味をたくさん与えてくれます。そして、よい父親になるということは、おもに次の三つのことを意味しているのです。

1　**神は私たち一人ひとりを愛しています。**何か神秘的なやり方ではなく、現実を通して一人ひとりを愛しています。できるかぎり最高の男性、最高の父親にしたいと神は私たちを助けてくれます。私たちは神に向かって助けてくださいとお願いすれば、それでいいのです。そして神に助けてもらうのです（私たちが信仰によって歩むときに、そのようになります）。

2　**イエスがこの地上での使命を完遂したように、イエスは私たちもこの地上での使命を完遂できるように助けたいと願っています。**その使命の大きな部分を占めるのが、できるかぎり私たち男性が最高の父親になることなのです。そのためには、自ら進んで神を信頼し、祈りのある生活をしなければなりません。

3　**イエスは、私たちを放っておいて、ひとりでその父親としての任務を完遂しなさい、とは言ってはいません。私たちが前進できるように聖霊を残したのです。**聖霊は子どもたちの面倒を見たり、助けたりすることができます。それも、私たちが親としてまったくできないような方法でしてくれます。しかし、聖霊がそうしてくれるのは、私たちが子ども（そして私たち自身の力ではなく）を聖霊の愛と助けにすべて委ねるときにだけ、そうしてくれます。

もし私たちがこれらの真理を理解し委ねるならば、父親としての私たちにとって、この真理がどれほど重要でかつ強力であるか、きっとすぐに理解していただけると思います。

## 私たちの目の前にある課題

この本を読んでいる方の中には、これまで私が書いてきたことを信じない方もいるでしょう。また、なかなか信じられない方もいるはずです。私も人生の最初の三分の一は、まったく信じていませんでした。残りの三分の二の期間は、信じるのに苦労しました。しかし今では、それらのことが真実であることがわかりました。私にとっては、こうしたことが燃料になっているので、心の燃料が切れたときには、私の魂がそうした真実を求めるようになったのです。恵みが必要なときには、心をなだめてくれる香油になってくれます。理解力が必要なときには、生きるための超自然的な知恵にもなってくれます。ただ、これを皆さんに証明することができません。ご自身で試されることを私はお勧めしたいのです。

あなたに、これを信じなさいと言うつもりはありません。それは誰にもできません。自分の力で理解しなければなりません。私たちはみんな、そうしてきています。しかし、あなたに申し上げたいことは、これが真実である可能性が極めて高いということです。ですから、ご自分で調べてみる価値があるはずです。これが本当に、この世で最も重要な質問ではないかと思います。

手始めに、助けてくださいとただ心から祈ることを強くお勧めします。これはだいぶ前のことですが、私の信仰の旅が、いまお話ししたように始まったのです。もし神が、三千年以上もの間ユダヤ人やクリスチャンが信じてきたような方であるなら、必ず応えてくださるに違いありません。神はあなたを愛しているだけではありません。あなたと神には、本当に重要な共通点があります。両者とも父親なのです。そして、神はあなたができるかぎり最高の父親になれるよう助けたいと願っています。

しかし、祈りに応えてもらうには、誠実に問いかけ、謙虚に耳を傾け、注意深く見つめなければなりません。なぜなら、神は自分のやり方で、自分の時に答えるからです。けれども神は必ず応えてくれます。ご自分で確認してみてください。

自分の心と生活の中で神の愛を知っている方は、こう問いかければいいでしょう。「自分は神と一緒に前進しているのだろうか」。信仰生活はある意味において自転車に乗っているようなものです。つまり、前進し続けるか転ぶかのどちらかです。じっと立ち止まることはできません。ここ五十年の間、アメリカの教会はこの点で多くの男性を失ってしまいました。概して教会は男性を励まして、キリストから学ぶ成熟・知恵・愛・喜びを目指して進むようには促してきませんでした。

あまりにも多くのクリスチャン男性が時々は教会に行き、献金箱に少しのお金を入れ、人を殺したりしなければそれでいいと満足しています。これらの男性にとって残念なことは、人生でおそらく最もエキサイティングな旅、つまり神の助けをもらって、できるかぎり最高の男性になるという旅をする機会を逃しているということです。

これは私たち一人ひとりの前に置かれた課題です。ですから、自問してみてください。「私は本当にできるかぎり最高の男性になりたいと思っているのだろうか」「できるかぎり最高の父親、最高の夫、最高の友達になりたいと思っているのだろうか」と。

こうしたことは、自分ひとりだけでできることではありません。ですから、いま少し時間を取って、その場でひざまずいてください。いますぐです。そして、天のヘルプつまり神の助けを求めてください。恥ずかしがらないでください。なぜなら、最強の人とは、王の中の王である神の前にひざまずくことができる人だからです。神はあなたを助けてくれます。間違いありません。

## 罪の力を打ち負かす

あなたには、まとわりついている罪がありますか。それが、よい人間になることの妨げになっていませんか。その罪とは、もしかしたらあなたの気性かもしれません。あるいは、あちこちと泳いでしまう視線かもしれません。それともケチな性分でしょうか。あるいはお酒を飲みすぎている、あるいは仕事や銀行残高や経歴が自分の人生の中で追い求めている偶像になっているでしょうか。あるいは、生い立ちがつらかったために、神を自分の人生から締め出しているのかもしれません。あるいは神を、ただ外見を飾るための飾り物にしているかもしれません。

問題が何であれ、皆さん、この言葉を言わせてください。あなたは私たちの仲間です。実際のところ、私たちはみな、人生の中でそのような問題を一つや二つ抱えているものです。みんなそうです。そこで、二つの選択肢があります。①問題を放置して、それが大きくなって私たちを支配するようになる。②私たちが成長して、問題を支配するようになる。どちらかです。その中間はありません。前にもご説明したように、霊的な生活は二者択一です。前進するか、後退するかのどちらかしかありません。ですから前進しましょう。もし、心の中にある罪の力を打ち負かして、勝利に満ちた人生を送りたいと願っているなら、ここに三つの重要な提案があります。

1　**神に対して正直になり、罪を告白し、神の助けを心から求めましょう。**これは基本的なことのように思えますし、実際にそのとおりです。そして、勝利への道はこの最初のステップから始まります。

2　**自分の葛藤を牧師や司祭などに話しましょう。**こうした霊的な指導者は、真の信仰者であって神を愛し、神のことばを尊重しているかぎり、あなたの闘いにおいて助けることができるはずです。自分の牧師や司祭を、霊的な指導者だと思ってください。なぜなら、あなたのために彼らはそのような存在になりうるからです。彼らはあなたを助けてあなた自身をさらによく理解させたり、また霊的な指導や支えを与えたりすることができます。こうしたものは、あなたが闘いに勝つために必要です。

3　**好意的で成熟したクリスチャン男性に相談して、祈りや支援や助けを求めましょう。**あなたの葛藤を知り、あなたのために祈り、あなたが正しくてよいと思っている基準に達することができるように支えてくれる友人が、本当の友人です。私たちはみな、善良で真実な友人を何人も必要としています。

罪は影と暗闇を愛し、特に偽善を愛します。なぜなら偽善は、私たちの心の奥底に闇を作り出すからです。罪は感染症にとてもよく似ています。もしあなたが罪を暗闇の中に隠し、それを取り除かないならば、ほとんどの場合、罪はますます悪化していきます。しかし、もしあなたがその罪を光の中に持ち出し、洗い清めるならば、罪はあなたに対する力を失い、少しずつ癒やされていきます。

ですから神の前や、あなたの霊的な指導者や親しい友人の前で、正直になり、何でも説明できるようにしておくことが、何よりも大切なのです。間違いなく、これは簡単なプロセスにはならないでしょう（実際にそうです）。また間違いなく、あなたのほうでも訓練と勤勉さが必要になるでしょう（実際にそうなります）。

聖書の中で、イエスが語った有名な教え、「わたしはぶどうの木、あなたがたは枝です」に描かれているように、私たちが成長するためには、どうしても神につながっていなければなりません。そうするためには、雑草のように「まとわりつく」罪、本当のぶどうの木から離れさせようとする罪から逃れなければなりません。

家族の霊的なリーダーであるあなたが、神の愛と喜びと平安と知恵において成長しないならば（神がすべてのクリスチャンに約束しているように、成長できるのに）、おそらく家族も成長しないでしょう。家族が、あなたの人生や自分自身の人生の中で御霊の実（愛・喜び・平安・寛容・親切・善意・誠実・柔和・自制）を見い出すようになってほしいと思いませんか。あなたにはできます。また家族を助けて、同じように力強く霊的に成長する道を歩めるようにしてやれるのです。

聖書の中の偉大な約束の一つを思い出してください。「正しい人の祈りは、働くと大きな力があります」。この約束は、ある特定の時代、特定の男性に与えられたものではなくて、すべての時代のすべての男性に与えられているものです。

## 父親の霊的リーダーシップの重要性

私の友人ランディーは、素敵な妻と協力しながら素晴らしい子育てをし、三人の娘を霊的に力強く支えてきました。結婚してまだ日が浅いうちに、二人は素晴らしい教会を見つけました。そこで娘たちは同年代の友達をつくり、彼らと一緒に成長しました。ランディーの家族は週に一、二回は夕食のときに真面目な話をしました。たいていは地方か全国のニュースから採った話題で、何が正しくて、何が間違っているかを話しました。またランディーと妻は、少なくとも月に一度は娘たちを一人ずつ別々に連れ出して話し合うようにしました。いま娘の生活の中で何が起こっているのか、また娘が直面しているチャレンジなどについて話すためでした。こうしたことすべてを通して、娘たちは成長し、その一人ひとりが素晴らしく、精神的に安定した成績のいい若者となりました。上の二人の娘はどちらも、青年と交際しています。その青年も強くて勇気があり、しっかりとした信仰を持っています（ランディーとよく似ています）。ランディーは、次の聖書の約束が確かであることを体験しました。「若者をその行く道にふさわしく教育せよ。そうすれば、年老いても、それから離れない」

## 家族のために祈る

家族のために熱心にそして誠実に祈ることは重要です。このことは、いくら強調してもしすぎることはありません。祈りがどのように働くかについて、知ったかぶりをするつもりはありません。それよりも、祈りの力が心（何よりもまず自分自身の心）と状況を変えるのを、私は見てきました。真剣な心からの祈りが、私たちを全能なる天の父なる神と強く結びつけることができるのです。

どうしてそうするのか、その理由はほんの部分的にしかわからないのですが、事の大小を問わず、神は私たちが祈るのを待ってから行動を起こすことがよくあります。おそらく、それは、私たちの信仰が成長することを望んでいるからでしょう。また、おそらく、神は祈りを通して私たちと関わることを楽しんでいるからでしょう。理由が何であれ、私たちが家族のために天のお父さんからの助けを望むのであれば、祈りはどうしても重要です。私自身の家族から、その例の一つを挙げさせてください。

何年も前のことですが、私たちの子どもの一人が非常に悪いことにのめり込んでいました。妻と私は心配していましたが、まだ若い親であったので、平気を装っていました（自分の子どもが問題を起こしているなんて、誰も認めたくないものです）。ついに、私たちは子どものために最も強力な武器の一つを無視していたことに気づき、熱心に祈り始めました。私たちは神にお願いして、問題がどれだけ大きいのか示してくださいと言いました。また問題がどんなに大きくても、賢く、愛をもって、効果的に対処できるように助けてくださいと祈りました。

すると小さな奇跡が起きました。決して説明できないある理由があって、ある夜、妻と私がこの問題について祈っていたとき、私はただ〝導き〟を感じて外にあるごみ箱を見に行きました。後にも先にも、そんなことをしたのはこのときだけです。しかし、その夜、そのごみ箱の上の方に、子どもが深刻な問題を抱えていることを示すはっきりとした証拠を見つけたのです。それは祈りに対する奇跡的な応えであり、真っすぐでシンプルな応えでした。

そして、私たちは愛と真実をもってどのように子どもと向き合うかについて祈りました（夫婦が一致していなければなりません）。私たちは、ごみの中で〝発覚したもの〟を使って、その子どものやっていることが両親にとっても、神にとっても重大な事柄であることを本人に示しました。子どもがごみ箱に罪となる物を入れたその同じ夜に、神が聖霊を通して私に働きかけて、ごみ箱の中を探させたことは、その子どもの注意を引き付けました。

その夜は、三人で一緒に泣きました。私たちがどれだけ心配しているのか、子どもがどれだけ愛されているのか、本人は理解したと思います。その夜、私たちが戦いに勝利したと言うつもりはありません。あるいは、その月やその年に勝利したとも言えません。私たちは別の州に引っ越すことさえ決心して、子どもを悪い影響から引き離すことにしました。しかし今日では、神の恵みにより、私たちの子どもはみな元気にしていることに、私たちは深く感謝しています。

もう一度言いますが、一晩で奇跡が起きたとか、突然すべてが変化したなどと言うつもりはありません（そうしたことは祈りを通して起こりえますし、時々起こることは私自身も見てきました）。しかし、時間をかけながら、家族からの愛と支援を受けつつ、私たちの子どもは破滅に至る行動から抜け出すことができました。祈りは、その戦いにおいて鍵となる部分でした。祈りがなかったならば、結果は非常に異なっていただろうと思います。

家族のために霊的なリーダーシップを発揮することは簡単ではありませんが、他の手段よりははるかに優れています。リーダーシップはリーダーである「あなた」の心から始まります。前にも申し上げたことなのですが、それはここでも繰り返す価値があります。クリスチャンの人生においては前進するか、つまり愛と平安と喜びと知恵において成長するか、それとも後退するか、そのどちらかしかありません。じっと立ち止まっていることはできないのです。ですから前進しましょう。

## 嘘の源に注意する

ここで、お話ししたいことがあるのですが、それは今日の多くの人から見れば「非科学的だ」とか「古くさい」と言われて、退けられてしまうでしょう。しかし聖書でこれ以上ないほど明らかにされている事実なのですが、神は確かに存在し、この世で働いています。また同じように聖書で明らかにされているように、悪魔も働いています。悪魔は、嘘・欺き・憎しみ・罪を通して活動しています。そうです、わかっていただけたと思います。悪魔は本当に存在するのです。

過去三十年を通してわかったのですが、霊的な戦いは現実としてあります。そして私たちは父親として、霊的な戦いに立ち向かわなければなりません。時には、自己を破壊する性質のある中毒や、妄想にとらわれて叫ぶ連続殺人犯の中に、悪魔の仕業ははっきりと見てとれます。歴史を振り返ると、スケールの大きいはっきりとした実例を見ることができます。例えば、ヒトラーが貴重な人材や資材を使ってヨーロッパ中に強制収容所を建て、六百万人のユダヤ人を虐殺したのは、軍事戦略や利己心が動機だったのではありません。むしろ、ヒトラーが自分で「最終的解決」（ユダヤ民族の絶滅）と呼んでいたものにますます熱中しだすと、着実にナチスドイツの滅亡は速まりました。ヒトラーは、何か別のさらに暗い原因によって突き動かされていたのです。

私たち西洋人の多くは、今日の霊的な戦いにあまり注意を払っていません。しかし、アジア、南アメリカ、アフリカなど、霊的なものをより受け入れている文化では、霊的な戦いがある証拠がもっとわかりやすい場合があります。私は成人してからほぼ半分の期間をこうした地域で過ごしたので、霊的な現象であると言うしか説明のできないことを自分の目で見てきました。

西洋では、悪魔（サタン）は微妙な嘘や自己欺瞞などを用いて働きます。こうした嘘や自己欺瞞によって私たちは（ゆっくりと、穏やかに）間違った道へと導かれます。「今日は一日大変だった。だから飲みすぎてもいいではないか、インターネットでポルノを観てもいいではないか」などなど。あるいは悪魔はこう語りかけてくるかもしれません。「妻はあなたのことを本当には理解していない。でも、あの未婚の女性○○さんは楽しいから、一緒におしゃべりするぐらいいいじゃないか」。または、こうささやいてくるかもしれません。「この商談をまとめさえすれば、人生は本当にうまくいくようになる。だから、騙しても（あるいは、嘘をついても、大げさに言っても）いいではないか」

こうした小さな嘘は、とても力強く、大きな誘惑になることがあります。しかし忘れないでください。いきなり中毒や不倫や詐欺を行って、自分の未来や家族を台なしにする人は誰もいません。こうしたことは少しずつ少しずつ忍び寄ってきて、ついにその人を釣り針に引っかけます。そこまでいけば、あとは悪魔は一気にリールを巻いて、その人を釣り上げるのです。

正直に認めましょう。この世界に光や、いのちや、愛をもたらすために働いている人々が生き生きと生活していると、嘘の源である悪魔は怒りを燃やし、活発になってきます。あなたの家族も逃れることはできません。むしろ、第一の標的にされます。

あなたや家族の中でよい実（聖書の定義によるならば、それは愛、喜び、平安、寛容、善意、柔和、誠実、自制です）がなるならば、それは霊的に成長している紛れもない証拠です。しかし、自分が霊的に成長していることを知ることができるもう一つの方法は、あなたが霊的な妨害に直面するようになるとわかります。でも心配しないでください。聖書が約束しているように、「あなたがたのうちにおられる方は、この世にいる者よりも偉大だからです」。私たちの天のお父さんは、悪魔よりもはるかに力強いのです。私たちがお父さんと一緒に歩むかぎり、天のお父さんは私たちに道を示してくれます。

## 父親となる旅路を助けてくれるもの

私たちの中には、この地上で完璧な父親に育ててもらった人は誰もいません。それどころか、地上の父親には、まったく育ててもらえなかった人もいます。しかし、私たちの一人ひとりにとって、天のお父さんは力強くて愛に満ちた父です。そして私たちができるかぎり最高の父親になれるように、天のお父さんは助けたいと願っています。イエス・キリストの人格を通して、その愛の確かさと具体的な証拠を示してくれただけではなく、聖霊を送って私たちを助け、私たちができるかぎり最高の男性となり、最高の父親になれるようにしてくれます。

どうか、この事実を深く考えてみてください。これは驚くべきことですが、真実でもあります。あなたには、天のお父さんがいます。その方はあなたを愛しています。あなたの心の奥底まで知っていて、そこにある汚いものをすべて知っているにもかかわらず、あなたを愛しています。また、善いことであれ、悪いことであれ、醜いことであれ、あなたがこれまでに行ってきたすべてのことを知っています。天のお父さんはあなたのことを知ったうえで、とても愛していてくださいます。ですから、その子どもであるイエスのゆえに、あなたを赦してくれました。ですからあなたも、天のお父さんの子どもになれるのです。

私の言うことが信じられませんか。もちろん、私にはあなたを説得することはできません。それは、あなた自身が決心しなければなりません。ご自分で試してみてください。もし、あなたが真摯に、へりくだった心で試すならば、神は応えてくれます。それは、神があなたを愛しているからです。神はあなたを助けて、できるかぎり最高の父親にしたいと願っています。そして、これは本当によい知らせです。

## さらによく考えてみましょう

1　神について、あなたは本当はどのようなことを信じていますか。神に「ご自分を示してください」と心からお願いしたことはありますか。そうお願いした理由、あるいはそうお願いしなかった理由を考えましょう。

2　イエスがこの世に「父なる神」という概念を紹介したのはなぜだと思いますか。そのことばは、あなたにとってどういう意味がありますか。

3　あなたが男性・父親・クリスチャンとして成長するのを妨げている問題が何かありますか。勇気をもってそうした罪を神に告白し、そこから立ち返られるように助けてくださいとお願いできますか。そのようにできる理由、あるいはできない理由を考えましょう。

## 本章の即効ドリル

1　六十秒間、次の事実について黙想してください。あなたには天のお父さんがいて、あなたを本当に愛しています。もし、あなたがその事実を信じていなかったとしても、六十秒間その不信心を脇に置いて、天のお父さんがいるという可能性について熟考してみてください。そして、それがどれほどよいことなのかも考えてみてください。

2　六十秒間、考えてみてください。父なる神は、ご自身の子どもイエスをどれだけ愛しているのでしょうか。そして、私たちの父親としての試練や苦難をどれほどよく理解しているのでしょうか。

3　六十秒間かけて、誠実かつ謙虚に天のお父さんに祈り、自分ができるかぎり最高の父親になれるように助けてくださいとお願いしてください。時間をかけながら、助けてくれます。

実践ガイド

## 天のお父さんから助けをもらう

本章の実践ガイドを書くのは、とても大変でした。理由は簡単で、私たちの一人ひとりが、霊的な旅路の異なる地点にいるからです。私たちの中には、天のお父さんとの親しい関わりを楽しんでいる方もいるでしょう。けれども、キリストが約束している愛と喜びと平安をより深く体験したいと思っている方や、霊的な領域のどのあたりにいるのか、自分ではわからない方もいるでしょう。そして中には、キリスト教以外の信仰を持っていたり、そもそもまったく信仰を持っていなかったりする方もいるでしょう。しかし、どのような地点にいるとしても重要なことは、人生は霊的な旅であると認識することです――たとえ完全に理解していなくても、です。

この部分をできるだけ役立つものにするために、上述の各グループごとに個別の実践ガイドを書きました。遠慮しないで、自分の霊的な状態を最もよく表している部分に移ってください。もちろん、ほかの部分を読んでくださっても結構です（むしろ、そうしてくださることを望んでいます）が、現在の自分がいる地点に最も近い部分に注目したいと思うかもしれません。この実践ガイドがあなたを励まし、そして祝福してくれることを願っています。

## キリストと共に歩いている人、またはもっと共に歩きたいと願う人のために

信仰・希望・愛の力に信頼して、人生を歩んでおられることをうれしく思います。できるかぎり最高の父親・夫・隣人・同僚・友人になりたいというあなたの願いに感謝します。

私たちのような男性にとって重要な質問は、これです。「私たちは信仰において成長し続けているだろうか、それとも失速しているだろうか」。あなたはイエスの語った真理をすでにご存じだと思います。「多く与えられた者はみな、多くを求められ、多く任された者は、さらに多くを要求されます」。もしあなたがイエス・キリストに従う者であるならば、本当によい父親になるために、かなり有利なスタートを切ることができます。神の愛と神の真理は、私たちに力と知恵を与える、二つで一組の塔です。しかし、どの贈り物でもそうですが、その箱

を開けて、それを生活の中で用いるかどうかは私たち次第です。この本が、あなたを助けて、贈り物を開けさせるようにと祈っています。また https://familyfirstjapan.org/ フェイスブック https://www.facebook.com/ffg.japan/ も助けとなるように祈っています。

ここで信仰を持っているあなたに、基本的な問いかけがあります。「あなたは、信仰と希望と愛において成長していますか。それとも失速していますか」。霊的な生活を送っていることの唯一の確かな証拠は、霊的に成長していることです。飛行機のように、前に向かって飛んでいくのか、それとも失速するかです。軌道修正されなければ、失速はそう長くは続きません。失速はやがて、急降下になってしまいます。

問題になるのは、私たちクリスチャンにとって、遠い昔の経験に頼るほうが簡単だということです。または、ちゃんと教会に通っているという事実に頼ろうとするかもしれません。あるいは、神について〝正しい〟信仰を持っているという事実に頼るかもしれませんし、またそのほかの多くの〝事実〟に頼るかもしれません。誤解しないでいただきたいのです。こうしたことはどれも悪いことではありません。しかし、こうしたことすべてが、神が私たちに本当に望んでいることの代わりにされてしまう可能性がありうるのです。神が望んでいるのは、私たちと真心から交わること、私たちが心から愛すること、忠実に従うことです。

聖書の中にある創世記の物語を振り返ってみてください。堕落する前のアダムの様子はどうでしたか。アダムは、過去の経験や出来事をいつまでも振り返ったでしょうか。そんなことはありません。アダムは、教会に通っていたでしょうか。そうではありません。神について正しい信仰を持っていると言って誇っていた人でしょうか。そんなことはありません。

繰り返しますが、これらのことは必ずしも悪いことではありません。けれども、何よりも重要なのは、神との間に「父と子ども」という愛の関係を築くことです。もう一度、アダムを見てください。アダムには日々の仕事（熟練した庭師）と生涯にわたる使命（「生めよ。増えよ。」）がありました。これは、妻エバを大切にし、妻と一緒に強くて愛情深い家族を築くことを意味しました。しかし、最も重要なことは、生き生きとした深い関係を神との間に築いていたことです（「そよ風の吹くころ」に、神とアダムが一緒に歩いた様子が聖書の中に描かれています）。

ところが、罪がこのすべてを台なしにしてしまいました。今日でも、罪をとどめないでいると、私たちの誰もが同じようになってしまいます。しかし大切なことは、天地創造の神が、アダムとエバを自分の友として造られたことです。これは驚くべきことです。

さらに驚くべきことに、神は現在の私たちとの間にも、これと同じように、愛に満ちた友情を築きたいと願っているのです。これが信じ難いことはわかっています。しかしこれが、聖書の包括的なメッセージなのです。全能なる神は、人類（そして私たち一人ひとり）に対して愛を示したいと願い、また私たちがそれに対して同じように応答してくれることを望んでいます。

今日、あなたの天のお父さんとの愛の関係はどうですか。それは強くて成長していますか。それとも少し停滞していて、おそらくは失速すらしているでしょうか。あなたの心の中にある本当の答えをあなたは知っているはずです。これは人生の中で最も重要な質問です。なぜなら、他のすべては究極的にはここにかかっているからです。

本当のところ、私たちは全員が助けを必要としています。私たちはみな、疲れたり弱くなったり、落胆したりします。誰もがです。それでは、神はどのようにして私たちを圧倒的な勝利者にしてくれるのでしょうか。また神が望んでいる信仰と希望と愛に満ちた成熟した男性にしてくれるのでしょうか。たとえ私たちが失敗したとしても、神は力を与え、再び立ち上がって、神と共に進めるようにしてくれます。使徒ペテロを見てください。このペテロの上に、キリストは自分の教会を建て上げたではありませんか。このペテロは、イエスが前もって警告していたにもかかわらず、三回もイエスを否定したのです。けれども、神の大いなる恵みがペテロを拾い上げ、「岩のように堅固なペテロ」にしてくれました。神の大いなる恵みは、私たち全員にあるのです。

皆さん、もしあなたがたの心が、いま、あるべきところにないとわかっているなら、時間を割いて自分ひとりだけの時間を持ち、神と一緒に静かな場所で過ごしてください。そして心を正してください。これ以上に重要なことはありません。あなたがしなければならないことは、神に対して正直になり、謙虚になって神に助けを求めることです。神は、あなたに会ってくれます。なぜなら神は今でも、そよ風の吹くころにあなたと共に歩きたいからです。

それから必ず神との親しい触れ合いの中に留まり続けてください。私自身も長い年月をかけてやっと、神と毎日顔を合わせるという習慣を身につけました。それは神と私の二人だけになって、その一日のために神の考えを教えてもらい、励ましを与えてもらうためです。そしてしっかりと、私の態度や優先順位を神の考えと一致させるためです。人生の中で、これ以上に重要なものはありません。

そして、クリスチャン男性である私たちは、神を信じるほかの男性たちから、励ましてもらったり、刺激してもらったりする必要があります。聖書もこのことがわかっているので、クリスチャンを励まして、集まることをやめないように、またお互いに愛し合って、よい行いをするようにと勧めています。あなたが生活する中で、少なくとも二人の信頼できるクリスチャンの友人男性がいなければ、あなたは敵の前でまったく無防備で立ち尽くすことになるでしょう。「三つ撚りの糸は簡単には切れない」という古い聖書に書かれている真理は、今日でもそのとおりです。私たちの一人ひとりが、強くて誠実な友人を必要としています。

私たちが生まれる前にも、多くの偉大な父たちがいました。次の聖書の素晴らしいことばが思い出されてきます。私たちは、ひとりぼっちではないということです。そして人生の最高のレースを走らなければならないということです。「こういうわけで、このように多くの証人たちが、雲のように私たちを取り巻いているのですから、私たちも、一切の重荷とまとわりつく罪を捨てて、自分の前に置かれている競走を、忍耐をもって走り続けようではありませんか」

最後に、私たちの日々の思考の仕方には十分な注意を払ってください。戦いの勝敗はここで決まります。一日中、神の御霊につながり続けることができれば、最も厳しい状況にあったとしても、私たちは信仰と希望と愛において成長することができます。そのことは、イエスも聖書の中で約束しています。もし私たちが、親密に正しくイエスにつながっているならば、私たちは成長し続け、「多くの実を結ぶ」ことになります。毎日欠かさず、このように行うのは難しいように思えます。しかし、私たちが一日の最初を神と一緒に始め、聖霊に助けを求めて一歩ずつ神と共に歩み、祈りを通して意識的に神とつながっていれば、その日一日の旅路を神は私たちと共に歩んでくれます。

ちょうど歩くことを学んでいる赤ちゃんと同じように、私たちも毎日少しずつ進歩し、強くなっていきます。もちろん、赤ちゃんのように私たちも倒れることがあるでしょうが、最後には人生を歩き通し、疲れ果てることはないでしょう。また人生の困難を乗り越え、弱り果てることはないでしょう（聖書でも、そのように約束されています）。皆さんも、試してみてください。きっとわかるでしょう。

## 霊的に確信がない人のために

まず、ここで申し上げたいことは、この章とこの実践ガイドを読んでくださって本当にありがとうございました、ということです。これにはいくらかの勇気が必要だったことと思います。また私たちは男性として勇気が必要です。私は人生の最初の二十一年間、キリストと共に歩むとはどういうことかを知りませんでした。その間の何年かは、確かにキリストに憧れていました。けれどもほかの何年かは、とても懐疑的で、反抗的な敵でもありました。しかし、ダートマス大学の四年生のとき、私はついにプライドを捨て、キリストにお願いして私の罪を赦していただき、私の神として一緒に人生の道を歩んでくださいと言いました。そしてイエスはそうしてくれました。ちょうど赤ちゃんが歩くことを学ぶように、私も長い時間をかけて学びました（本来よりも、はるかに時間をかけすぎてしまいました）。そして今でも、私はまだ多くのことを学ばなければなりません。しかし、あの信仰を持つと決めたステップは、私がこれまでに行ってきた決断の中で最も重要な決断でした。その決断は文字どおり、私の人生をよりよいものに変えたのです。

その信仰を持つというステップは、あなたに代わってほかの誰かがすることではないのです。それは、あなた以外に誰もできないのです。幼児洗礼を受けたとか、毎週日曜日に教会に通っているとか、聖歌隊で歌っているとか、素晴らしい信仰を持った妻がいるとか、あるいはこれらのことがすべてそろっていたとしても、そうしたことはまったく関係がないのです。いちばん大切なことは、あなた自身が、その最も根本的な決断を下さなければならないのです。自分自身の心の中にキリストを自分の命にとって本当に大切な存在である神として受け入れ、人生の道を歩む導き手として、キリストと共に歩まれますか、それとも、それは拒まれますか。

## 究極的な質問と格闘する

何年も前に、友人のケンと一緒にアメリカ全土をヒッチハイクしたことを今でも忘れることができません。この本の最初でお話ししたので覚えておられるかもしれませんが、ケンはキリストを信じる人で、信仰深いクリスチャンの中国人家庭で育ちました。今でも私の親友の一人です。チャン一家が神にコミットし、互いに愛し合っている姿は、私に極めて大きな影響を与えました。

ケンと私が大学生だったときのある夏、アメリカ全土をヒッチハイクすることにしたのです（あの当時の、それは稚拙な思いつきでした。今なら、とんでもない思いつきですが）。けれども、楽しいことが実際にはたくさんあって、道中にケンと交わした深い思索的な議論のすべては、今も決して忘れることができません。その議論は現実的でもありました。二人は、神は存在するのか、私たちはなぜこの地上にいるのか、人生の意味とは何か、と論じ合いました。私は有名私立大学に通う不可知論者であることを自身の誇りにもしていたので（あの時点では無神論者でさえあったかもしれませんが）、その考え方を武器に非常に強く論じました。もちろんケンは反対の立場で論じたわけですが、でも、二人の間には、常に愛と友情があったのです。

ワイオミング州で過ごしたその旅のある夜、大きな湖の近くで、私たちは夜遅くなるまで、特段の議論を交わしました。それからケンは寝袋に入ったのですが、そのまま私は考え続けていたのです。ケンの信じていることが、もし本当だとするなら、素晴らしいこととして私は認めざるをえませんでした。とはいえ、それはとてもありえそうに見えなかったのです。幸いなことに、その夜寝る前に、ケンはもっともな質問を私にしてくれたのです。「自分で試してみればいいじゃないか」。ケンの言うとおりでした。私には確かに、失うものは何もありませんでした。そこでその夜、満月と美しい湖を眺めながら、たどたどしいあやふやな祈りのようなものをしました。まず最初に、神が本当に存在するのかどうか、まったくわからないことを認めたうえで、神にお願いしたのです。もし、本当に神が存在するなら、どうか私に教えてくださいい、と。また、どのようにしたら、神と正しい関係が持てるのかも教えてくださいい、とお願いしたのです。

その旅を終えた秋、ダートマス大学に私は戻り、四年生になりました。そして、聖書に加え、ユダヤ教のトーラー、イスラム教のコーラン、仏教やヒンズー教の聖典を講義で勉強することにしました。どれもこれも、私にとってはまったく初めてでしたので、また、すべての教えについて、それなりに、とても興味深く有益な点も理解できました。こうした勉強とクリスチャン学生らが優しく親切だったおかげもあって、私は神は本当に存在するということを次第に信じるようになりました。またイエスが、ケン自身が言ったとおりの方であることを信じるようになりました。またイエスが、彼自身が言ったとおりの方であるとも信じるようになりました。いわゆる目が眩むような閃光や啓示があった、というわけではありません。それはゆっくりとしたプロセスでした。そして一九八一年のイースターの日曜日に、私は洗礼を受けたのです。それはそれまでの人生経験の中で最も素晴らしい決断だったと思います。ですから、私がこれをお読みのあなたに投げかけたい問いは、親友のケンが私にしてくれたのと同じ問いかけです。「自分でぜひ試してみてください」

神は存在するのかどうか、そして神の存在は自分個人にとってどのような意味があるのか、これは取り組む価値のある自問だと思います。宗教改革者のマルティン・ルターからフランスの偉大な数学者・哲学者ブレーズ・パスカル、ウィリアム・ウィルバーフォース（連合を組織してイギリス奴隷貿易を廃止した）、ジョージ・ワシントンに至るまで、またエイブラハム・リンカーンからマーティン・ルーサー・キング・ジュニア牧師まで、ほんの少しの名前を挙げただけですが、すべての人が、この問いをもって同じように自分自身で取り組んだのです。あなたも、ぜひ取り組んでくださることを願っています。

## 別の伝統的な宗教を信じる人や<br>そもそも信仰を持っていない人のために

どのような伝統的な宗教を信じていても、よい父親はいます（ひどい父親もいますが）。けれども、あなたが生まれたときに信じるようになった宗教は（宗教は信じないという場合もある）、自分で選んだわけではないと思います。そのことは、私が信じている神も知っています。

もし、イエスについて聖書が語っていることが正しいならば、つまりイエスが、私たちの天のお父さんの地上における似姿であるならば、その意味するところは、神は私たち一人ひとりを助けて、より強い男性、よりよい父親、より愛情のある夫にしたいと願っていることについては間違いはありません。どんな伝統的な宗教に属しているかは、まったく関係ありません。言い換えれば、もしイエスご自身が自ら語るとおりのお方であるならば、イエスはあなたを含め私たちを愛しており、私たちを助けて、できるかぎりよい男性にと願っています。クリスチャンであれ、ユダヤ教徒であれ、イスラム教徒であれ、ヒンズー教徒であれ、仏教徒であれ（またはシク教徒、ジャイナ教徒、ユニテリアン、アニミストなど、このことに関してはほかのどんな宗教であれ）、そんなことはまったく関係がないのです。

こうしたことが証明できないことは、私も認めます。それは無神論者がその逆を証明できないのとまったく同じです。それこそが信仰と呼ばれる理由です。しかし、もし私が正しければ、あなたは信仰の伝統に関係なく、神の力と知恵と愛を利用することができるということです。天の父は、私たち息子一人ひとりが最高の夫、父、そして男になることを望んでいるのです。

繰り返しますが、私にはこのことを証明することはできません。しかし、これを反証することは誰にもできません。これは人生における重大な質問の一つであり、自分だけが自分のために答えられる質問です。これは本当に問いかける価値のあるものです。どのような信仰や伝統に立っているかに関係なく、私たちの一人ひとりが、できるかぎり最高の父親や夫になるためには助けを必要としています。そして、天のお父さんは、助けを求める私たち一人ひとりを助けたいと願っています。

聖書の中でピリポが仲間のユダヤ人に言ったように、あなたも「来て、見なさい」。ピリポはユダヤ人であることをやめませんでした。あなたも、あなた自身であることをやめる必要はありません。ただ、あなたも来て、見てください。自分自身で誠実かつ正直に試してみてください。あなたに何か失うものがあるでしょうか。

# ツール8
# 良きパパ友

たった一人でうまくいく父親はいません。あなたには友人からの支えや、あなたが学ぶことのできる模範となる年上の父親の存在が必要です。

私は最高の人間であると思っていた。妻からも真実を聞きたくなかった。また、誰も何も教えてくれなかった。いま自分の問題に気づいたが、すでに手遅れだった。

ジャック（離婚をして独身に戻った父親）

最高の父を目指す、ほかの父親たちからの助け、励まし、友情をもらうことは素晴らしいことなのです。それが大きな違いを生むのです。

ジェフ・スタンフォード（コネチカット州）

この本の内容についてご意見のある方は、メールにて遠慮なくご連絡ください。

admin@familyfirstjapan.org

◇◇◇◇◇◇◇◇◇

あなたが、ツール7「天のヘルプ」に同意するかどうかは別として、ツール8「良きパパ友」の大切さには心から賛同されることを願っています。世界中のどこにおいても、よい父親になるには、よい父親たちからの助けが必要となります。親戚、親しい友人、尊敬できる指導者、同僚などは、必要な時期に大きな助けになります。

「独りぼっち」の優れた父親はいません。ただし、すべての父親が社交的である必要があると言っているのでは、決してありません。誤解のないように。良い父親と一言に言っても、その表れ方はさまざまで、それぞれが異なった気質や人生への価値観を持っています。しかし、私が今までに出会ったすべてのよい父親たち（蒸し暑いシンガポール、パリの中心部、あの美しいバミューダ島、北京のビジネスセンターなどなど）は、例外なく他の人の助けを借りていました。

では、なぜ助けが必要かを見てみましょう。大学野球で優れた選手たちのほとんどが、少なくとも一、二年間はマイナーリーグでプレーをする理由を考えたことはありますか。大学野球選手の一パーセント未満しか直接メジャーリーグに行きません。その理由の一つは、彼らが、スキルの向上のための手助けをマイナーリーグの先輩選手たちから得ることができるからです。そして実際、最高のメジャーリーガーの選手でさえも日々指導を受け続けていま す。彼らは自分のスキルを磨き上げることが必要であることを知っているので、経験者に常に助けを求めるのです。

それは、メジャーリーグ級の父親にも同じように当てはまります。私たちを励まし、助けの手を差し伸べ、スランプに陥ったときに私たちを助けてくれる、いろいろな経験を持ったよい父親たちが必要なのです。それは一部の父親だけに当てはまるわけではなく、私たち全員、少なくともメジャーリーグ級の父親になりたいと願っている者にとって不可欠です。では、そのプロセスをどのように始めますか。

## メジャーリーグ級の父親になる方法

メジャーリーグの志望者と同じように、あなたの、現在の友人からなる〝チーム〟を評価することから始める必要があります。あなたの友人の父親たちは思いやりがあり、献身的ですか。それとも、その反対ですか。

または、その両方をかけ合わせたような人たちかもしれません。向上心の強いメジャーリーガーが最高のコーチとチームメートを必要とするように、最高の父親になるためには強力な友人チームが必要です。

あなたの、古い友人を無視するようにと言っているのではありません。よい友人たちは、どんなときでも素晴らしく、貴重です。しかし、家族がいない人や家族を気にしない人たちと一緒に多くの時間を費やしているのであれば、それを変える必要があります。私たちはみな、自分や自分の立場、将来の方向を理解していて、助けてくれるよい友人を必要とするからです。

私は少数のよき友人に恵まれています。彼らは私の実の兄弟でよい父親でもあるマーシャルよりも私と近い関係です。その友人たちは私をよく知っており、頻繁に励ましてくれます。

これらの兄弟以上の友人たちがいなければ、今日の私はいないと言っても過言ではありません。

もしかして、あなたには親しい友人がいないかもしれません。もしそうであっても、あなたはひとりではありません。アメリカ社会学レビュー誌で発表された最近の研究によれば、アメリカ人の約二五パーセントは親しい友人がおらず、その割合は女性よりも男性のほうが低いそうです。[1] そして、これは、家族、社会、そして私たち自身にとって危険な社会的傾向です。なぜ危険なのでしょうか。それは、人は一人でいる者としてではなく、人との関わりを持つ者として造られたからです。

あなたは、焚き火をしたことがありますか。私たちの家族は海岸での焚き火が大好きです。しかし、焚き火の中から一本の木を取り出して、それを砂の上に置けば、どうなるかわかりますか。すぐに消えてしまいます。これは、独りぼっちでよい父親になろうとするとどうなるかを示すよい例です。人生において冷たい現実が、最高の父親になろうとする、あなたの情熱をすぐに消すことさえできるのです。

あなたの現在の友達のグループが、あなたをよりよい人間や父親にするのに役立つと思えない場合、または、あなたによい友達がいない場合は、新しい友達をつくるために努力することをお勧めします。自分の家族を大切にする能力や性格を持った父親の友人を見つけて、知り合いになったり、つながりを持ってください。ボーイスカウトの指導者、スポーツコーチ、教会のグループ、家族ぐるみのつながりなど、献身的な父親を見つけることができるグループに積極的にコンタクトしてみてください。次の実践ガイドやファミリーファーストジャパン・ウェブサイト　https://familyfirstjapan.org/ フェイスブック　https://www.facebook.com/ffg.japan/ も参考にしてください。

## 親しい友人を持つ利点

言うまでもなく、特に今日の社会で、真の友人を見つけるのは簡単ではありません。また、真の友情はすぐには築かれませんし、親友になるには時間がかかります。しかし、少数でも真の友人がいれば、大きな違いが生まれます。つまり、あなたは、深く信頼できる少なくとも一人か二人の男性の親友を必要とします。そして、それらの親友は少なくとも次の三つの重要な方法であなたを助けることができる（そして助ける）のです。

1　**困難な状況に陥ったときに、真の友人があなたを助けてくれます。**厳しい任務が与えられた海兵隊の仲間のように、真の友人はあなたを放っておきません。必要に応じて、とても暗い時間や場所にあなたと共にいてくれたり、共に喜んでくれたりします。

2　**真の友人は、何が本当に重要であるかを思い出させてくれます。**何が真実で、重要かを私たちは忘れがちですが、あなた自身やあなたの家族を知っているよき友人たちは、目の前に魅力的な誘惑があるときでさえも、それを思い出させてくれます。

3　**真の友人は、究極の源を示してくれます。**私の親友は、私が信じていることすべてを同じように信じているわけではありませんが、彼らは、神を信じています。彼らは、どんなにつらいときやことでも、私を愛し、誠実で、助けてくれる天のお父さんがいることを私に思い出させてくれます。

友情には、ほかにも多くの利点があります。ある調査によれば、親しい友人がいる男性（および女性）は、そうでない人々よりも平均して長生きし、健康であり、幸せな生活を送っています。これらの調査は、収入、教育レベル、その他のおもな要因を考慮しているため、友情そのものが与える影響を確かに捉えています。[2]

## 助けを必要としている友人

ジョンと妻は非常に困難な時期を過ごしていました。結婚して六年の間に三人の子ども、経済的なプレッシャー、義理の両親との絶え間ないいざこざなどで、家庭内での緊張が高まり、二人の間の親密さはほとんどなくなっていました。そんなある日、ジョンに昔のガールフレンドから飲みに行こうとの誘いがありました。ジョンは妻を愛していましたが、そんなに悪い話でもないし、昔の友人に会ってもいいのかなと思いました。

そして、そのことを相棒のピートに話したとき、ピートはジョンにいくつかの正直な質問を勇気をもって尋ねたのです。ジョンはピートの質問に答えながら、夜にバーで昔の彼女に会うことはよくないことを理解し始めました。そしてピートの励ましで、ジョンは〝デート〟をキャンセルし、代わりに、彼は妻をロマンチックなディナーに連れ出し、バラの花を渡しました。その夜、二人の親密さは戻り、それを機会に、彼らの結婚生活はゆっくりと回復しました。あれから約十二年、ジョンと妻との絆は強いものになっています。

相棒のピートが率直な質問をする勇気を持っていなければ、どうなっていたかを知るのは難しいですが、ジョンでさえ、それがどうしようもない惨事になっていたかもしれないと認めています。

友情の質が友情の量と同じくらい重要であることは明らかです。表面レベルにとどまる友情を築くことは簡単かもしれませんが、少なくとも一人か二人の深い友情を持てる親友が必要です。薪が一本あるだけより、複数あれば焚き火が大きくなるように、男性はひとりでいるより、仲間を得ることで、男性としての強さや勇気が増し加えられるのです。それが父親たちのフェローシップの考え方の素晴らしさであり、https://familyfirstjapan.org/を作った理由です。あなたをはじめ何百万人もの強くて勇気ある男性や父親にファミリーファーストジャパンが助けとなりますように。

## さらによく考えてみましょう

1　親しい友人を思い浮かべて、それぞれの人を表す三つの単語を選んでください。どのようなリストになりましたか。頼もしい？　まあまあ？　あまり頼れない？　正直にやってみてください。

2　あなたは、友人とあなたの最も恐れていることや、心配なこと、または葛藤していることを話し合ったことがありますか。そのとき、彼らに何か助けてもらいましたか。

3　いま、あなたは、よい父親の仲間として、互いに向上したり、助けてくれる新しい友人を探したりしたいと思っていますか。また、どのようにそれを実現する予定ですか。

## 本章の即効ドリル

1　六十秒間、思い出してみてください。今までの親友と一緒に過ごした（楽しかった思い出や、友情を通してのすがすがしい思い出など）ときはどうでしたか。

2　今日、もっと知りたいと思う友人に電話またはメールを送り、近況を聞いたり、あなたが、何かサポートすることができるかを聞いたりしてください。真の友情を築く最良の方法は、まず、あなた自身がよい友になることです。

3　https://familyfirstjapan.org/ を訪れてみてください。あなたの地域にいる尊敬できる父親に出会う機会を見つけてください。フェイスブック　https://www.facebook.com/ffg.japan/ も役立ちます。積極的に、数名の同じような向上心を持った父親を探すように努めてください。

実践ガイド

# 質の高い男性たちとの質の高い友情

現在のあなたの友人関係の評価を正直な気持ちで行うことから始めてください。次の三つの質問を自問自答してください。

1　**あなたには真の友達が何人いるか。**あなたの抱えている問題・悩み・恐れ・感情・失敗談などを、何の恐れや心配をすることなく、正直に、共有できる友人です。そして、その友人も同じようにあなたに自分の抱えている問題を共有してくれます。これらの友人とは、単なる表面的な会話（スポーツや仕事の話など）よりも深く、人生や悩みなどを相談したり、楽しみを心から分かち合える友情関係です。

2　**あなたが尊敬する、また目指したい模範となるような友達は何人いるか。**彼らは、最初の部類にも入りますが、その中でも飛び抜けた人たちです。彼らは、家族を愛し、夫また父親として成功している人たちです。要するに、あなたが尊敬できる人たちです。あなたが学んだり、共に学び続けることができる人たちです。

### 3　あなたが、困ったときや、迷ったときに正しい方向へ戻るのを助けてくれたり、頼りにできる友人は何人いるか。

そして、これらの友人はあなたに厳しい質問をすることがあります。それは愛情によって、あなたをより高い水準に引き上げるために、あなたが改善点を認め、その赦しを求め、再び前進するのを助けてくれます。このような友人は、聖書がいうように「兄弟以上に親密な友人」です。このような友人が一人でもいれば、あなたは、本当に恵まれています。

また、最初の部類に入る親しい仲間であっても、目指したいような模範ではない友人もいるでしょう。そのような友人から離れるようにとは勧めませんが、現実に、私たちが最高の父親になるために私たちを助けてくれる真の友人が必要です。遊んだり、パーティーをするのを手伝ってくれたりする友人だけではだめなのです。

それでは、どのようにして、人格者で、献身的で質のよい父親と親密で永続的かつ前向きな友情を育むことができるでしょうか。

1　**意識的によい父親と出会う可能性が高い場所を頻繁に訪れる。**反対に、酔っ払って女性を追いかけているような所にたむろすると、そこには、模範になるような人はいないでしょう。適切な場所で友人になるような人を探す必要があります。あなたの子どものスポーツチームのコーチやボーイスカウトやガールスカウトのリーダーなどはどうですか。子どもの学校の演劇やバンドの指導者や教会に通う父親はどうですか。https://familyfirstjapan.org/ やフェイスブック　https://www.facebook.com/ffg.japan/ を使用して、お住まいの地域で献身的な父親を見つけてみてはどうですか。

2　**自然なつながりと意欲。**誰とでも仲良くなることは、まず、ないと思います。しかし、共通点の多い父親たちとの自然なつながりには積極的に取り組んでください。一部の人はなかなか心を開かず、真の友情を育てることが難しいときもあります。しかし、そうではなく、メジャーリーグ級の父親を目指し、明るく、前向きに、心を開いて、新しい友情を探してください。父母会やボーイスカウトの会議で出会った人は、家族と一緒に過ごすのを楽しみにしている、オールスター級の父親かもしれません。

3　**時間と決意。**真の友情には時間と決意が必須です。それなしでは、実現しません。あなたが、いかに多くのメジャーリーグ級の父親を知っているとしても、時間をかけたくなければ真の友情を育むことはできません。同様に、お互いの決意が必要です。しかし、真の友情は人生の大きな祝福の一つです。数人の親しい友人がいることで、父親としての人生の旅はさらに美しく価値のあるものとなります。

ツール9

# ネバーサレンダー

どんなに大変なことが起きても、家族を見捨てることは決してできません。勝利を得る父親は決して諦めません。諦めてしまう父親は、決して勝利することがありません。

強くあれ。雄々しくあれ。あなたはわたしが父祖たちに与えると誓った地を、この民に受け継がせなければならないからだ。

聖書

決して屈するな。決して、決して、決して！

ウィンストン・チャーチル卿

一五二一年にメキシコをスペイン領にした大胆不敵な探検家、エルナン・コルテスについて読んだことはありますか。私は彼の大ファンではないのですが、その中の一つをご紹介しましょう。彼は、メキシコという偉大な大地に着いた最初のヨーロッパ人の一人となったのですが、そこで、彼の少数の兵隊を何万人ものアステカ族の戦士たち、伝説的なアステカ族の首長、そして偉大なアステカ族の文明に立ち向かわせようとしました。しかし、彼の兵隊たちは怖がり、多くは引き返すことを望んだのです。そのとき、ただでさえ少ない兵力に反乱が起きそうな状況に陥ってしまったのです。さて、そのとき、彼は何をしたでしょうか。

彼は、船を燃やしました。そうすることで、唯一の逃げる手段を排除し、すべてを立ち向かうことにかけたのでした。つまり、引き返す道を残さなかったのです。それは勝利か死のどちらかを意味します。彼が下したリーダーシップの決断から学ぶべき重要な教訓があります。その教訓とは、ツール９の力、ネバーサレンダー、つまり〝決して諦めない前向きな姿勢〟です。船を燃やすことでチームを一つにし、後ろを振り向くことをせずに、想像を絶するような戦いに挑み見事に勝利したのです。

夫や父親としての私たちの生活の中には、降参したくなるときがよくあります。妻との対立や落胆、そして子どもへの失望や不満などなど、日々の生活で、疲労したり幻滅したり自己不信に陥ったりするときもあります。誰一人として、こういった試練から免れる父親はいないことをよく覚えていてください。

そして、これらの試練をどのようにして回避するかが問題ではないのです。なぜなら回避する唯一の方法は、父親にならないこと、だからです。真に大切なことは、これらの試練から何かを学び、最終的に勝利する方法を見い出すことなのです。繰り返しますが、それには、ツール8が非常に重要になってくるのです。一人で戦うことではないのです。苦しいときに励ましてくれる、献身的な父親の友人がこのとき必要なのです。また、このツール9「ネバーサレンダー」は、私たちが成長をするうえで、とても必要なツールとなるのです。

## 二つの車輪

「前向きで、決して諦めない」この姿勢はある意味、自転車の二つの車輪のようなものです。一つだけでは、よい夫婦関係や強い家族の絆を築くことはできません。両方が必要なのです。

我慢強くて、どんな状況になっても離婚しない、という態度はとてもよいことです。それが強い夫婦関係の基礎づくりとなるからです。しかし、それだけでは、夫婦のどちらかが「このままではこれ以上良くならない」と思い込み、孤独に陥ってしまうこともあります。そのようなとき、楽観的な視点をもった態度が必要となるのです。楽観的に見ることができる人は、どんなに困難な状況でも、状況がよくなることを信じることができます。私たち一人ひとりは、結婚や家族関係において、このように長期的に前向きな姿勢を持つことが求められるのです。

結婚して数か月経つと、結婚生活には浮き沈みがあることを誰もが経験します。すべての結婚生活にこれは当てはまりますが、ある人たちは、他の人たちに比べてかなり難しい状況に陥ることがあります。時として状況があまりに厳しすぎるため、自分も妻もそもそもなぜ結婚したのかとさえ思うようになるのです。そのような状況のときこそ、「ネバーサレンダー」のツールを用いる必要があるのです。

あなたは、私の言っていることを、そんなのは嘘だ、ばかげていると思うかもしれません。しかし、そうではないのです。夫として父親として、あなたが家族のリーダーなのです。それは、あなたがなりたいかどうかは別です。ですから、リーダーとして行動しなければならないのです。特に困難な状況になったときにこそ、妻や子どもについて、彼らのよいところに目を向け注目することが大切になってきます。それは家族の高貴なビジョンや将来の美しい家族の姿を描くことと同じことを意味します。今日という日を頑張り通せば、よりよい明日という神が約束している日が来ることを意味しています。もしかしたら、まずあなた自身が最初に謝ることを意味するかもしれません。「男らしく振る舞う」こととして、あなたにとって意味のあることになるかもしれないのです。

太陽がきらきらと輝き、家族全員が元気なとき、私たちは「ネバーサレンダー」ツールをあまり必要としません。物事がうまくいかなかったり、勝利することへの疑いが大きいときに、それは必要なのです。

## バルジの戦いからの教訓

第二次世界大戦の終わりごろに戦いの流れを変えるためにナチスが最後に推し進めたバルジの戦いを知っていますか。アンソニー・マコーリフ将軍は、ドイツの攻撃が集中していたバストーニュというとても重要な町のアメリカ軍の司令官でした。彼の部隊が包囲され、ほとんど弾薬が尽きたころ、敵対するドイツの将軍はアメリカ軍の降伏を求めるために分遣隊を送ってきました。そのときのマコーリフの一言、それが「ネバーサレンダー」の本質をよく表しています。「ばかげている！」

ドイツ人たちはマコーリフのその反応がどうしてか理解できませんでした。が、諦めないで立ち向かってくることだけは理解できました。そして、彼の各部隊のリーダーが隊員を信じ、対戦結果を楽観的に捉えていることがすぐにわかったのです。しかして、バストーニュはナチス軍の手に陥ることはありませんでした。そして、バルジの戦いは、ヒトラーにとって圧倒的な敗北となり、第三帝国の運命を決定したのでした。

何年も前に起こった戦いを、「ネバーサレンダー」の力の一つの例として私が挙げているのはなぜだと思いますか。マコーリフ将軍の状況と同じように、あなたの敵である悪魔は、時々あなたのところに来て降伏を勧めます。戦場で白旗を上げるようにと。それだけではありません。お酒や薬物、または性的な誘惑をするかもしれません。「友人」のふりをしてやってきて、もっといい女性がいるから妻を諦めたら、などとささやくかもしれません。そのようなとき、このツールを有効に用いる必要があるのです。諦めないでください。簡単には後戻りはできなくなってしまうのです。

ウィンストン・チャーチルについて考えてみてください。ナチス軍がイギリス空軍を打ち負かし、イギリスに侵略するかもしれないように見えた戦いの真っ最中にも、チャーチルは確固として立っていました。長い間、チャーチルの政敵は、ヒトラーの脅威など大したことはないと言って見くびっていました。ナチスの指導に従って、ヒトラーの攻撃を宥めさせようとした人もいました。また、イギリスが崩壊し敗戦国となりかねないから、ドイツとの平和条約の締結を訴えるようにという話も出ていました。

しかし、チャーチルにはそのような妥協はまったくありませんでした。ヒトラーに降伏することは、イギリス国民にとって、より多くの死と破壊を意味することを知っていたからです。また、もし、降伏でもしたら、後戻りはできないこともよく知っていました。そこで彼は、人々に戦うように促し、皆それに応えたのです。「ネバーサレンダー」を失いませんでした。その結果、彼は負けなかったのです。イギリス軍がナチスに立ち向かうことを彼が助け、戦争の流れを変えたのです。人生の終わりに際し、彼は大西洋の両側の大陸においても尊敬され称賛されました。どうでしょうか。ウィンストン・チャーチルから人生について私たちは多くを学ぶことができます。

## ネバーサレンダー（決して諦めない）

もし、あなたが結婚していて、離婚や別居を考えているのであれば、しないでください。さまざまな難しい事態や状況に置かれていることは十分理解しています。私も同じような体験をしました。しかし、統計は明確に教えてくれます。離婚した男性の大多数は離婚したことに後悔し、再婚をした人は最初の結婚のほぼ二倍の確率で失敗しています。さらに、すでに議論したように、両親が離婚した子どもは、薬物やアルコールの乱用に陥ったり、刑務所に入ったり、結婚をせずに子どもを産んだり、本人が離婚する可能性も倍増します。

子どもにとっては、不幸な結婚よりも離婚のほうがよいとあなたは聞いたことがあるかもしれません。これはアメリカ離婚弁護士協会によって考案されたフレーズのようですが、実際には根拠がありません。これも、統計データから明らかです。大きな感情的ストレスがある家族であっても、離婚をしていない家庭の子どもは、両親が離婚した子どもよりも、高校（および大学）を卒業し、刑務所に入ることもなく、感情的に安定し、よい家族を持つ可能性が著しく高いことを示しています。[1] ここで注意しておきたいことは、私は身体的または感情的な虐待については話していません。虐待は完全に排除する必要があり、犠牲者を保護するために勇気をもって対処する必要があります。しかし、ストレスや緊張に関しては、ほとんどの結婚生活で現実に存在しており、一部の夫婦では継続的かつ深刻な課題となっているのです。

## 勝利する父親は決して諦めない。諦める父親に勝利はない

ダン（仮名）という名の私の友人は、ひどく短気なところを除いては素敵な女性と結婚していました。彼女は時折、火山が噴火するような気性になりました。何年も前にあった出来事を持ち出してダンに食ってかかりますが、数時間後には、赦してほしいと謝罪するのです。暴力をふるうことはなく、また子どもがいるときにはそのような気性が表に出ることはありませんでした。全体として、ダンはまともな結婚生活を送っていると感じていましたが、妻の極端な気性が時々彼に絶望感を与えていました。

ダンには、私たちと同じように、人生の選択肢がありました。その一つが、妻と子どもを残して去ることでした。しかし、深く考えたとき、離婚が答えではないことに気づいたのです。離婚は、妻や子どもの生活を劇的に悪化させるでしょう。彼の妻の生い立ちは、怒りや無感情で立ち向かうような問題のある家庭で育てられたことでした。したがって、彼女を捨てるということは、そんな子ども時代の問題をさらに悪化させることになり、彼はまた、離婚によって自分自身が弱く、貧しく、孤独な男性になることも十分理解していました。

ダンは、そのことから離婚の道を選ばず、我慢して、妻と共にカウンセリングを受け、よい形でコミュニケーションを取ることに懸命に取り組みました。ダンは、ツール４の「ハートに届く愛情」をその際に活用し、いつでも用いることの重要性を学びました。少しずつ長い年月をかけて、妻の深刻な怒りや気性の原因を深く理解し問題は改善されていったのです。その問題が完全に解決したとここで言いたいのですが、人生はそう簡単にはいきません。また、いつか彼女の気性が元に戻ってしまうかもしれません。しかし、それがここでのポイントではありません。

ダンは、それでも諦めませんでした。離婚という状況から逃れるための船を燃やしたのです。「ネバーサレンダー」というツールを信じ、より強い男性、よりよい父親、より愛情のある夫になったのです。今でも完璧ではありませんが、以前よりも、そして「簡単に逃れる方法」をとった場合よりも、はるかによい状況にあることをダンは最初にあなたに話すことでしょう。彼は、真のメジャーリーグ級の父親であり、オールスター選手なのです。本当に尊敬に値する人です。

ですから、コルテス、マコーリフ、チャーチルを思い出してください。勇気を出してください。船を燃やし、「ネバーサレンダー」というツールを身につけてください。そして、あなたを助けてくれる親友や牧師と心を合わせて話し合ったり、助言や支援を求めたりしてください。

父親であることの大きな特権の一つは、古いブルース・ブラザーズの映画の言葉を借りれば、「終わりを告げるまでは終わりではない」ということです。家族のリーダーとして、私たちが諦めることは、終わりを意味します。しかし、決して諦めない勇気と、物事は必ずよくなるという信念さえあれば、道は必ず開けるのです。それは単なる楽観としてではなく、まさに現実となるのです。

## さらによく考えてみましょう

1 あなたは、結婚生活がよくなると思いますか。そうでないと思われる場合は、カウンセラーや牧師など、あなたを支援できる専門家と話をしましたか。もし、そうでない場合は、なぜですか。

2 あなたには燃やす必要がある「脱出船」はありますか。

3　あなたの結婚生活を堅固なものにするために、あなたは何を進んでしますか。それを今日から始めませんか。

## 本章の即効ドリル

1　六十秒間、考えてみてください。人生で、これまでに達成したことの中で最もよかったこと、難しかったことは何ですか。また、それによってあなたはどのような気持ちになりましたか。

2　六十秒間、想像してください。家族がより幸せに、より健康に、より強くなっていったらどうでしょうか。それはどのようによく見えますか。

3　六十秒間、黙想してください。そのビジョンを手に握っているのは自分自身です。もちろん、あなたにとって、家族にも重要な役割がありますが、あなたの家族の未来があなたの手にあるという事実を受け止めて考えてください。

実践ガイド

# 「ネバーサレンダー」というツールを活用する

「ネバーサレンダー」というツールセットには、必ずしも毎日必要ではない部分があるかもしれません。太陽が輝いているとき、子どもたちがとても仲良くしているとき、誰もが素晴らしいと思うときなどは必要ないかもしれませんが、もしあなたが父親になって数か月間でも経っていれば、そのような日はそうたくさんはないことを知っているはずです。「ネバーサレンダー」というツールを最も必要とするのは困難な状況に陥ったときです。では、どのようにして、必要なときにこのツールを効果的に用いる準備ができるでしょうか。

まず、私たち全員にとって、人生は、適切な対応をするかどうかにすべてがかかっているという真実を認識する必要があります。つまり、人生には、いつも、困惑するようなことが起こります。もちろん、そんなことは望みませんが、それをコントロールすることはできません。そして（できれば）あなたはそれを避けるために最善を尽くすでしょう。しかし、それは起こるのです。そして私たちがそのときにコントロールできることは、それに対してどのように応答するかだけです。

あなたはどのように対応するかを決める必要があります。また、あなたの家族が運の悪い日を過ごし、訳もなくあなたに腹を立てているとき、あなたは最善の対応方法を見つけ出す必要があります。そのような状況で、あなたは反撃するか（これは不適切な反応ですが）、または冷静に対応し、その相手にうまく対応する（これは適切な反応です）ことを選択することはできるのです。どのような決断を下すかはすべてあなた次第です。適切な対応をするなら、ツール9の効力を強めてくれるでしょう。

第二に、人生の大きな試練には理由がある、と認識しなければなりません。私たちはみな、試練がないことを願っています。愛する人が病気になったり、家族が仕事を失ったり、パートナーがビジネス上の取引で騙そうとしたりすると、それらは人生をも変えてしまう試練になる可能性があります。そして、それらは、まさしくあなたの人生を変えるための試練かもしれません。ただ、私たちは誰も、「ネバーサレンダー」を持って生まれてきてはいません。幸いなことに、神は幼稚な感情を私たちが持ち続けることを望んではおらず、人生における大きな試練を通して私たち自身が成長をすることを望んでいるのです。

新約聖書を記した人物の一人、ヤコブは「私の兄弟たち。さまざまな試練にあうときはいつでも、この上もない喜びと思いなさい」と述べています。パウロは、確かにこの本質を知っていました。彼は、私たちが直面するであろうどんな試練よりもさらに大きな試練、つまり投獄、悪質な迫害、そして身体の弱さなどに直面した人物です。しかし、これらの試練を克服するために、パウロは「ネバーサレンダー」というツールを用いました。彼は真の克服者となり、誰がどんな挑発をしようとも常に正しく対応しました。そして、人生の終わりに不当な死刑判決を受けました。おそらく自分の信仰を捨てて生き延びることができたかもしれませんが、それでは、それまでの生活すべてを無駄にしてしまうことになります。そして、「ネバーサレンダー」を選択し、死に至りました。そうすることで実際に彼は世界の歴史の流れを変えたのでした。パウロは人生で最も困難な試練に直面し、内面の強さが湧いてくる源泉はどこにあるかを学び、それを私たちと共有さえしてくれたのです。「私は、貧しくあることも知っており、富むことも知っています。満ち足りることにも飢えることにも、富むことにも乏しいことにも、ありとあらゆる境遇に対処する秘訣を心得ています。私を強くしてくださる方によって、私はどんなことでもできるのです」

第三に、「ネバーサレンダー」というツールは、理由なくしては何も起こらないという知識に支えられています。試練や課題がどれほど困難であっても、私たちはそれを克服し、その過程で学び、成長することを求められています。「火が熱いほど、鋼鉄は強くなる」ということわざを覚えておいてください。ですから、あなたが大小さまざまな課題に直面したときに神に感謝してください。神はあなたがそれらを克服する力をそれを通じて与えてくれます。あなたが克服するたびに、あなたの魂は強められ、あなたがなるべき父親・夫・人間へと成長していくでしょう。

ツール10

# ダイナミックな全面支援

家族をただ経済的に支えるだけでなく、全人格つまり、感情的・身体的・知的・精神的に支えることが極めて大切です。

私が子どものころ、父親の仕事は「食べ物を家にもたらす」ことだけだといつも思っていました。それも仕事の一部ですが、それだけではありません。

ジョー（ニューヨーク州ロングアイランド市）

父親が家族を養うとはどういう意味ですか。かつて私は経済的な支援のみを考えていました。ほとんどの父親が同じ考えでいるに違いありません。もちろん経済的支援は重要ですが、それは私たちの家族が必要とする支援全体の一部にすぎません。実際、現代文化は経済的支援を非常に重視しているものの、感情的・身体的・知的・精神的（霊的）な支援をあまり重視していません。

実際、「ダイナミックな全面支援」というツールには四つの要素があります。自動車の四つのタイヤのようなものです。一つが完全であっても、ほかがパンクしていれば、自動車はどこにも行けません。

父親が家族を養う必要はないと言っているのではありません。時には自分自身で、時には妻の助けを借りながら養うでしょう。家族の経済的支援者になることは、父親が果たすべき重要な家族を支える役割です。しかし、それは役割の一つにすぎません。それでは、それらを一つひとつ見てみましょう。

## 感情的なサポート（心の支え）

感情的なサポートとは何でしょうか。どうしてそれが重要なのですか。そして、父親としてどのように、サポートできますか。仲間の父親からよく聞かれる質問は、子どもたちへの感情的なサポートは、おもに母親がするものではないか、女性は、より感情的なサポートを自然にできるように生まれてきているのではないか、と聞かれます。

まず最初の質問に対してです。感情的なサポートは多くの意味を持っています。一般的に、感情的なサポートとは、家族のメンバーのためにいつもあなたが共にいることを家族が知っていることを前提にしています。感情的なサポートとは、家族が安らかで自信に満ちた感覚を持つことができるように助けることです。それは人間としてとても重要なことです。

例えば、妻や家族に忠実であることを妻が知っていれば、あなたが家族を正しい方向に導く能力があるとますます安心するはずです。これは、家族が人生の嵐を乗り越えるために、難しい決断を下す必要があるときに特に重要です。そのような困難なときに、人生のパートナーである妻が、あなたが彼女のために共にいることを知っていることが重要なのです。

妻に効果的な感情的サポートをしてあげることは、必ずしも簡単ではありません。自分が妻に仕える者であることを悟り、彼女の気分、懸念、長所や短所を理解する必要があります。ここでは、関係改善スキル（ツール6）を用いることができます。

妻に耳を傾ける方法を学び、妻が好む愛を伝える方法をあなたが理解する必要があります。美しく繊細な雪の結晶のように、すべての女性は異なります。ある女性に対する効果的な感情的サポートが、別の女性にも当てはまるわけではありません。私たちは妻の好む愛の言語を学ばなければなりません。

基本的に、妻へのサポートは、あなたが彼女にコミットし、愛し、感謝し、困難な状況になったときでも、あなたが彼女や子どもと共にいるという信頼感を彼女に与えることです。これによって安心感で心が満たされ、彼女に自信を与えるだけでなく、彼女自身が大切な感情的サポートを子どもに与えることをも可能にします。自信をもって満足しているとき、彼女から子どもにもよりよい愛情と配慮を与えることができるようになるからです。

あなたの子どもも、あなたが彼らを大切にしていること、そして彼らのためにいつも共にいることを心から知る必要があります。父親がこのツールを賢明に、かつ一貫して使用するなら、子どもは、自分には価値があり、大切な存在であり、尊敬に値することを学びます。その結果、彼らはより成熟した思いやりのある人間に成長していきます。神の教えが、「他の人を愛することは、私たち自身の心から始まる」と言っているのは偶然ではありません。他の人を心からケアするためには、子どもは自分自身が愛されていることを実感していなければなりません。子どもたちに対して私たちが感情的にコミットするなら、子どもがそれらに込められた力を心に形成する助けとなります。

だからといって、かんしゃくを起こした十代の子どもを甘やかすわけにはいきません。実際は、そのまったく逆です。しかし、あなたが長年にわたって子どもの感情的な安心感を築いてきた場合、その子どもはあなたが彼ら自身のためにしつけをしていることを心の奥底で理解しています。彼らはあなたに愛され、評価されているので、自身が愛らしく、価値があることを彼らの心の中心で知るでしょう。

## 感情的なサポートの重要性

私の友人のティムは、たいへん困窮した子ども時代を過ごした女性と結婚しました。両親に見捨てられた彼女は、養護施設で育ちました。彼女は非常に不安感が強く、感情を外に出すことも苦手でした。時折、彼の理解不足のために、彼女は沈黙の世界に閉じこもりました。しかし、ティムは諦めませんでした。そして妻を注意深く観察している中で、夕食のときに彼がいつも家にいることに対して彼女が深く感謝していることにも気づきました。また、外出先から何回か電話をしてくれるのを彼女は好んでいました。彼が小さな贈り物や花を持って帰ってくると、小さな女の子のように明るくなりました。

ティムは、そうしたものが彼女の子ども時代に与えられていなかったものであることに気づいたのでした。定期的に家族で夕食を共にすること、愛する人からの毎日の電話、小さな「アイ・ラブ・ユー」と書いたギフトは、彼女の幼少時代には存在しなかったのです。これらのことは、決して高額なものでも難しいことでもありませんでしたが、継続的に行うことで、彼らの結婚生活に大きな変化をもたらしました。時間が経つにつれて、彼女は心を開くようになり、次第に結婚生活は豊かになりました。そして、彼女は三人の素晴らしい子どもの素敵な母親になっていったのです。もちろん、言うまでもなく、家庭のすべてがいつも完璧だとは言いません。しかし、ティムが「ダイナミックな全面支援」というツールを効果的に用いたことによって、今日の幸せな家族があるのです。

家族への感情的なサポートの方法は、年齢・性別・状況によって異なります。三歳の娘が雷雨を怖がっているとき、感情的なサポートとはあなたと母親が寄り添ってあげることです。二十三歳の息子が就職を希望していた会社に入れなかった場合の感情的なサポートは、夕食などに連れていき、彼がいかによい息子であるかと言って元気づけてあげることです。また、解雇されたり「夢だった仕事」に就けなかったりしても、それが世界の終わりではないことに気づかせてあげることです。最も重要なことは、父親であるあなたが、子どもに対して本当に自信を持っていることを知らせることです。確かに、いろいろと失望することがあるでしょう。人生は簡単ではありません。しかし、あなたが彼らを信じていること、彼らが課題を克服できると信じていること、そしていつも応援していること、それを伝えることです。子どもたちは決してそのことを忘れないでしょう。子どもはみな父親からの感情的なサポートを必要としています。頻繁にこのツールを用いてください。あなたが子どもをどれだけ愛し、どれほど誇りに思っているかを子どもに知らせること、それを躊躇しないでください。彼らが特別だ、ということを大胆に知らせてください。本当に子どもはあなたにとって特別な存在なのですから。

## 身体的サポート

父親の中には、育った環境や性格のために、子ども（または妻）に身体的な愛情表現をしない人がいますが、これは大きな間違いです。ある研究は、適切な身体的な愛情表現が乳児や幼児にとって大きな影響があることを証明しています（実際、第二次世界大戦の恐ろしいナチスの実験によると、身体的な愛情を受けない乳児は、必要なものをすべて与えられても、常に衰弱し、死に至ることを証明したことは一般的に知られているようです）。

身体的サポートに対する人間のニーズは、人間の基本的なニーズなのです。食物や水のように、それなしでは生きられません。ですから、その必要不可欠なものをあなたの子どもに与えることを大切にしてください。家族が必要とし願っている父親からの身体的サポートが、あなた自身が育った環境や拒絶されることを恐れることで、妨げられることがないようにしてください。

身体的サポートのもう一つの要素は、子どもたちが十分に食事をとり、十分な睡眠をとり、毎日少なくとも一時間の運動を行えるような環境を整えることです。私たち自身がそれぞれの領域でよい例を示す必要があります。太りすぎ、不健康な食生活、喫煙、飲み過ぎ、テレビを見すぎるなどをしていると、子どもは、高い確率であなたと同じような生活を送ります（あなたが何を言ったとしても）。

したがって、この分野で、あなた自身がよい模範になり、子どもが健康的なライフスタイルの習慣を身につけられるように、できるかぎりのことをしてください。この身体的サポートは、あなたの子どもの感情・勉学・スポーツ・知性での発達を助け、子どもが肥満や早期発症糖尿病で苦しむ可能性を劇的に減らすことができます。

## 身体的サポートは人間の基本的なニーズです

マイケル（仮名）は、スカンジナビア出身の厳格で、身体的なサポートをほとんどしない父親によって育てられました。そして、マイケル自身も幼い娘に身体的な愛情を与えるのにとても苦労したのです、優しく肩を軽くたたいたりしてあげることさえできず、とても苦労しました。そして、長年にわたって、彼の娘は年配の男性などからの身体的なサポートを探し求めていたのです。決して好ましい成長過程を経たわけではありません。マイケルと妻はこの問題について娘と話し合うときを持ちましたが、多くの言い訳が返ってきました。そして、自分は間違っていると知りながらも、自分の行動を正当化し続けたのです。しかし、しばらくしてから、彼女は「お父さん、私を愛していることを見せてくれるだけでいいの」と打ち明けました。

マイケルは核心を突かれたのです。いつも娘を愛していました。が、彼女が必要とする身体的サポートや愛情表現をしてこなかったことに父親として気づかされました。その後、娘の信頼を取り戻すために必要なことを何でもすることに決めたのです。それは簡単な道ではありませんでしたが、時間が経つにつれて、マイケルと娘は、身体的サポートとして（手をつなぐ、額に優しいキスをする、時々ハグする）をしたことで、はるかによい父と娘の関係を築くことができるようになったのです。現在、マイケルは、愛する娘とのあのときの話し合いで身体的サポートの必要性に気づかされたことを本当に感謝しています。

ここで一つ、これに関わることで、小児肥満や早期発症糖尿病は、アメリカの若者の間で流行しています。これらは、苦痛や苦しみを与え、健康と活力を劇的に低下させるだけではなく、しばしば死にさえ至らしめる不幸な病気として知られていますが、たいていの場合、予防することができます。子どものために父としての役割を十分果たし、この恐ろしい惨劇に子どもたちが至らないよう十分注意してください。

## 子どもと一緒に本を読むことが重要

私の親友が最近、次のように書いていました。「長年にわたり、就寝前に約十分間、子どもと一緒に本を読むための時間を設けてきました。本だけでなく、スポーツ雑誌やその日の新聞なども読んでいます。読書は、一緒に学ぶだけではなく、息子たちに読書のスキルを習得することの重要性を教えるための素晴らしい方法であることがわかりました」。同じように、あなたも子どもと毎日数分だけでも読書をする習慣を持てば、生涯にわたる読書や学びに対する楽しさを子どもは身につけることができます。それはあなたが子どもに与えることができる最高の贈り物の一つであり、いつでも始めることができます。ですから、ぜひ今日から、面白い本や雑誌を子どもと一緒に楽しんでください。漫画本であっても、子どもの好きなものから始めることが大切です。そこから発展することができます。子どもは、いつまでもそれを覚えていて、感謝してくれます。

## 知的サポート

子どもが幼いときから本を読み聞かせることは、将来の学業および職業での成功を確実にするために父親ができる最善のことの一つです。さまざまな研究結果が明らかにそれを示しています。父親や母親が定期的に本を読んで聞かせている幼い子どもは、そうでない子どもに比べると、すべての学年で学業成績が著しく優れています。彼らは高校・大学・大学院を卒業する確率がはるかに高く、知的サポートを得なかった人よりもかなり多くの収入を得る傾向があります。そして、彼ら自身の子どもも同じように勉強ができる傾向があるのです。[1]

ですから、子どもが（今だけでなく）将来も学業で優れてほしいと願うのであれば、幼いときから毎日読み聞かせをするようにしてください。一日十分でも役立ちます。

自然・宇宙・歴史そのほか、何でもあなたの子どもたちの質問に答えるために時間を費やすことは、彼らがこの世界に対してまとまった理解を得るのを助けます。質問をすることへの勇気や、完全に理解していない事柄を探索したりするときの自信を与えます。妻やベビーシッターに読み聞かせをする時間を優先するように勧めてください。子どもと話すとき、どんな本を読んでいるのか尋ねたり、何かわからないことがないか、新しく発見したことは何かを尋ねたりしてください。

子どもたちはそれぞれが異なり、また異なる分野で優れています。これは普通であり素晴らしいことです。私たちは、子どもたちそれぞれが生まれつき持っている能力を発見し、高めようとします。どんな子どもにも生まれつき得意と不得意がありますが、すべての子どもたちに、少なくとも学年レベルに合った読解・作文・数学の基礎学力が必要です。そして、それらの基礎学力やスキル向上の過程において、組織での行動、自己規律、批判的思考といったスキルも学んでいきます。機械工やレンガ職人、動物飼育係（すべて非常に尊敬すべき仕事です）など、どんな職業を目指すとしても、これらの基本的な知的スキルを必要とします。どんなに生まれつき頭がよくても、そのような基本的なスキルが子どもの力を育てるのに役立ちます。

子どもの知的発達をサポートすることは、父親の最も重要な仕事のうちの一つです。もちろん、自分一人ではできません。母親、兄や姉、教師、親類など、多くの人が子どもの知的発達において重要な役割を果たしますが、自分の子どもが必要とする知的サポートを確実に与えることができるかどうかは、父親にかかっています。

## 精神的なサポート

聖書は、私たち父親が、子どもの感情面や知的な面だけでなく精神的かつ霊的な側面をも育てる責任について非常に明確に示しています。「若者をその行く道にふさわしく教育せよ。そうすれば、年老いても、それから離れない」という聖書のことばは、頻繁に引用されます。しかし、聖書には、父親として私たちが子どもの霊的（道徳および倫理を含む）な発達のために果たす必要がある重要な役割について、さらに多くのことが書かれています。

あなたは家族の精神的・霊的なリーダーです。その責任を母親・教会・学校、または他の人に任すことはできません。もちろん、その働きにはパートナーが必要です。結婚している場合、この精神面でのサポートをするパートナーは妻でなければなりません。そして、あなたの妻や子どもはあなたに精神面でのリーダーであることを求めています。あまりにも多くのクリスチャンの父親が、この重要な責任を真剣に受け止めていません。そして、私たちがそれを真剣に受け止めないなら、誰がするのでしょうか。

私たちの息子や娘が大人になるとき、彼らは精神的・霊的・道徳的・倫理的に進むべき正しい道を自分で決めなければなりません。しかし、私たちは父親として、彼らが若いときに、よいこと、正しいこと、真実であること、正義であること、そして私たちの能力を最大限に発揮することを教えるという神から与えられた責任があります。私たちが教えなければ、ほかの誰もしません。これは、ツール3で正しいモラルコンパスを持つことの重要性について議論したときの大切な部分です。

ニューヨークのマディソン・アベニューにあるたくさんの広告と同じように、ポップカルチャーは私たちの周りに溢れています。ポップカルチャーは、越えてはいけない線を越えようとしたり、権威を無視したり、「自分のやり方でやる」人々を崇拝します。マディソン・アベニューの広告は、製品A、B、Cがなければ、私たちは幸せになれないといいます。個人的な欲求を満たすことが幸福への鍵だというのです。そのような誘惑や嘘に対して、誰が、私たちの子どもに現代の広告主導の文化の流れに逆らって生きることを教えることができるでしょうか。

## 子どもの霊的な発達に関与する

ジャックは自分の息子たちと会うことがあまりありませんでした。ジャックと息子たちの母は結婚していなく、次男の誕生直後にジャックは刑務所で三年の刑を宣告されました。

　刑に服している間、ジャックは善良なよい父親でもあった刑務所の牧師と友情を深めました。牧師はジャックに、息子たちと彼らの母親のために、毎日祈るように勧めました。しばらくして、ジャックは祈り始め、その牧師は、毎日彼らのために祈っていることを息子たちやその母親に知らせるようにと勧めました。

　ある日、ジャックは息子の一人から手紙をもらい、その息子が祈りに感謝し、面会を求めていることを知り驚きました。ジャックは、刑務所からでもできる息子たちへの精神的、霊的なサポートを続けたのでした。このようにして、ジャックと家族の間で今日まで続く癒やしのプロセスが始まったのです。


　マディソン・アベニューが性を暗示する広告を使用して、私たち（特に若者）に必要としないものを売りつけることはよく知られています。子どもが「正しいモラルコンパス」を身につける手助けをしなければ、世俗の流行に流されたり、マディソン・アベニューのような誘惑が子どもの心に入り込んだりします。さらに今日、深刻なまでに機能しない家庭が非常に多く増えているので、子どもの周りには、正しいことと間違ったことを教えられないクラスメート・チームメート・仲間が必ずいます。

まとめると、私たち父親が、子どもの人生の霊的・倫理的・道徳的な枠組み（つまり、ツール3で話した「正しいモラルコンパス」）の習得を手伝うのか、または社会における他の力、つまり外圧がそれを行うのか、ということになります。残念ながら、ほとんどの場合、これらの外圧は、私たちが子どもを導こうとする方向とはまったく異なる方向に押しやるでしょう。精神的・霊的なサポートを提供するのは、父親としての私たちの仕事なのです。やってみましょう！

そして、ここに秘訣があります。もし、私たち自身がこれらの分野で成長していないなら、子どもが霊的・道徳的・倫理的に成長するのを助けることはできません。完璧である必要はありませんが、私たちは正しい方向に進まなければなりません。イエスは、私たちが「多くの実」を結ぶためには、（木につながる枝のように）主であるイエスと密接につながり続けなければならないという事実について語りました。確かに、温かく愛情深い家族や、あなたや社会全体に祝福をもたらす子どもの成長は、「いつまでも残る実」です。ですから、私たちが霊的に成長し、子どもが必要とする霊的なサポートを提供する責任から離れないでください。

経済的サポートは非常に重要ですが、それだけでは十分でないことを忘れないでください。メジャーリーグ級の父親を目指す場合は、「ダイナミックな全面支援」の四つのスキル（感情的・身体的・知的・精神的サポート）をすべて用いることを学ばなければなりません。あなたの自動車の四本のタイヤと同じように、すべてがそろったときに最もよく機能します。

## さらによく考えてみましょう

1　父親は家族の中で単なる経済的支援以上の役割を果たす必要があることに同意しますか。同意する理由、あるいは同意しない理由は何ですか。

2　自分は、各分野（感情的、身体的、知的、精神的）でどのような状況にあると思いますか。

3　四つの中で、自分が最も得意なのはどれですか。改善が最も必要だと思うのはどれですか。

4　これらの質問について、家族に意見を求める勇気はありますか。（ぜひ聞いてみてください）

## 本章の即効ドリル

1　六十秒間、あなた自身の子ども時代を振り返ってください。父親（または祖父）が、あなたに必要な感情的・身体的・知的・精神的なサポートを与えてくれたときのことを思い出してください。それはあなたにとってどのような意味がありましたか。

2　子どもたち各自のために深く、誠実に必要なだけの時間をかけて祈ってください。そして、それぞれの子どもがあなたから最も必要としているサポートを示してくださいと神に求めてください。

3　数分かけて、今日から何らかのサポートをよりよく提供する計画を立ててください。そして、それを行ってください。あなたの人生で、これ以上重要なことはありません。

実践ガイド

## 「ダイナミックな全面支援」というツールを活用する

家族に感情的・身体的・知的・精神的なサポートを提供することになったとき、あなたはどのようにしていますか。常にニーズを知ることは簡単ではありません。また、あなたからの適切なサポートがないまま長く過ごしている家族ほど、あなたからのサポートを期待しなくなります。そこで、今日からこのツールを磨くための演習を行いましょう。家族一人ひとりは、それぞれどこで最もサポートが必要でしょうか。

- 息子は、宿題、友達、整理のスキル、女の子に関する質問などで助けが必要ですか。
- 娘は、友達付き合いや、希望や夢、男の子に関する質問などについてあなたと話す必要がありますか。

・どうすれば妻をよりよくサポートできますか。

もし、あなたが戸惑っているなら、あなたの妻に尋ねてみてください。通常、子どもが最も助けを必要としていることについて母親はとてもよく理解しています。同様に、もし、あなたが、妻をサポートする最善の方法を知るのに戸惑っている場合は、長女に聞いてみてください（特に、妻を理解するのに十分な年齢である場合）。

それが終わったら、五つの手順を使ってツール10を活用します。

1　一枚の紙を取り、その上に三本の柱を描きます。

2　左側の柱に、家族の各メンバーの名前を書きます。

3　中央の柱に、家族が最も必要としていると思うサポートの種類（感情的・身体的・知的・精神的）をリストにします。

4　右側の柱に、そのサポートを提供できる方法をリストにします。

5　次の三十日間で計画を実行します。家族が祝福されることを約束します。それだけでなく、「ダイナミックな全面支援」というツールを大幅に強化できます。

もし、あなたがその結果に満足できた場合は、翌月もやってみてください。それぞれの家族のメンバーに対して別の種類のサポートを提供するのがよいかもしれません。さまざまなサポートツールを用いて練習していけば、それぞれのスキルが向上します。そして、あなたの家族は二重に祝福されます。

もし、結果に満足できない場合は、三つの質問を自問してください。

1　**家族のために三十日間のサポート計画を真剣に実行しましたか。**しっかりと計画を守り、計画どおりにそれをやり遂げましたか。

2　**家族の一人ひとりが必要とするダイナミックなサポートの分野に焦点を当てていましたか、それとも少しターゲットがずれていましたか。**

3　**もっと大きな問題はありませんか。**家族と一緒に話し合って、あなたが何をしようとしていたかを知らせてください（彼らはそれを聞くだけで祝福されます）。何がうまくいったのか、何がうまくいかなかったのかを尋ねます。対処すべきさらに大きな問題がありますか。家族と同じ理解か、もう一度確認して（話し合いをするだけでも非常に役立つはずです）、次の三十日間で再度実行するようにします。それはあなたとあなたの家族それぞれにとってよい経験になるでしょう。

# 第3部

# 特殊な状況

# できるかぎり最高のシングルファーザーになる

シングルファーザーだとしても、あなたは今でも子どもの生活の中でかけがえのない存在です。いつまでも。それを忘れないでください。そして、子どもたちにも忘れさせないでください。

強者がどのようにしてつまずいたのか、どのようにしたらもっとうまくできたのかを指摘する人や評論する人が重要なのではありません。重要なのは、実際に闘技場に立ち、顔がほこりや汗や血にまみれ、失敗をしても何度も何度も足を引きずりながら、勇敢に努力し、偉大な熱意、献身を理解し、価値ある大義に身をささげる者なのです。そういう者こそ称賛に値します。

セオドア・ルーズベルト（アメリカ合衆国第二十六代大統領）

離婚したとき、私は子どもの本当の父親であることを諦めました。しかし、今ではそれが完全に間違っていたことが理解できました。彼らにはまだ私が必要なのです。時によっては、今まで以上に私を必要としています。そして、私は彼らのために留まります。

スコット（ジョージア州サバンナ市）

この本の内容についてご意見のある方は、メールにて遠慮なくご連絡ください。

admin@familyfirstjapan.org

◇◇◇◇◇◇◇◇◇

人生の現実はそう簡単ではありません。古いことわざにあるように、「人生とは、他の計画を立てているときに、あなたに起こる出来事のことである」。あなたは子どもを片親一人で育てようとしているかもしれません。あるいは、元妻と共同親権を持っているかもしれません。もしくは、最近は子どもに会っていないかもしれません。あるいは、あなた（またはあなたの元妻）は新しい〝ブレンド（混ざりあった）〟家族の一員であるかもしれません。状況はそれぞれ異なり、それぞれに複雑な問題や課題があります。こうした難しさをいかにも簡単であるかのように扱いたくはありませんが、ここでよいニュースがあります。状況がどうであれ、あなたの子どもはまだあなたを必要としています。あなたはまだ子どもの父親なのです。

そして、著者からの「感謝の言葉」をお送りしたいと思います。なぜなら、あなたご自身がこの本を手に取り、子どもにとって最高の父親になることを望んでおられるからです。そして、それはとても大きな意味があります。セオドア・ルーズベルト大統領が私たちに思い出させてくれたように、競技場にいる男性こそ、真の称賛に値する、つまり、どんなことであれ家族のために献身する者こそ称賛に値するのです。。特にシングルファーザーであっても、子どもをとても気にかけていることに感謝します。ありがとうございます。

シングルファーザーが置かれている、いくつかの異なる状況に沿ってこの章は書かれています。もし、興味がなければ、次の章に移ってください。それでは、シングルファーザーがこのツールセットを用いて最高の父親になる方法を見ていきましょう。

## 子どもから離れているシングルファーザーのために

私の友であるあなたが、この困難な状況にいる場合、ウィンストン・チャーチルの言葉はあなたを助けます。「決して、決して、決して諦めない」。子どもから離れているあなたにとって、最も簡単にできることは、諦めることでしょう。しかし、諦めないでください。

大英帝国の運命がチャーチル首相の諦めないという決心にかかっていたように、あなたの子どもたちの将来は、彼らに対してあなたが下す決心にかかっています。

あなたや私のような父親は、子どもが私たちを必要としていることは心の奥底では理解しています。幼年期から青年期、そして成人へと成長が進むにつれて、さまざまな方法で私たちを必要とします。これについては以前に説明しましたように、統計がより明確に、力強く示しています。ですから、どんなに悪い状況であっても、どれだけ長くあなたの息子と会っていなくても、あなたの子どものことを諦めないでください。

長年、子どもから離れていると、子どもと再会するのは難しいでしょう。しかし、あなたに一つ伝えることがあるとすれば、それがどれほど困難であったとしても、感情的にも霊的にも離れた状況で、一人で死ぬよりははるかに素晴らしいことなのです。

あなたは、こう言うかもしれません。「どうして、そんなことがわかるのですか」。私の個人的な経験からわかります。前に述べたように、私の父は家族や家庭を完全に置き去りにしました。何年もの間、連絡を取ろうと繰り返し試みたにもかかわらず、彼からの応答は誰に対しても一度もありませんでした。彼は一人で生きることを決心し、結局一人で死にました。

貧困、深い孤独、うつ病の中で一人で死んだのでした。しかし、ここに真実があります。もし謝罪・謙虚・癒やしへの正しい姿勢があったのであれば、私たちは彼を受け入れたのです。

ですから、もしあなたが今日自分の子どもから離れているのであれば、心の壁を取り除き、隔たりを埋めて、父親としてやり直すことを決心してください。まず、あなたの心が変わったことを説明し、赦しを求める必要があるものについては謝罪する手紙またはメールを送ることから始めるのをお勧めします（突然姿を現さないことをお勧めします）。こうした行動をとることがとても難しいことを私は知っています。しかし、そうすれば過去から解放され、子どもがつらかった過去から前進するのを助けることができるのです。

どのような形でするにしても、あなたの子どもたちの生活にプラスの力を与える者として立ち返ることを今日決心してください。そして少しずつ歩み出してください。ローマは一日ではできなかったことを忘れないでください。心からの謝罪とともに心のこもった手紙やメールは、素晴らしい最初のステップになります。

## 愛は決して絶えることがない

スティーブンは別の女性と暮らすために、妻との離婚手続きを始めました。素敵な女性である妻や子どもたちはとても悲しみました。スティーブンは、他人の気持ちをあまり気にしない性格なので、家族には注意を払いませんでした。彼と元妻との関係は、コミュニケーションが事実上なくなるまで次第に悪化していきました。もちろん、子どもたちは父親が家族の崩壊の原因であるので、その怒りを心の奥深くに持ちました。元妻は深いうつ病との戦いが始まり、子どもたちも自己破壊的な行動にふけるようになりました。そして状況は悲惨な方向へ向かっていきました。

ある日、親友がスティーブンを町の素晴らしい教会に誘いました。スティーブンは行きたくありませんでしたが、結局行くことにしました。その日、牧師はたまたま地上の父親に対する父なる神の愛について説教をしました（偶然だと思いますか？）。その日、スティーブンの石のような心に、聖書の真理が突き刺さるように語りかけたのでした。彼は自分の罪を告白し、神の助けを求め始めました。

スティーブンは家に帰り、元妻と子どもたち一人ひとりに謝罪の手紙を書きました。その手紙は誠実で心のこもったものだったので、彼女や子どもたちの生活に大きな変化をもたらしました。時間が経つにつれて、元妻はスティーブンを赦すという恵みの気持ちを持つことができるようになり、心の中で高まっていた苦い思いを逆流させることができました。そして、スティーブンと子どもたちは和解し、再び彼らの父親に戻ったのです。

現在、スティーブンと元妻とは復縁していなく、私たちはそのために祈り続けていますが、家族のそれぞれはよい道を歩んでおり、家族全体としても癒やされ、前進しています。惨事には至らず、彼らは現在、より強く、よりよい将来に向かって歩んでいます。これはすべて、スティーブンの心の変化によるものです。神の愛はスティーブンに絶えることはありませんでした。そして彼の家族への愛も絶えませんでした。


コミュニケーションを再び確立するためには時間がかかります。そして深い傷ほど癒やすのには時間がかかります。しかし、諦めないでください。もう一度、手紙やメールを送って、あなたが関係の修復を願い、できるかぎりよい父親になりたいと願っていることを心から伝えてください。

私を信じてください。それらの手紙やメールは、年齢や状況に関係なく、あなたの子どもや元妻の心の傷を和らげます。あなた自身の心にもよいでしょう。それを続けていけば、反応はあります。最初はためらったり、否定的な考えになったりするかもしれませんが、心配する必要はありません。連絡が取れることだけでもよいことで、そこからあなたが再び関係を築いていくことができるのです。再び謝る必要があるかもしれませんが、大丈夫です。自分自身に正直になってください。あなたが子どもを傷つけたり、子どもが傷つくのを放っておいたりしたことについて、何度も子どもがあなたに話したり、聞いたり、赦しを求めさせたりするのは当然です。それは癒やしのプロセスの一部です。そしてとても大切なプロセスです。

最初は手紙やメールで、次に電話で、そして感情が許すときに面会するというステップで、大切な人間関係を修復してください。もちろん、あなたの元妻は、最初は「いやだ」と言うかもしれませんが、それでも目を背けないでください。もし、あなたが何年も子どもから離れているのなら、その関係を修復するのには時間がかかるでしょう。そしてあなたの元妻とはその倍ほどかかるかもしれません。ひどく傷ついた人間関係は、癒やすのに時間がかかるとともに、優しく、愛情深いケアが必要です。

あなたの息子や娘は常に、あなたを必要としていることを忘れないでください。牧師・先輩・親友の助けを借りて、今日、最初の一歩を踏み出しましょう。そして、簡単にはやめないでください。子どもとの本当の人間関係を修復するためには時間がかかります。しかし、この人間関係は彼らにとって世界中でかけがえのない意味を持っていて（私を信じてください。

私にとってもそうでした)、あなたにとっても大きな助けとなります。天のお父さんは癒やしのわざに深く関わっていて、崩壊した家族を癒やすことも、その一つです。そして、そこにはあなたの人生も含まれているのです。

## 妻を亡くしてシングルファーザーになった人のために

もし、あなたが妻を亡くしたシングルファーザーであるなら、私はあなたに最も深い同情を感じます。あなたが亡くされた方の大きさに見合うような言葉は見つかりません。しかし、あなたに次の二つの言葉を贈りたいと思います。「強さ」と「勇気」です。これらの言葉はすべての父親にとって必要なものですが、特にあなたのような妻を亡くした父親にとって大切な言葉です。よい子どもを育てることは、母親との共同作業であっても簡単なものではありません。一人でその大業を果たすためには特別な助けが必要です。聖書全体を通して、神が未亡人や妻を亡くした夫に特別な心を持っているのは、そのためでしょう。神はあなたと子どもに特別な関心を持っていることを覚えておいてください。神は悲しみと喪失を知っています(神のひとり子イエス・キリストも十字架で死にました)。そして、あなたの家族の前にある新たなチャレンジに対して、神の力と勇気を与えると約束しています。

あなたに贈りたいもう一つの大切な言葉があります。あまり使わない言葉ですが、それは「適応」です。どういう意味でしょうか。あなたが妻を失った結果として、趣味や仲間との時間が減ったり、負担の少ない仕事に転職したり、ほぼ間違いなくあなたの生活を変更せざるをえなかったと思います。そのように適応することによって、子どもとの時間を少しでも多く過ごすことができ、彼らに耳を傾け、悲しみや傷心を一緒に癒やすことができるのです。そして、あなたや子どもは、それを必要としています。

## 悲劇によってより近くなる

私の息子の親友の一人、アンドリュー（仮名）は素晴らしい若者でしたが、高校生のときに母親を亡くしました。彼女の死後、彼の父は仕事のスケジュールを調整して頻繁に自宅にいるようになったり、できるだけ子どもと過ごす時間をつくったりしているようでした。今日現在、アンドリューと彼の父はさらに近い関係にあります。それは、アンドリューの父が、母親を亡くした息子がさらに自分を必要とすることを知り、置かれた状況に誠心誠意、適応したためです。アンドリューは私が知っている中で最も成熟した若者の一人です。そして彼の父がそれを可能にしたのです。

## 離婚した父親のために

もし、あなたが離婚した父親ならば、いくつかの厳しいアドバイスをします。あなたの子どもの母親（元妻）に優しくしてください。彼女が何をしたか、しなかったかはどうでもよく、最も重要なことは彼女があなたの子どもの母親であり、彼らの将来は彼女にかかっているということです。ですから、あなたができるあらゆる方法を用いて彼女に親切にしてください。

あなたはどう思いますか。無理？　非現実的？　わかっていない？　ごめんなさい。でも、これについては譲るつもりはありません。常に、元妻に敬意を払い、善良に対応する必要があります。彼女もしくはあなたが、新しく〝混ざりあった〟家族の一員になっているかどうかは関係ありません。彼女をあなたの子どもの母親として、ふさわしい敬意をもって扱う必要があります。

それは簡単ではないかもしれません。実際、それを行う方法は一つしかありません。特に、多くの苦渋や恨みを感じている場合には、彼女をまず、赦さなければなりません。そうです、赦すのです。たとえ彼女が結婚の誓約を破ったとしても、あなたは彼女を赦さなければなりません。私がばかげていると決めつける前に、私の話を聴いてください。元妻を赦す必要がある理由は三つあります。そのうち一つが、元妻に直接関係するでしょう。

### 1　あなたのために彼女を赦す

まず、あなた自身の魂のために、そうする必要があります。イエスが「主の祈り」の中で「私たちのお負いめをお赦しください。私たちも、私たちにお負いめのある人たちを赦しました」と祈るように教えてくれたのは、偶然だと思いますか。それは偶然ではありません。神は赦しの力を知っています。神は、赦しなくしては、愛や平安や喜びがありえないことを知っています。神があなたの罪を赦してくださったという事実は、あなたが元妻を赦す力をあなたに与えます。

あなたが心で苦々しく思っているなら、それは自分で毒を飲みながら、他の人が死ぬのを待っているようなものです。私が、状況を誇張しすぎていると思いますか。私は、そうは思いません。私たちは、ゆっくりと、しかし確実に魂を歪めたり破壊したりしていく苦い思いを持ち続けている男性（および女性）を知っています。

私が知っているボブは、元妻に対する強い憎悪を抱き続けた結果、文字どおり病気になりました（医師は、彼が発症した深刻な胃の病気の一因は、これであると感じました）。誰もがボブの周りにいることが非常に難しくなりました。彼は、すべての原因が彼女にあると非難し、彼女に関連がないことまでも非難するようになりました。時間が経つにつれて、彼の精神状態は現実からますます遠ざかりました。しかし、あるとき、長年の友人（彼の子どもたちも含む）の忠実な祈りと励ましによって、ボブは癌と同じように心の中に込み上げてくる怒りが、彼を苦しめていて、それを打ち負かす唯一の方法は、元妻を赦すことであると気づいたのでした。ボブはあらゆる点ですぐに癒やされた、とは言いません。また人生はおとぎ話のようには進みません。しかし、ボブが心から元妻を赦したとき、彼の内側に平安を感じたことを私は知っています。彼の体や精神状態はよくなり、以前のような気難しさもなくなりました。元妻を赦すことが、ボブが彼自身のためにできる最高の行動だったのです。それが一つ目の赦す理由です。それはあなた自身の魂を束縛から解放してくれます。

### 2　子どものために彼女を赦す

第二に、子どものために元妻を赦す必要があります。神の助けを借りて、元妻を心から赦したのであれば、あなたは彼女をより丁寧に扱うことができるようになります。あなたの彼女への態度の変化に、彼女も子どもも気づくでしょう。もちろん、最初は、あなたに悪口を言うかもしれませんが、そこは男らしく、黙って受け入れ、親切に対応しなければなりません。それは本当に強い男性だけができることです。イエスの教え「あなたをのろうものを祝福しなさい」は難しく、特に家族からののろいを祝福するのは、非常に難しいです。しかし、もしあなたが神に「善をもって悪に打ち勝つ」ことができるように助けを求めるならば、神は、必ずあなたを助けてくれます。あなたの子どもはあなたの変化に気づくでしょう。そして彼らはそれによってずっとよくなります。

### 3　彼女のために赦す

第三に、あなたは彼女のために赦す必要があります。認めたくないかもしれませんが、当事者の片方だけの過ちによって起こる離婚などほとんどありません。実際の統計によれば、離婚の申し立てをするのは、男性よりも女性のほうが多く、それは通常、身体的な虐待、浮気、アルコール依存症、長期失業などの夫の行動に対処するためです。同じような調査結果は、離婚の大部分の根本的な原因は、夫にあることを示しています。[1]

ここで私が言いたいのは、あなたが自分自身に正直であるなら、あなた自身も結婚生活において重大な間違いを犯したことを認めるということです。あなたの元妻によい点があったことも認めることを願っています。そして、彼女は常にあなたの子どもの母親であることを忘れないでください。正しいことをしてください。男性として、心から元妻を赦してください。それによって、あなたはよりよい男性になるのです。そしてあなたの子どもや元妻にも真の祝福になるでしょう。

もちろん、そこで立ち止まることはできません。子どもの養育費や慰謝料を支払う必要があります。彼女と子どもに対して、法的にも道徳的にも責任があります。それは国の法律であるだけでなく、正しいことなのです。

同様に重要なことは、元妻に対して礼儀と敬意をもって接して、子どもと一緒にいるときには彼女を助けなければなりません。あなたがそのような行動を示さずして、あなたの息子が将来、自分の妻を尊重できるように成長すると思いますか。あなたの娘が父親のそのような行動を見ずして、あなたの娘を愛し尊敬する善良な男性と結婚することを期待できますか。簡単ではないと知ってはいますが、父親として、模範を示す必要があります。自分がなれる最高のシングルファーザーを目指すのであれば、元妻を礼儀正しく扱い、子どもといるときに彼女を助けてあげる必要があります。

## 平和をつくる者になる

最後に、もし、あなたが、元妻に特定のことを赦してくれるように依頼する必要がある場合は、待たずして行ってください。彼女が赦される必要があると思うかもしれません。まあ、あなたが正しいかもしれません。しかし、あなたがすでに離婚しているとしても、あなたはまだ家族のリーダーであり、平和をつくるために率先して行動を起こさなければならない人なのです。

イエスは、「平和をつくる者は幸いです。その人たちは神の子どもと呼ばれるから」と教えました。私はあなたが神の家族として神の子に数えられたいと思っていることを知っています。ぜひ、元妻に赦しを求める手紙を書いてください。たとえ彼女が返事をくれなかったとしても、主は平和をつくる者を祝福してくださるという約束があなたの心に平和をもたらします。

繰り返します。もしあなたが最高のシングルファーザーを目指すのであれば、あなたは元妻を赦し、尊び、尊敬し、必要ならば彼女の赦しを求める必要があります。感情的・経済的・精神的に彼女をサポートしてください。彼女とあなたの子どものために祈ってください。

特に子どもと一緒にいるときは、言葉で彼女をサポートしてください。そして、快く、期限どおりに養育費を送ってください。それがもたらすよい影響を見るまでには時間がかかりますが、そうなります。

これは簡単だとは言いませんが、このようなステップをとれば、あなた自身・子ども・元妻は深く祝福されます。彼女や子どもの人生だけでなく、あなた自身の人生においても、前向きで長続きするよい結果をもたらすことでしょう。

元インディアナ州知事のミッチ・ダニエルズ氏は、非常に苦難な離婚の最中であっても、妻を愛し、彼女の世話をすることをやめませんでした。そして四年後、彼らは復縁し、今では強い関係と幸せな家族を築くことができました。もちろん、常にそうなるとはかぎりません。しかし、元妻と復縁できなくても、少なくとも彼女はあなたの優しさや寛大さを尊重し、感謝するでしょう。あなたの子どももそうでしょう。

あなたがなれる最高のシングルファーザーを目指していることに、もう一度敬意を示したいと思います。ありがとうございます。それは子どもや元妻だけでなく、あなた自身にとってもよいことです。神があなたにこの重要な人生の旅で成功するために必要な力・勇気・知恵を与えてくださいますように。

最後に、皆さん、私の父のようにならないでください。彼はプライドが高すぎて謝ることができなかったので、家族を捨ててから二十五年間、自分自身のためだけに生きました。彼は苦しみ、ぼろぼろになり、そして家族から離れて孤独に死ぬことを選びました。どんなことがあっても、そのような方向には進まないでください。

## 元妻をこのように扱ってはいけない

私たちが以前住んでいた家の隣人は、同僚と不倫関係になり、二十五年の間、忠実であった妻から離婚するように要求されました。同じような状況にある多くの男性と同様に、彼は自分の行動を合理化し正当化しようとしましたが、完全に間違っていました。当然のことながら、妻や子どもとの家庭は崩壊しました。彼が何を考えていたのかはわかりません。素晴らしい家族と素敵な妻がいたのにもかかわらず、ふしだらな女のためにそれを全部捨ててしまったのでした。彼の行動が直接、家族の破壊につながったのです。

その家族に災いをもたらした男性は、少なくとも、苦しんでいる妻や子どもに対して謙虚で礼儀正しかったと思うでしょう。しかし、違いました。離婚のためにかかる経済的な費用の大きさに気づいた（注意してください。「低コスト」で済む離婚はありません）男性は、彼女に対していっそう醜悪なことをしました。大学生だった子どもの授業料のサポートをやめたり、新しいガールフレンドを元妻の家に忍び込ませて、「彼のもの」のいくつかを盗ませたりしました。家族に災難をもたらしただけではなく、完全にばかげた行動をとったのでした。

元妻が彼を嫌い、子どもが彼を軽蔑したのは言うまでもありません。そして彼とその不倫相手はすでに別れて、今では彼は一人です。

昔のことわざにあるように、「自業自得」です。実際、聖書はこの点について明確に示しています。「思い違いをしてはいけません。神は侮られるような方ではありません。人は種を蒔けば、その刈り取りもすることになります」。このことを決して忘れないでください。

## さらによく考えてみましょう

1　あなたは、文字どおり、あなたの子どもたちの生活の中で取り替えることのできないい存在であることを理解していますか。今日のあなたの生活はその現実を反映していますか。そうだと言える理由、またはそうだとは言えない理由は何ですか。

2 あなたの子どもの母親（元妻）とはどのような関係ですか。その関係を改善するために何ができますか。

3 そのような努力はあなたの子どもにとってどれほど重要だと思いますか。

## 本章の即効ドリル

1 六十秒間、思い出してみてください。子どもととても素晴らしい時間を過ごした最後の時はいつでしたか。それが、あなたや子どもにとってどれほどよいものであったかを黙想してください。

2 子どもの人生でどれだけあなたを必要としているのか、そして子どもがあなたと母親の仲が良くなることをどれだけ深く願っているのかを時間が許すかぎり考えてください。

3 六十秒間、考えてみてください。次に子どもに会うときには、一緒にどんな楽しいことをしますか。そして元妻を祝福するために何か一つできることはありますか。両方とも実行してください。

# 人生の課題に対処する方法

人生は簡単じゃない。人生の大きなチャレンジにぶつかったときに、あなたが何をするかで、父親としての成功または失敗が決まるのです。

私は、貧しさの中にいる道も知っており、豊かさの中にいる道も知っています。また、飽くことにも飢えることにも、富むことにも乏しいことにも、あらゆる境遇に対処する秘訣を心得ています。私は、私を強くしてくださる方によって、どんなことでもできるのです。

聖書

私が今までぶつかったスランプや難題は、決して望んだわけではありませんが、それらが私を以前よりもより強く、より良い父親にしてくれたことに感謝しています。

ケン（日本　東京）

この本の内容についてご意見のある方は、メールにて遠慮なくご連絡ください。
admin@familyfirstjapan.org

◇◇◇◇◇◇◇◇◇

テレビで見たことや、よく知らない友人の話に騙されないでください。人生は誰にとっても簡単ではありません。人生は楽しくて爽快なものであり、またそうあるべきですが、家族にとっては間違いなくチャレンジです。決して簡単なものではありません。人生は、時には苦しく、悲しく、難しいもので、私たちは誰しも、その過程で、何回も重大なチャレンジに直面します。そして、重要な質問はこれです。「私たちはそれらのチャレンジにどのように対処するのか」。その答えが、あなたや家族の将来を左右するのです。

そして人生の現実は、私たちがコントロールできないものがたくさんあるということです。

けが、病気、さらには死さえも突然やってくる可能性があります。会社が倒産して失業したり、家族や親しい友人が私たちを失望させたりします。その結果として、私たち自身や周りの人たちが、時としてひどく傷つけられます。しかし、幸いなことに、私たちには完全にコントロールできる強力な武器があります。それは私たちがどのように対応するかです。

## 人生の課題に対処する

人生のチャレンジに対処するルール1は、危険の回避です。あなたやあなたの家族は、チャレンジに向き合うよりも、チャレンジを避け、被害を逃れるほうがはるかに良いのです。したがって、あなたに言い寄る女性がいたときや、同僚がコンプライアンス違反の提案をしたときや、あなたの妻が理由なくあなたに怒るときは、そのような誘いに乗らないことが最善策です。その魅力的な女性には、あなたは興味がないことを伝えましょう。その同僚には、あなたは彼のことを大切に思うけれども、提案は間違いだと伝えましょう。怒っている妻を責めるのではなく、あなたが彼女を愛していることを伝えてください。まとめると、回避できるチャレンジには、ぶつからないようにすることです。

もちろん、人生のチャレンジを避けられないこともあります。病気やけがなどは、私たちに突然襲いかかってきます。それが現実です。また時には、そのようなチャレンジを自分で招いたりします。これは私の友人の実話ですが、彼はお金が欲しくて、長い間経費の水増しをしたために解雇されました。彼は、優秀でしたが、二度と定職に就くことはありませんでした。

人生のチャレンジに遭遇した際、基本的に二つの選択肢があります。一つ目は経験から学び、起き上がり、人生での努力を続けることです。二つ目は、苦しさから、人生を諦めてしまうことです。つまり、私たちは、身に降りかかったことのつらさに負けて、機能停止してしまうのか、それとも負った傷や痛みを感じて、経験から学び、人生を続けるのか、どちらかです。

迅速な回復や、痛みを伴わない回復とかを言っているのではありません。実際回復には時間がかかりますし、痛みも伴います。しかし、私たちが、妻や子ども、そして私たち自身のために人生のゲームに留まろうとするならば、選ばなくてはならない選択なのです。実際、良い家族は、私たちが後者の道、つまりより良い道を歩むのを助けてくれます。しかしながら、最終的にそれは私たちの決断なのです。悪くなるか良くなるかは私たち自身の選択にかかっています。そして、私たち全員が人生でなすべき最も重要な選択の一つなのです。

## 私の物語

私は『タイム』誌の表紙に載ったり、仕事でそれなりに成功したり、それどころか米国議会のメンバーから名誉ある栄誉を授与されたりもしましたが、仕事上の大きなチャレンジにぶつかったこともあります。そして、私（常に成功を目指す、不安定なタイプ）にとっては、それは破滅の可能性もあるチャレンジでした。しかし、その危機的なときに、私は強い精神力と必要なサポートを、家族、親友、祈り、神のことばという四つの互いに関わり合う源泉から手に入れることができたのです。あなたにもできます。

### 家族や友達

その晩、私は、仕事を首になったあと、家に帰りましたが、子どもたちは以前と変わらず私に愛情を示してくれましたし、妻は以前と変わらず私を尊敬してくれました。そのとき私は、家族にとっての私の価値や家族の私への愛情を、実感できました。私にはその実感が必要でした。しかも、その晩だけでなく、それから毎日、わが身に起こったことや、自分はどう違う行動をとるべきだったか（一言で言えば、とるべきでした）などを考えるたびに、必要でした。妻と子どもたちは、私への信頼と誇りを決して失いませんでした。それは、私が正面から現実に立ち向かうことを助けてくれました。

同様に、親友たちもわざわざ私の周りに集まって、今回の事件で私の人生が終了したわけでも、失敗したわけでもないと、応援してくれました。確かに、大きな人生の後戻りでしたが、逆に親友のおかげで、私は今回の事件をより正確に分析したり、理解したりすることができました。また、親友たちは、私という人間の価値は、銀行の残高や仕事の役職にあるのではなく、私の人格や私が愛し、私を愛してくれる人たちにあるということを、あらためて思い出させてくれたのです。

人生の教訓は、年をとればとるほど、代償が大きくなります。できるだけ多くのことを早く学んでおくことが大切です。この経験は、私に多くのことを教え、計り知れないほど、その後の人生を助けてくれました。私は家族と親友たちに心から感謝します。

## ナショナルフットボールリーグ(NFL)のチャレンジを克服する

私の親友のグレッグは、その昔はプロフットボールの良い選手でしたが、やがて別の有名なプロフットボールチームの牧師になりました。誰もが彼を「チャップ」

と呼び、チームの大きな財産でした。彼は選手たちと深い関係を築いて、彼らをトラブルから救うことに関して、卓越した才能がありました（若くて高収入のプロフットボール選手の私生活はトラブル続き、というのは容易に想像できます）。ヘッドコーチ（監督）やフロントオフィスからも信頼されていました。

何年かはとても順調でしたが、ヘッドコーチが変わると、新しいヘッドコーチは、体制の入れ替えを決断。グレッグを含む多くのコーチたちがチームをやめさせられたのです。グレッグは打ちのめされました。

グレッグは憤慨して、そのままやめてしまうこともできました。何年もの間心と魂をチームにささげて、仕事で良い結果を残したのは明らかなのに、解雇されたのです。彼には新しい仕事の準備はありませんでした。しかし、妻や子どもたちを養わなければなりません。グレッグはどうしたのでしょうか。

グレッグは自分の状況の棚卸しをしました。彼はチームの牧師として、良い仕事をしたと自負していました。またそれは、プロフットボールリーグの人たちも知っていました。この状況から学ぶべき重要な教訓がありました。時間をかけて、それまでの人生で歩んできた道について、考えたり、見直したりしました。幸いなことに、グレッグの棚卸し作業は、妻や子どもたちから全面的なサポートを得ることができたのです。

そして最後に、グレッグは「チャップ」であり続けたいと決心しました。彼は、新しい仕事のことを神に祈るとともに、自分のネットワーク（知り合い）に連絡を取り始めました。すると、予想もしなかった別のチームでの新しい仕事の話が出てきたのです。グレッグはこのつらい経験を通して人間として成長し、賢明になっていたので、今では、選手が負傷したり、チームから解雇されたりしたとき（どちらもプロでは日常的に起こります）など、自分自身の解雇やけがのこと、およびそのつらい出来事の克服体験を、選手と共有することができるのです。そうすることで、彼はチームにとってより信頼の厚い「牧師」になり、子どもたちや友人の素晴らしいロールモデルとなり、さらにより強くより良い男になったのです。

### 祈りと賛美

祈りもまた、人生のつらいときにおいて、私たちに力や慰めをもたらすものです。私がそれを確認したのは、次のパウロの励ましの力を直接経験し、学んだときです。「何も思い煩わないで、あらゆる場合に、感謝をもってささげる祈りと願いによって、あなたがたの願い事を神に知っていただきなさい。そうすれば、人のすべての考えにまさる神の平安が、あなたがたの心と思いをキリスト・イエスにあって守ってくれます」(聖書)。確かに、当時私は、神の平安が必要でした。そして、深く誠実な祈りの中で、それを見つけることができたのです。

祈りは神秘的な方法で私たちに作用します。私は、その力を熟知していると言うつもりは毛頭ありません。しかし、神が、祈りを通して、私たちの心を変えてくれる、時には状況をも変えてくれることは、知っています。一つ確かなことは、私が思い悩むことについて心から祈り、そのあと、その問題を神に預けると、パウロの約束する心の平安がそこにあるということです。あなた自身でチェックしてみてはいかがですか。感じられるはずです。

一部の宗教家の「祈れば何でも手に入る」という破茶目茶なフレーズとは裏腹に、聖書では決して楽な人生を約束しません。健康も富も物質的な満足も、いっさい誰にも約束しません。しかし、聖書は、人生の試練のときに神の近くにとどまるならば、私たちが強く、成熟した男(そして女性)になれることを、約束しています。神は、私たちが精神的に幼稚であることを望みません。私たちが他人を助けることができる精神的に成熟した男であり女になることを、望むのです。そして、成熟した成人になる唯一の方法は、人生の試練と苦難を通してです。いくつかの試練は非常に困難で、克服するのに超人的な力が必要です。昔のことわざにあるように、「火が熱いほど、鉄は強くなる」のです。

ですから、ここで一緒に決意しましょう。私たちの人生がチャレンジに襲われたとき、私たちはそれから学び、それを通して成長し、より良い、より強い男として、人生をさらに前進するつもりだ、ということを！　これは私たち一人ひとりのなすべき選択なのです。なぜなら、人生のチャレンジは、必ず私たち全員を襲うからです。それが人生の現実です。しかし、より深く、より強力な現実が、次の聖書のことば――約束――にあります。「神を愛する人たち、すなわち、神のご計画にしたがって召された人たちのためには、すべてのことがともに働いて益となることを、私たちは知っています」（聖書）

## 火が熱いほど、鉄は強くなる

私の親友のジョーは献身的な夫であり、偉大な父親であり、そして長年の誠実な友人です。彼には、自閉症の息子と特別な愛情を必要とする二人の子どもがいます。その子どもたちの世話は、ほとんどの人が耐えられないほどの重い負担でしたが、ジョーと彼の素晴らしい妻のローラは、信仰と希望と愛をもってそれに耐えてきました。

ジョーと彼の妻が向き合っている生涯のチャレンジに比べると、私の苦労など比べものにもなりません。神は、二人が、チャレンジを通して、より強い人間、より良き両親、そして素晴らしい友人になるのを助けてきました。そして、同じように重要なことは、二人が、チャレンジを通して、何百人ものほかの親たちを励ましてきたということです。

上述の約束は甚大なものです。しかも、神が語っているのです。

人生が楽になるとは言っていません。実際はその逆が真実であると暗示しています。それは、神が、最も困難なときでさえ、私たちの益のために働いてくれることを約束しているからです。それは、私たちの心を震わせます。それゆえに、神のもとで、真に成熟した男たちは、一つ強力な秘密に気づいています。その秘密は、感謝することです。私たちの生活にもたらされるすべてを天の父である神に感謝すること、それが真の力なのです。聖書がいうように、「すべての事について感謝しなさい。これが、キリスト・イエスにあって神があなた方に望んでおられることです」。そして、私たちの感謝の気持ちは、理解を超える方法で、私たちの心や状況を好転させるべき霊力を放つのです。ぜひ、信じてやってみてください。どんなに困難な試練や大きな失望に対しても、天のお父さんに感謝するのです。ばかげているように聞こえるかもしれませんが、必ずうまくいきます。あなたも体験できます。

## さらによく考えてみましょう

1　あなたが、人生の早い段階で克服した大きなチャレンジは何でしたか。それから何を学びましたか。

2　どのようにそれを克服しましたか。それを通して、あなたはどのように成長しましたか。それはなぜですか。

3　そのほかに、あなたの人生の中で、良い方向ではなく、悪い方向に進ませるようなチャレンジを経験したことがありますか。その経験から何を学ぶことができますか。

## 本章の即効ドリル

1　六十秒間、振り返ってみてください。自分の人生の中で、最近あった大きなチャレンジは何でしたか。どのように対処しましたか。あなたは、そのときよい選択をしましたか、それとも間違った選択をしましたか。もしくは、その両方をしましたか。それは、どうしてですか。

2　六十秒間、考えてみてください。何か新しい道に進んでみてはどうでしょうか（もし必要があるならば）。悪くなるのではなく、良くなるとしたらどうでしょうか。

3　六十秒間、考えてみてください。最近、大きな困難に見舞われた友人はいますか。今日、その友人や家族のために何かできますか。それをやってみてください。

# 遠距離にいる父親のためのアイデア

遠距離にいるよい父親であることは、〝普通〟のよい父親であることと同じくらい重要です。あなたの子どもはあなたの愛・サポート・励ましを今まで以上に必要としています。

長い期間、家族から離れて生活することは難しいです。本当に難しいです。しかし、私たちには、何とかできます。それがとても重要だからです。

SS（アメリカ陸軍兵士）

◇◇◇◇◇◇◇◇
この本の内容についてご意見のある方は、メールにて遠慮なくご連絡ください。
admin@familyfirstjapan.org

あなたは家から遠方の軍隊で働いているか、刑務所にいるか、単身赴任中など、何か月もずっと、家族から離れていなければならない状況でおられるかもしれません。あるいは、あなたの子どもが家から通えない離れた大学に通っているかもしれません。いま置かれている状況に関係なく、家から離れている父親の数は増加傾向にありますが、あなたはそのうちの一人です。これからもそうなるかと思います。ですから、その理由が何であろうと、最高の父親をあなたが目指しておられることに私は感謝しています。

まず、「ありがとうございます」とあなたに言いたいのです。なぜなら、子どもにとって「家にいる」父親と変わりなくあなたの存在は大切だからです。あなたは自宅におられる父親と変わりなく同じチャレンジを抱えていますし、より複雑な難しさもあるでしょう。しかし、あなたの子どもはあなたの愛をまだ必要とし、自分を認めてもらうことを待ち望んでいますし、アドバイスもあなたから求めているのです。あなた（または彼ら）が世界のどこにいたとしても、あなたの子どもはあなたを必要としているのです。

よい父親になることは決して簡単ではありませんが、家族から遠く離れると十倍は難しくなります。私はそれを個人的経験から理解しています。私の家族がニューヨークに住んでいたとき、南アメリカで私は働いていたことがあります。ただ、時々家に帰ることができたのと、時差のない地域にいたのでよかったのですが、それでも家族には多くのストレスを感じていました。そして、そのことからいくつかの重要な教訓を学んだのです。その間、私よりもはるかに厳しい状況下の父親たちと幾度も話をしそこからたくさんのことを学びました。あなたが、もし遠距離にいる父親なら、あなたの経験や知恵をそれらの人たちとぜひ共有してください。フェイスブック　https://www.facebook.com/ffg.japan/　この本にある十のツールを習得し、実行することの大切さを私の経験から肌で感じました。そして、あなたが成功するためには、どのツールも不可欠です。そして、コミットメント・勇気・コミュニケーション、そして家族・友人・同僚からの特別な助けや理解もあなたには必要になります。これらは、遠距離関係にある状況で良い形を維持していくうえで、極めて重要です。

また、以下に説明する二つの特別なツールセットは、さらに必要となります。一つは子どもとの関係を強化するために、もう一つは妻との関係を強化するためです。これまであなたがどれほど困難であったかに関係なく、これらのツールセットも用いれば、あなたの役割はより楽しく、よりやりがいのあるものになるでしょう。

## 子どもとの関係を強化する

はじめに、子どもとの関係を強化するための三十の有効なアイデアについて見ていきましょう。あなたと家族にとって最も魅力的なものを選んでください。それを確認し、さらに効果のありそうな他のアイデアを見つけるために、いくつか試してみてください。フェイスブック https://www.facebook.com/ffg.japan/ にアクセスし、同じ経験をしている方々とご一緒にあなたの経験やアイデアを共有してください。また、あなたの子どもが成長し子育てが終わったと思うようなときにも、まだあなたを子どもは必要としています。どんなに離れていても、あなたは素晴らしい父親になれるのです。

### すべての年齢の子どもと遠距離にいる父親のための十のアイデア

1　少なくとも週に一回、それぞれの子どもに心のこもった、各年齢に応じた手紙またはメールを、あなたや職場や家の写真と一緒に送ってください。そして、子どもにどれだけ会いたがっているかを必ず伝えてください。また、家族の生活の中で起きていることにも関心をもって触れてください（例えば、「そのテストでいい成績をとってくれたので、父さんもうれしいよ」とか「最近ビデオや写真を見て感激したよ」など）。

2　時々、楽しい小物を同封してみるのも一つです。地元の新聞記事、あなたが作ったもの、あなたの友人や知り合い、親戚が、あなたがどれほど子どものことを思っているかを伝えられるメモ、などなど。子どもが読んで楽しくなるようなものを手紙に同封してください。

3　スカイプやズーム、ティームフェイスブックなどを利用し家族と定期的に連絡を取ってください。あなたと家族がコンピューターやスマートフォンにアクセスできるなら、無料で簡単に双方向のやりとりができます。夕食時の家族に〝参加〟したり、子どもに本を読んであげたりなど、定期的に時間を決めたことを、できるだけ守って実践しましょう。子どもはそれをきっと気に入るはずです！

4　妻や友人に、子どもがスポーツやゲームをしているところ、その他の活動をしているところなどをビデオ撮影して送ってもらいます。子どもがしていることを知ったり理解したりし続けるためにこれらは最適な方法であり、あなたが子どもを心から誠実に褒めることもできるのです。

5　普段の生活を写真やビデオに撮ってください。いつもどこで食事をしているのか。誰と仕事をしているのか。職場でどんなことをしているのかなど、たくさんのことを詳しく伝えてください。

6　子どもに自分のビデオを送った後、今度は、同じように彼らの普段の生活を写真またはビデオを使って撮影してもらうように頼みます。これは家族全員にとって楽しいプロジェクトになります。子どもが年をとると、あなたのためだけに、楽しく動画を作るかもしれません。

7　あなたの子どもにちなんで星に正式な名前をつけることができることをご存じですか。少し費用はかかりますが、本当に素敵な思い出になります。きっと子どもはそれが気に入るはずです。詳細については、https://stardomejapan.com をご覧ください。

8　面白いはがきをたくさん子どもに送ってください。これを「ハガキ爆撃」と私は呼んでいます。時が経つにつれて、子どもは郵便箱にあなたからのはがきが来ていないか楽しみになります。裏面に個人的なメモを入れたり、絵はがきの説明を加えたり、あなたが彼らをどれだけ愛しているか伝えてください。

9　インターネット上で一緒にゲームをプレーします。モノポリー、ジェパディ、ホイール・オブ・フォーチュンなどのゲームはすべて簡単にオンラインで入手できます。また、いろいろな種類のカードゲームやチェス、チェッカー、バックギャモンなどのゲームも同様です。マルチプレーヤーゲームを無料で提供しているサイトも利用してみてください（フェイスブックやヤフー・ゲームなど）。

10　家族の皆がスマートフォンを持っている場合、フェイスタイムなどのテレビ電話機能を利用して夕食を一緒にしてみたらどうでしょうか。同じように、子どもがまだ小さければ、就寝時にお気に入りの物語を読んであげたり、一緒に祈ったりすることもできます（これは、すべての父親にとってとても重要な習慣です）。また、朝、電話をして、子どもたちに素晴らしい一日を過ごすようにと祈ることもできます。

### 私は父を知っていた

トッドが四歳のとき、父親（空軍兵）は中東地域で任務に就くために出かけました。家族とは長期にわたって離れていたので、とても恋しく思うようになりました。しかし、それでもトッドはほぼ毎日のように電話で父親と話しをしました。父親は彼にその日何をしたかを話したり、その日のことを尋ねたりしました。トッドはいつも父親と話すのが大好きでした。父親は訪れた場所の写真や、その場所のことを書いた小さなカードを送ってあげました。それはとても楽しい思い出です。何よりもトッドがうれしかったのは、父親が寝る前に電話をかけてきてくれたことです。母親が部屋に電話を持ってきて、母親がページをめくり、父親が読んでくれました。トッドの父親がある日家に戻ってきたとき、最初、トッドは父親を認識することができませんでした。しかし、父親がトッドの名前を呼んだ瞬間、トッドはそれが父親であることを声でわかったのでした。父親の努力が報われたのです。

## 小さな子どもと遠距離にいる父親のための十のアイデア

1　子どもが気に入っているもの（子どもが好きな色の紙など）を使って、手紙を書きます。地元の雑誌の写真や、特別な形（クリスマスツリーや四葉のクローバーなど）に切られた紙など、何でも楽しいものを同封してください。

2　長期間、自宅から離れる前に、子どものために宝探しの細工をしておきましょう。家の中にたくさんの〝宝〟（子どもが好きなキャンディー、手紙、新しいおもちゃ、新しい本）を隠しておきます。手紙やメールで毎日見つけるための手がかりを教えてあげてください。彼らはそれを気に入るはずです。

3　子どもの枕カバーや毛布の上に家族やあなたの写真をプリントすることもできます。

4　家族やあなたのプリクラなどの写真ステッカーをいくつか用意して、ノートなどに貼れるように、子どもに渡してください。もし、あなたが軍隊に所属しているのであれば、あなたの写真を制服姿で撮ってください。誇らしげにそれを貼るだけではなく、父親が不在の理由を友人に知らせるのにも役立ちます。

5　子どもが特別な行事（ダンス、演劇、スポーツなど）をした後に、子どもにスペシャルなもの（風船、花、ピザなど）を届けましょう。彼らがそこで体験したことをあなたがどれほど誇りに思っているかを伝えるメモも必ず同封してください。彼らを愛していること、そして遠く離れていても、あなたの気持ちはいつもそばにいると伝えることは素晴らしことです。

6　子どもが病気になったときは、お見舞いを送ってください。動物のぬいぐるみ、好きなキャンディー、スープの缶、特別な毛布、愛情のこもった「早く元気になって！」というメッセージつきのビデオ、などなど。そこに励ますメッセージをつけて送ってください。

7　あなたや子どもの人生に関するクロスワードパズルを作ります（「父は、どの都市に住んでいたか？」「去年の体育の先生の名前は？」など）。簡単なクロスワードパズルを作成し、一週間かけて一から三個の手がかりを毎日教えます。パズルを完成させたら、何かプレゼントを贈ってください。インターネットでクロスワードパズル作成と検索してみてください。

8　一緒に仮想旅行を体験してください。スカイプやインスタントメッセンジャーなどを使って、面白いウェブサイトを見ながら一緒に探検します。インターネットでバーチャルツアー、オンラインツアーと検索してください。そこには、魅力的な記事や探索できるサイトがたくさんあります。

9　クッキーの型抜きや子どもの好きなお菓子を作る材料を入れた小包を子どもに送ります。たいていの子どもはお菓子を作るのが好きです。男の子でさえ友達と一緒に楽しむことができます。もし、あなたの子どもが、お菓子作りが好きな場合は、遠く離れた所からお菓子作りを〝助ける〟ことが可能です。

10　あなたがミュージシャンである場合（それほど上手でなくても）、子ども向けに歌を書いてください。有名な曲を用いて、独自の歌詞を書くだけでもいいのです。友人に手伝ってもらって、それを音声保存したり、あなたの写真を添えるなど工夫をすれば、子どもはとてもそれが気に入るはずです。

## 十代の子どもと遠距離にいる父親のための十のアイデア

1　十代の子どもがいる場合は、できるかぎりメールを利用してください。なるべく短いメッセージで、彼らの生活に関することに焦点を合わせてください（「テストはどうだった？」「あのクラスメートと仲良くしてる？」「新しい数学の先生はどう？」）。最初はあまり反応しないかもしれませんが、続けてください。あまりいい反応がなくても、子どもは感謝しています。

2　インスタグラムで十代の子どもの「フォロワー」になりましょう。投稿などには、決して批判を書かないでください。インスタグラムでは、子どもは少し悪ふざけをすることもあります。しかし、大切なことは、離れていてもよい関係を築き上げようとすることです。変な投稿や写真に対して批判したところで、子どもには何の役にも立ちません。

3　子どもとマルチプレーヤー・テレビゲームで遊びます。十代の子どもが「ギヤーズ・オブ・ウォー」や「ハロ」などが大好きであれば、どこにいても彼らと遊ぶことができます。ほかの親子とトーナメント戦をすることもできます。

4　「愛する息子（または娘）への人生の教訓」という短い本を書きます。毎週、あなたの人生で学んだ最も重要な教訓をいくつか書き留めます。それをどのように学んだのかを忘れないように伝えてください（あなたの教訓に興味を引かれ、あなたをよりよく知る助けとなるでしょう）。一つの章を書き終えるごとに、子どもに送ってください。送るときに、年齢に応じてユニークな贈り物になるようにそれぞれ工夫してください。子どもは、あなたの経験や知恵から学ぶことが必要です。それを共有するためには素晴らしい方法となるでしょう。

5　十代の子どもが大きなイベント（誕生日パーティー、大事な試合、卒業パーティー）を予定している場合は、特別な方法でお祝いのお金を送ってください。あなたが子どもをどれだけ誇りに思っているか、そしてこれらの大きなイベントが人生でどれほど大切であるかを書いた手紙を必ず添えてください。

6　子どもと一緒に、家族のニュースレターを作成します。子どもたちもそれぞれ自分たちのニュースについて書けるようにしてください。

7　子どもの先生に、親子で学んだことを学校で発表する機会を設けてくれないかとお願いしてみてください。例えば、なぜアメリカでは、日本とは反対側の車線を走るのかについて、その理由を発表することもできます。そのように社会学習を遠距離であっても一緒にできるのです。

8　次の家族旅行を一緒に計画します。家に戻ったとき、または子どもがあなたを訪ねてきたときに何をするかを計画します。彼らはあなたと一緒に次に過ごす時間をいっそう楽しみにするでしょう。

9　地元の新聞や地域のニュースを同封して、時々、子どもに「愛しているよ」と書いたメッセージを送ります。

10　子どもの誕生日は必ず特別なものにしてください。十代の子どもは、時々、特に父親（母親）がいない場合に、誕生日はあまり大したことではないように振る舞うかもしれません。しかし、十代の子どもを含めて、誰もが誕生日のお祝いが好きです。特別なことをせずに誕生日を過ごすことがないようにしてください。一年に一度の特別な日は戻ってはきません。

あなたが、自宅からどれだけ遠く離れていても、家族関係を強くするために役立つこの三十のアイデアをぜひ活用してください。中には簡単なものもあれば、不可能なものもあります。あなたの家族に最適と思われるものをいくつか見つけて、楽しんでください！

また、あなたの子どものために毎日祈ってください。祈りは、私たちが父親として持っている最も強力な道具の一つです。聖書では、「義人（正しい人）の祈りは、大きな力を生み出します」と教えています。それは真実です。特に、父親（または母親）が子どものために祈ることが大切です。天のお父さんは、あなたが家族と一緒に住んでいようが、何千キロも離れた所にいようが、最高の父親になれるようにあなたを手助けしたいと思っています。あなたの子どもを神はとても愛しています。ですから、子どものそばにあなたがいないとき、子どもを見守ってくれるように神に祈り願ってください。神はそうしてくれます。

## やり直しはできません

ケビーに、アフガニスタンに派遣された父親クリス（仮名）からは何の連絡もありませんでした。彼は父親が重要な仕事をしていることを知っていましたが、そのことでケビーの心の痛みを鎮めることはできませんでした。他の軍の子どもは、自分の父親と電話で話したり、手紙をもらったり、時には休暇を取り一緒にいることを知っていました。ケビーの母親は精一杯、ケビーを元気づけようとしましたが、やがて成績が下がり始め、不機嫌になったり、人から離れるようになりました。喧嘩をするようにもなりました。しかし、なぜ喧嘩をするのか自分でも理由がわかりませんでした。ある日、ケビーがよくない方向に向かっていると母親に校長から警告を受けました。彼の教師・隣人・親類からもいろいろな警告がありましたが、父親のクリスからは何の連絡もありませんでした。クリスが家族と連絡を取るようになってやり方を変えたと、ここで書けたらいいのですが、そのようなことはありませんでした。そして、その年の後半、悲しむ妻と苦い思いを背負った幼い息子を残してクリスは戦死しました。ケビーがよい大人に成長し彼の父親よりもよい父親になることを私は願うばかりです。そして確信できることの一つは、もしクリスが父親としての年月をやり直す機会があったとすれば、彼はそうしていたことでしょう。

## 妻との関係を強くする

遠距離の結婚生活はますます増加する傾向にあり、多大なチャレンジを生んでいます。しかし、それだからこそ取り組む必要があります。それは奥様が二重の負担に直面していることになります。したがって彼女が子どもの世話をするのを助けるために、彼女に何か特別な配慮をすることが、あなたの役割を果たすことになるのです。

以下に、遠距離の結婚生活をさらに強めるために利用できる十のアイデアを挙げます。繰り返しますが、すべてを使う必要はありません。自分に合っていると思うものをいくつか選んでください。あなたの選択したものを妻と共有して、彼女の意見も取り入れてください。両者が同意したら、必ず具体的な実施計画を立ててください。良好な人間関係は樫の木のようなものです。時間とともにゆっくりと成長していきます。うまく世話をして、成長する時間を与えれば、森の中で最も強くて最も美しい木になるでしょう。

1　妻とコミュニケーションを取りたいというあなたの期待感を前もって明確に伝えてください（遠く離れているのでとても重要です）。妻がコミュニケーションに関して心から望んでいるものを見つけてください。それを踏まえて、彼女のニーズに合わせて自分のスケジュールを調整するのに最善を尽くしてください。自分の状況を考えてそれが不可能な場合は、彼女に前もって知らせ、理由を伝えてから他の方法で彼女のコミュニケーションのニーズを満たすことができるかどうかを確認してください。

2　すべての結婚は「信頼関係」にかかっていることを忘れないでください。彼女の信頼する気持ちを弱めたり破壊したりするようなことをしないでください。もちろん、浮気をしないことですが、それだけではなく、彼女と話しをしているときに真剣に彼女の話を聞くなどの簡単なことも意味します。妻との約束を守ることは常に重要ですが、家から遠く離れているときにはさらに重要です。

3　もしあなたの妻が子どもや健康や、または他のことについて長い話をするのを好むのであれば、できるかぎり彼女に時間を与えてください。覚えておいてください。あなたから彼女が必要としているハグは物理的に不可能なのですから、お互いに話す時間がとても大切です。しかし同時に、ただ、無意味に電話し続ける時間を確保する必要がないことは、お互いに同意する必要があります。二十分の電話でも一時間の電話でも、あなたが彼女を愛していることを知らせてください。

4　あなたと妻のそれぞれが日記をつけ、互いに見せ合うことに同意してください。このアイデアは万人向けではありませんが、電話での会話では話せないような深い懸念・恐れ・感情などをお互いに共有するために素晴らしい方法です。

5　もし妻がボードゲームやカードゲームをプレーするのが好きな場合には、オンラインでできるマルチプレーヤーのゲームを見つけて、プレーしようと誘ってください。それは、楽しい時間を共有するだけではなく、お互いのつながりを強める優れた方法です。時々、夫婦だけではなく子どもと一緒にプレーすることもできます。定期的な「ファミリーゲームナイト」は素晴らしいアイデアです。

6　できるだけ自分の感情に正直で、妻に対して素直であること。これは、距離が離れているために直接会って親密な時間を持つことができない場合には特に重要です。ほとんどの妻は夫の一番の親友になりたがっています。そして、あなたの妻にライバルが現れないようにしてください。つまり誰かがあなたの妻の代わりに、あなたの心の寂しさを満たすことがないようにしてください。

7　定期的に妻に心のこもった手紙を書きます。子ども向けの手紙に関する上記のアイデア（香水つきの手紙、面白いはがき、ハート型の紙に書く手紙）は、あなたの妻にも有効です。彼女が最も好きなものを知る機会にもなります。ほとんどの妻は、夫から手書きの愛の手紙を受け取るのが大好きです。

8　ロマンチックな休暇など、家に帰ったときどうするかを一緒に計画します。ほんの数日でも数時間でも、子どもなしで出かけることは、二人でまた一緒に家族を築き上げていくための素晴らしい方法です。短い休暇を取るのが不可能な場合には、家で一緒にできる活動を計画してください。妻（子どもなしで）とのロマンチックなディナーは、いつもよい時間となります。事前に計画することで、長い間の不在から戻るときに、自然に起こるストレスを軽減します。また妻（および子ども）があなたの帰りをもっと楽しみにします。

9　妻の負担を軽減するために、できるかぎりのことをしてください。たぶん彼女はごみの収集日にごみ袋を持ち運ぶのは嫌がるでしょう。家族に十代の子どもがいれば、子どもにやるように頼んでください（お小遣いをあげて、やらせるのもいいでしょう）。子どもの先生との懇談会にスカイプや電話で参加する（可能な場合）などの手助けも考えてみてください。彼女の自動車がパンクしたときのために、ＪＡＦの会員になることも一つのアイデアです。そのように、あなたが遠く離れていても、妻にできるかぎりのことをしてください。

10　彼女の誕生日を一緒に祝うことができない場合は、彼女のためにサプライズの誕生会を企画してください。彼女の友人の何人かと詳細を調整し、スカイプであなたも参加してください。彼女はあなたが時間をかけて努力してくれたことに感謝してくれます。

間違いなく、遠距離にいる父親にはさまざまな、独特な問題や困難もあります。しかし、あなたのコミットメント・勇気・コミュニケーションがあり、さらに上記のツールの助けを借りれば、父親としての時間を家族全員にとって良い関係性づくりの取り組みに変えることができます。

最後に

# 父親改革の旅

神の助けを借りて人生の試練や重荷に耐えることによって、あなたは、男としてあるべき本来の姿へと変えられていくのです。これが父親改革の旅なのです。

結婚と子育て、その経験や忍耐を通して、少年は一人前の男（父親）へと成長していくのです。

ジェフ（マサチューセッツ州ボストン市）

この本の内容についてご意見のある方は、メールにて遠慮なくご連絡ください。
admin@familyfirstjapan.org

あなたが最高の父親になれる父親改革は、一生をかけてたどる旅路です。その旅で、あなたは自分の助けを最も必要とする人たち、つまり妻や子どもにとって真の祝福になることを学びます。そして、その人生の旅を通してあなたは、父親としてあるべき姿を見い出すのです。

父親改革の成功は、簡単でもなく痛みが伴わないわけでもありませんが、これに勝るものはありません。困難に満ちた旅ですが、愛と楽しさと幸せに満ちた旅です。私たちは、この旅の過程で、身近な人々が効率よく有意義な生活を送るために必要とする愛・安心・知恵を見つけるのを助けることができます。

この本を読んでいるあなたが、一つひとつのツールを実践していく中で、祝福されることを祈ります。ありがとうございました。あなたがこれらのツールを習得するとき、そしてあなたが他の父親がそれらを習得するのを助けるとき、この本の中で語った方法があなたや家族にとって有用であることを願っています。

この本であなたの旅は終わりではありません、https://familyfirstjapan.org/　フェイスブック　https://www.facebook.com/ffg.japan/ で一緒にこの旅を続けていきたいと思います。そして最も重要なこととして、あなたがこの良き父親となる道から外れないことを祈ります。現実に、あなたの子どもだけではなく、あなたの子孫の将来があなたの手にあると言っても過言ではありません。そして、より大きな視点から言えば、私たちの世界の未来は彼らの手の中にあるのです。

したがって、明日ではなく今日、よりよい父親になるための力と知恵、愛と勇気、喜びと希望を神から与えてもらえるように願ってください。そして毎日前進していきましょう。父親改革のための十のツールを習得し、できるかぎり最善を尽くして実践しましょう。そして、父親として強く、継続してその責任と課題に耐えることによって、神が私たちをあるべき父親に変えてくれるように神に助けを求めてください。皆さん、私を信じてください。神が私の人生を変えてくれたように、あなたの人生も必ず豊かにしてくれます。

この旅のどこかで、あなたに会えればと思います!!

# 男性グループの勉強会のためのガイド

## 男性の小グループをリードする

あなたが世界のどこに住んでいても、お互いの経験や知恵から学んだり、父親の役割について話し合ったりするのを好む友人がいると思います。そのような友人たち（父親ですが）を集めて、この本で挙げた問題や課題についてディスカッションする小さなグループをつくることは非常に価値があることです。父親同士の交流は、思考を刺激したり学びを促進したりするだけでなく、質の高い友情関係を築くのにも役立ちます。父親の役割を立派に果たす旅では、そのような小さなグループで生まれる友情と支援の絆が必要です。

以下は、小グループが個人の成長を助け、健全な集まりになるのに役立ついくつかのアドバイスです。ディスカッションを阻む問題点にも事前の注意が必要です。いくつかのアドバイスを次に示します。

**快適な環境**　グループのメンバーがお互いにグループに溶け込めるように工夫してください。メンバー同士がお互いを知っているかどうかに関係なく自己紹介の時間を取りましょう。また、いくつかの共通点を見つけてみましょう。話を始める前に、いくつかの「緊張をほぐす」ための質問を準備してください。

**サブグループ**　グループが大きい場合（十人以上）、話の内容によって三人または、四人までのサブグループをつくることも検討してください。メンバーが体験談や個人的な話をする場合、あまり大きなグループのときには、すべてを話すことをためらうことがあります。それぞれのメンバーが心を開いて話す時間や機会が十分にあるように、配慮と友情を示す態度で接してください。

**発言者の調整**　あるメンバーがあまりにも長く話すようであれば、他の人にいくつかの質問をして、一人が話す時間を取りすぎないようにしてください。必要に応じて、そのおしゃべりなメンバーに個人的に、全員が発言できるようにすることが重要であることを伝えてください。

**日時の設定**　通常、週に一度、同じ時間と場所で会を開くのがいいでしょう。しかし、最適な時間・場所・スケジュールを決定するのは、グループのメンバー次第です。

**一貫性**　全員が時間や場所などについて合意したら、グループのメンバー全員が定期的に参加することを約束することが重要です。

**準備**　可能なかぎり、グループのメンバーはディスカッションのベースとなる資料等を事前に読み、質問について考えておく必要があります。これにより、よりよいディスカッションができます。

**チームワーク**　よりよい父親になることを学び、よい成果を達成しようと一緒に取り組む父親が集まる（グループになる）ときに、最も効果が現れます。グループのメンバーにこの機会を活用し、お互いによりよい父親になれるように心を開いて、オープンな姿勢で参加するように励ましてください。

**目標**　最終目標を念頭に置いて物事を始めるのは常によいことです。グループ自体の最終目標は三つあります。①各メンバーが、妻と子どもに対する愛・コミットメント、そしてツールの使い方を強めることができるようにお互いを励まし支援する、②グループのメンバーがお互いに友情を深める、③信仰を深める。

**守秘義務**　すべての参加者が守秘義務に同意することを確認してください。これにより、メンバーはより自由に個人的な情報を共有できるようになります。

**堂々巡り**　話題から外れたコメントが出されたときは、別のときに話をするように勧めるか、グループのメンバーに話を継続してもいいかどうかを確認してください。グループのメンバーの一人がいつも無関係な問題などを話す場合は、個人的に注意をしてください。

**誠実さ**　グループのメンバーが正直かつ誠実に話すことが重要です。互いに相手にいい印象を与えるような発言をする必要はありません。しかし、正直にすべてを明かす必要がありますす。そのようにしやすい環境や雰囲気をつくってください。

**予備知識がないとき**　話題について少なくともある程度の知識がなければ、強い意見を言わないようにしてください。ある特定の問題について、あなたが十分な情報を持っていなくても、それは全然構いません。他の人もおそらく同じように知らないでしょう。そのようなときは、議論を避け、次の会までに調べることを提案したり、勧めたりしてください。

**不快な話題**　一部のメンバーは、自分が気まずく感じる問題についても話す必要があると考えてしまう場合があります。話すかどうかは完全に任意であることを明確にしておいてください。

**感情的な議論**　反対意見を言う際に、相手を不快にさせないように発言することを全員で事前に確認してください。反対意見の人に、相手から聞いたことを言い直すように勧めることにより、相互に受け入れ合う雰囲気をつくります。グループのメンバーに、反対する部分に注目するのではなく双方が同意できるポイントに注目するように勧めてください。全員が受け入れられる共通のポイントを探してください。もしその不一致が話の障害になる場合は、別途話すようにしてください。

**人気投票**　主題に関する知識ではなく、多数意見で問題を解決する傾向を避けてください。

必要に応じて、問題に関する結論を出す前に、次の会までにさらに調べて、その結果を基に話し合うようにメンバーに提案してください。

**祈り** 祈りが、そのグループの一部であることが重要です。最初は祈りに不安を感じる人もいるかもしれませんが、それでも構いません。祈ることができる人には、グループのすべてのメンバーのために心から祈ることを勧めてください。

**分離する人** 一部のメンバーは、グループに参加することの価値を認めず、内容だけを学びたいと言うかもしれません。その場合、愛情を伴わない知識や人間関係のない情報は意味がないことを再確認してください。「独りぼっち」の参加者をつくるのが目的ではありません。

## 第1部　人生の旅路

最初は、グループのメンバーがお互いを知ることができる時間を確保してください。すべての会合の初めに、必ず交流の時間を取ってください。また家族を交えたバーベキューなどを提案するのもアイデアです。人間的な絆を築くことによって、グループ全体がより深いレベルで情報や体験を共有できるようになります。それぞれのメンバーが交流できる時間を取ってください。以下に話し合いのための質問例を挙げますが、そのすべてを使用する必要はありません。自分たちで考案することもできます。

## 1　父親の役割の重要性

1　父親の役割は、男性にとって最も重要な仕事だと思いますか。なぜそう思う（あるいは、そうは思わない）のですか。あなたの見解を説明してください。

2　私たちの社会は父親の重要性を軽視していると思いますか。それは父親としての私たちに、どのような影響を与えますか。

3　私たちの社会は父親の役割が機能していないために、どのような影響を受けていると思いますか。それは私たち自身の家族にどのような影響を与えるでしょうか。

4　父親（および母親）が子どもの将来を何世代にもわたって形作ることができるという意見に賛成しますか。賛成する、あるいは反対する理由は何ですか。

5　正直に言って、あなたにとって父親の役割とはどのくらい重要ですか。あなたの妻や子どもはあなたの意見に同意しますか。その理由は何ですか。

6　今週から「よい父親になる」ために何ができますか。

7 子どものころ、両親や目指したい模範となる人から、父親の役割と家族についてどのような大切な教訓を学びましたか。

8 自分が父親になることを初めて知ったとき、あなたは何を考え、感じましたか。今、それについてどう思いますか。

9 父親の役割について最も驚いたことは何ですか。それはどうしてですか。

## 2 「家族の高貴なビジョン」の力

1 あなたの人生で最も重要なことは何ですか。それはどうしてですか。

2 大きな観点から見た場合、五年、十年、二十年後にあなたの家族はどのようでありたいですか。

3 あなたは家族のリーダーとして、その目標に向かって前進するために何をしていますか。あなたの妻も同じ思いですか。

4 家族と一緒に家族の高貴なビジョンを描くことは、その目標を達成するために役立つと思いますか。なぜそう思う（あるいは、そうは思わない）のですか。

5 あなたは家族のために家族の高貴なビジョンを描くことにコミットしていますか。なぜそうする（あるいは、そうしない）のですか。

6　家族の高貴なビジョンを描くためには助けが必要かもしれないと思いますか。誰がそれを助けることができますか。

## 3　父親改革のための十のツールの概要

1　十のツールをどの程度理解していますか。あなたは、どのツールを用いる予定ですか。それは、どうしてですか。
2　あなたにとって最も難しいツールはどれですか。それは、どうしてですか。
3　あなたの家族にとって最も重要なツールはどれだと思いますか。それは、どうしてですか。
4　家族は上記の質問にどのように答えますか。彼らに尋ねる勇気はありますか。なぜその勇気がある（あるいは、ない）のですか。
5　今日現在、あなたの最も優れているツールはどれですか。それは、どうしてですか。
6　今日現在、あなたの最も弱いツールはどれですか。それは、どうしてですか。どのように改善していきますか。

# 第2部　父親改革のための十のツール

第2部は、「父親改革」の核心です！　この箇所に十分な時間を割くようにしてください。始める前に、グループのメンバーに、どのツールに最も助けが必要かを尋ねてください。その話し合いに時間を集中してください。

## ツール1　ファミリーファースト

1　今日、あなたの生活の中で家族に適切な優先順位を与えていますか。なぜそういえる（あるいは、いえない）のですか。

2　そうでない場合、仕事と生活のバランスを改善するために何ができますか。それは家族にとってどれほど重要ですか。

3　仕事と生活の適切なバランスを見つけるためには助けが必要ですか。この重要な課題において、誰があなたを助けることができますか。

4　家族と定期的に楽しい時間を過ごしていますか。なぜ、過ごせている（あるいは、いない）のですか。

5　あなたの妻はどのような楽しみ方が好きですか。あなたの子どもたちはどうですか。
6　「家族優先」という言葉で何を連想しますか。
7　「時間を費やす」という観点から見るならば、家族に対するあなたの〝愛〟はどのようなものですか。
8　どんなことを家族と一緒にもっと行いたいと心の中で思っていますか。
9　このツールはあなたの家族の高貴なビジョンをどのようにサポートしますか。
10　何が、あなた個人にとって最も必要ですか。
11　あなたが、家族を傷つけているような悪い習慣はありますか。どのようにしてその習慣を断ち切るつもりですか。何か助けが必要ですか。
12　あなたと妻は、このツールが重要であることについて同意していますか。なぜ同意している（あるいは、していない）のですか。

## ツール2　結婚へのコミット

1　幸せな家族になるための秘訣と、あなたが子どもに与えることができる最高の贈り物は何だと思いますか。どうしてそう思うのですか。
2　「結婚へのコミット」について、あなた個人の定義は何ですか。

3　あなたの結婚生活で、どのような種類の思考や行動が、あなたが完全にコミットした夫であることを示すと思いますか。

4　あなたの中で、どの種類の思考と行動が改善を必要としていますか。

5　「鉄は鉄によってとがれる」（聖書のことば）とは、どういう意味だと思いますか。夫婦のそれぞれが「研ぎ澄まされる」プロセスの恩恵を受けるためには、結婚関係はどのようなものでなければならないと思いますか。

6　「よい結婚関係は多くのことに役に立ちます。そのうちの一つが、お互いに鏡のようになって、相手の心を映し出すことです」。あなたの妻はこのようにあなたを助けていますか。どうしてそうできる（あるいは、できない）のですか。どのように改善できますか。

7　「あなたの妻と競合するすべてのものを取り除く」とは、あなたにとってどういう意味ですか。

8　離婚を選択肢として考えることの弊害は何ですか。

9　「あなたが水をやる所では、草木がより緑になる」ことに同意しますか。同意する（あるいは、しない）のはなぜですか。

10　あなたの妻にとって意味のある方法で妻を愛することができる一つ方法は何ですか。彼女の好きな「愛の表現」とは何ですか。

11　あなたがシングルファーザーである場合、あなたの子どもの母親（元妻）との関係をどのように強めることができますか。

12　今週から、妻とのより強力な「完全にコミットした結婚関係」を築くために何ができますか。それはあなたの子どもにとって、どれくらい助けになりますか。

## ツール3　正しいモラルコンパス

1　今日の大衆文化は、人々のモラルコンパスにどのように影響を与えていますか。私たちの大衆の文化には、何が欠けていると思いますか。

2　「モラルコンパス」の重要性について、あなたはどのように考えていますか。どのような目的に役立ちますか。これは大切ですか。なぜ大切なの（あるいは、大切ではないの）ですか。

3　あなた自身のモラルコンパスは、あなたの選択にどのように影響していますか。あなたの子どもにどのような影響を与えますか。

4　「若者をその行く道にふさわしく教育せよ。そうすれば、年老いても、それから離れない」という聖書のことばに同意しますか。なぜ同意する（あるいは、しない）のですか。

5　行動には結果が伴うことを子どもが理解することが重要であることに同意しますか。なぜ同意する（あるいは、しない）のですか。

6 どのようにして、子どもにいつも適切な制限を設けますか。

7 年齢に応じたしつけを効果的に行うためには、どうすればいいですか。

8 十二のしつけのルールの中で、あなたがより一貫性をもって従う必要があるルールは何ですか。あなたの妻はそれを助けることができますか。

9 あなた自身が子どものころに、よいしつけを体験した例はありますか。また、どのような否定的な教訓を、肯定的な教訓に変えることができますか。

10 あなたと妻の間で、子どもへのしつけの仕方に違いはありますか。どのようにすれば、二人で一致したしつけをすることができますか。

11 なぜ子どものために、あなたが謙虚さを示すことが重要なのですか。あなたの子どもはあなたの模範から本当に学ぶと思いますか。なぜそう思う（あるいは、思わない）のですか。

12 「十対一ルール」（一回のしつけに対して、十倍の愛と励ましを与える）がなぜそれほど重要だと思いますか。あなたは「十対一ルール」を効果的に用いていますか。それをもっと上手に使えますか。

## ツール4　ハートに届く愛情

1　心のこもった愛、つまりコミットメント・信頼・恵み・優しさの中で、あなたが最も改善しなければならないのはどれですか。それは、どうしてですか。

2　今週からその改善に取り組むために何ができますか。

3　コミットメントが愛の大部分を占めるという意見に賛成しますか、反対しますか。

4　コミットした夫また父親として、あなたの気持ちはどのような役割を果たしますか。意志と態度はそのコミットメントにどのように影響しますか。

5　家族の間に愛し合う雰囲気をもたらす方法は何ですか。今週、そのようなことを始めるためにできる三つのことは何ですか。

6　あなたが妻に対して忠実さを示す方法を変えなければならないと強く感じることはありますか。それは何ですか。

7　神の恵み（私たちには受け取る資格がない慈悲や赦し）は、愛を示す行動です。あなたを失望させた家族に対して、あなたはどのように反応しましたか。なぜそのように反応したのですか。

8　「恵み」という観点から見て、あなたが改善すべきことが何かありますか。どのようにすれば、家族に恵みを与えるという点において成長することができますか。

9　なぜ多くの男性が穏やかさや、人を育てるという分野で苦労するのですか。あなたは、その分野ではどのようにしていますか。なぜ、そのようにするのですか。

10　仕事での不満や葛藤・怒りなどを自宅に持ち帰らないようにできますか。なぜそうできる（あるいは、できない）のですか。どうすればそれを改善できますか。

11　家族との間に心のこもった愛情をはぐくむために、どのような分野で最も努力していますか。彼らのあなたへの愛を感じていますか。なぜ感じる（あるいは感じない）のですか。

12　あなたは妻や子どもの「愛の伝わる言語」を理解していますか。この分野で、どのような改善ができますか。彼らに助言を求める勇気はありますか。

## ツール５　サーバントリーダー

1　「サーバントリーダー」という言葉は、あなたには矛盾しているように思えますか。この概念をどのように理解していますか。

2　サーバントリーダーが他の人に力を与えるのはなぜですか。それはあなたの家族にどのような力を与えますか。

3　このようなリーダーシップが難しいのはなぜですか。

4　父親がよくとる他のリーダーシップのスタイルは何ですか。あなたの見方では、そのスタイルはどれくらい効果的ですか。

5　ふだん、自宅でのあなたのリーダーシップのスタイルはどのようなものですか。妻や子どもはそれに対して何と言っていますか。彼らに尋ねる勇気はありますか。

6　イエスは偉大なるサーバントリーダーの究極の模範です。その模範は、私たちが家庭においてよいサーバントリーダーになるために、どのように役立ちますか。

7　あなたの妻にとって、どのような小さな奉仕が最も効果があると思いますか。そのような方法で彼女に仕えることによって、夫婦の関係はどのように強められますか。

8　あなたの家でサーバントリーダーになると、どのような利点があるのか、いくつか挙げてください。

9　子どもに対してサーバントリーダーになると、子どもをしつけしたり、励ましたりするのに役立ちますか。なぜそう思いますか。

10　あなたのリーダーシップのスタイルは、子どもの生活にどのような影響を与えますか。

11　他者中心的に家族に仕えることは、あなたがよい父親になるためにどのように役立ちますか。

12　今週から、妻と子どものよいサーバントリーダーになるために、あなたに何ができますか。

## ツール6　関係改善スキル

1　あなたと妻が会話をしているとき、あなたは通常どれほど注意深く耳を傾けていますか。どうしてそうするのですか。
2　妻があなたと課題や問題を話し合っているとき、あなたはすぐに「その問題を解決」しようとしますか。どうしてそうするのですか。
3　妻の今の最大の心配事は何だと思いますか。彼女にそれを尋ねる勇気はありますか。
4　積極的に耳を傾けることの特徴は何ですか。人がよい聞き手になるのを妨げるいくつかの行動とは何ですか。
5　妻や子どもがあなたに何か重要なことを話してくれた場合、正しく理解できたことを確かめるために、聞いたことを「あなたの言葉で」繰り返しますか。
6　家族一人ひとりを「積極的に理解」していますか。また、彼らはそれに同意しますか。彼らに尋ねる勇気はありますか。
7　なぜ神は私たちに二つの耳と一つの口を与えたと思いますか。
8　妻や子どもの言葉の背後にある、より深いメッセージをどのようにすればよく理解できると思いますか。

9 注意深く聞いて積極的に理解することの報いは何だと思いますか。

10 「時間の経過とともに近づいていくのか、遠ざかっていくのか」。あなたの家族は近づいていますか。どうしてそういえますか。

11 この章の「実践ガイド」のアドバイスを確認してください。今週あなたが実践するアイデアは何ですか。

12 この分野でグループの他のメンバーの助けが必要ですか。

## ツール7 天のヘルプ

1 あなたが、まだ天のお父さんを知らないのであれば、その方についてどんな質問がありますか。知るうえで何か障害になるものはありますか。

2 あなたが神を個人的に知らないのであれば、知りたいと思いませんか。神は（もし神が存在するのであれば）あなたがよい父親になるのを助けてくれると思いますか。

3 あなたは神との関係をどのようにしたいですか。

4 神との関係が親密になることは、父親にとってどのように役立ちますか。

5 あなたがクリスチャンの場合、あなたは信仰と希望と愛において成長していると感じますか。そうでない場合は、なぜですか。

6　どのようにすれば、聖書によって神をもっとよく知り、イエスの手本から学ぶことができると思いますか。

7　天のお父さんとしての神を知っているのであれば、夫や父親としてのあなたの人生において、神はどんな役割を果たしますか。

8　もしあなたが今、神を求めていないのであれば、あなたが神の最愛の息子であることを神があなたに示すように願ってみませんか。そうできる（あるいは、できない）理由は何ですか。

9　聖書は「義人の祈りは大きな力がある」と言っていますが、あなたは同意しますか、それともしませんか。このことばは、どのように父親に当てはまると思いますか。

10　家族を守る父親として、あなたの家族との関係を弱くしたり、破壊しようとしたりする悪とどのように戦うことができますか。

11　もしあなたにとって、この地上によい父親がいないならば、天のお父さんを知ることが、あなたがよい父親になるのを助けることができると思いますか。なぜそう思う（あるいは、思わない）のですか。

12　今週、あなたが天のお父さんに近づくために何をしますか。何か手伝いが必要ですか。

## ツール8　良きパパ友

1　「偉大な〝独りぼっち〟の父親はいない」という言葉は、どういうことを意味していますか。あなたは、この言葉の意味に同意しますか。

2　あなたは真の友人をどのように説明しますか。そのような友達はいますか。そうでない場合は、欲しいですか。

3　あなたが今いちばん一緒に過ごしている男友達は誰ですか。彼らはあなたがよい父親になるのを助けてくれたり、くれなかったりしますか。

4　「今日よい父親になる」のを手伝ってくれる新しい友人が必要だと思いますか。どこでそのような友人に会えると思いますか。

5　力と勇気のある父親は、能力や品性やコミットメントといった特質をどのようにして、にじみ出るように発揮できると思いますか。

6　あなたの生涯には、厳しい問いかけをしてくれる友人が少なくとも一人はいましたか。そうでない場合は、そのような友人を持ちたいですか。

7　いつもあなたのために祈ってくれる親友が少なくとも一人はいますか。そうでない場合、そのような友人を持ちたいですか。

8　あなたの生活の中のどの分野で、信頼できる友人からの励ましや、説明責任を果たすべき友人が必要でしょうか。

9　なぜ相談相手になってくれる年上の父親を探すのがよい考えなのですか。相談できる相手はいますか。いない場合は欲しいですか。

10　あなたが経験豊富な父親である場合、年下の父親を助けたいと思いますか。なぜそう思う（あるいは、思わない）のですか。

11　他の父親たちと正直に悩みや課題について話し合い、心から祈ることは、あなたがよい父親になるのにどのように役立つと思いますか。

12　https://familyfirstjapan.org/　フェイスブック　https://www.facebook.com/ffg.japan/をチェックしたことがありますか。

## ツール9　ネバーサレンダー

1　「私たちの人生の中では、疲れきったり、幻滅したり、自信を失ったりすることがあります。誰一人として、こうした困難から逃れられる父親はいないことを覚えていてください」。あなたは、そのような状況の中にいますか。もしそうであれば、どうしてそのような状況に陥ったのか、理由を尋ねてもいいですか。

2　右の質問に対する答えが「はい」の場合、あなたのグループのメンバーはどのような助けになると思いますか。

3 よい夫と父親になるためには、前向きで決して諦めない態度の両方が必要なのはなぜだと思いますか。

4 あなたの「家族の高貴なビジョン」は、ツール9を実践するに当たってどのように役立ちますか。

5 「人生は、適切な対応ができるかどうかで、すべてが決まります。あなたがコントロールできるのは、あなたの対応の仕方だけなのです」。これは真実だと思いますか。なぜそう思う（あるいは、思わない）のですか。

6 あなたが男性として成熟し、「感情的な幼児」のままではなくなるように助けてくれた人生の訓練は何でしたか。

7 「神はすべてのことをあい働かせる」と信じていますか。この考え方は、前向きで決して諦めない態度を養うのに役立ちますか。

8 聖書には「私の兄弟たち。さまざまな試練に会うときは、それをこの上もない喜びと思いなさい」と書かれています。聖書はなぜそういっているのですか。

9 「苦々しい思いでいることは、自分が毒を飲んでいながら、他の人が死ぬのを待っているようなものです」という言葉に同意しますか。なぜ同意する（あるいは、しない）のですか。

10 「船を燃やす」とはどういう意味ですか。これはあなたにとって重要ですか。

11 前向きで決して諦めない態度を、どのようにして強めることができますか。これに関して何らかの助けが必要ですか。

12 今週、あなた自身を改善するために何ができますか。あなたのグループがどのようにあなたを助けることができますか。

## ツール10　ダイナミックな全面支援

1 一般に「ダイナミックな全面支援」を提供するとは、どういうことを意味しますか。また、それはあなたの家族にとって何を意味しますか。

2 ツール10をどれほどうまく使っていますか。改善すべきところはありますか。もしそうであれば、それは何ですか。

3 家族を感情的にサポートするとは、どういう意味ですか。こうすることによって、彼らとの関係にどのような影響がありますか。

4 なぜ私たちは時々、家族のメンバーごとに異なる感情的なサポートをする必要があるのですか。

5　あなたが家族のためにできる身体的なサポートとは、どのようなものですか。それをどのようにしていますか。さらに改善できますか。

6　家族への知的なサポートはどうですか。あなたができる知的な成長を励ます方法は何だと思いますか。

7　家族に精神的なサポートを提供するために何ができますか。

8　この分野であなたが直面している最大の課題は何ですか。

9　家族にとって精神的なリーダーであることの報いは何だと思いますか。

10　家族の精神的なリーダーになるのは難しいですか。それはどうしてですか。

11　10で「はい」と答えた場合、何か助けが必要ですか。

12　どのようにすれば家族について学ぶことができますか。このことは重要ですか。なぜ重要だと思う（あるいは、思わない）のですか。

13　「あらゆる面でサポートすること」は、「あなた自身のように隣人を愛する」という聖書の教えをどのように満たしていますか。

# 第3部　特別な状況

この部分は、必要に応じて利用してください。友人やグループのメンバーがシングルファーザーであったり、困難な状況にいたり遠距離で子育てをしていたりする場合に、その友人をサポートできるように、必ず内容に精通してください。グループのメンバーの特定の生活状況やニーズに合わせて質問や話し合いを調整してください。

## 1　自分がなれる最高のシングルファーザーになる

1　「状況がどうであれ、あなたの子どもはまだあなたを必要としています。あなたはまだ彼らの父親なのです」という文についてどう思いますか。

2　あなたが子どもから離れている場合、子どもの生活に積極的に関与し続けるために何をしていますか。

3　あなたと子どもの間に感情的な距離がある場合、より近づくことができるようになるためのステップは何ですか。

4　このプロセスで、ステップを一つずつ実行していくことが重要なのはなぜですか。

5　あなたがシングルファーザーである場合、子どもとより多くの時間を過ごすために、どのような〝住環境〟を整える必要があるでしょうか。

6　配偶者を失った人々に神が特別な関心を持っていることを知ることは、あなたの助けになりますか。神はどのようにして私たちの力の源となることができますか。

7　あなたが離婚している場合、子どもの母親（元妻）にどのように接していますか。なぜ彼女とより良く接することが重要なのですか。あなたは彼女とよく接していますか。

8　元妻を赦すことは、なぜ重要なのですか。あなたは赦しましたか。

9　元妻と共に健全な育児を行える関係を築くならば、あなたはどのような人だということになりますか。このことはあなたの子どもにとってどういう意味があると思いますか。

10　今週、元妻や子どもとの関係を改善するために何をしますか。それを行うために何か助けが必要ですか。

## 2　人生の課題に対処する方法

1　人生の中であなたに起こった困難な状況とは何ですか。どのようにそれらに対処しましたか。そこから何を学びましたか。

2　あなたは、自傷行為に悩んだことがありますか。どのようにそのことに対処しましたか。そこから何を学びましたか。

3　人生の中で大きな試練に遭うとき、あなたはどのように反応する傾向がありますか。それはあなたにとってどのように役立ちましたか。

4　あなたはどのような状況を避ける必要がありますか。あなたの最大の弱点は何ですか。

5　友人のサポートは、困難なチャレンジを乗りきるために、どのように役立ちますか。そのような経験はありますか。

6　祈りは力と慰めの源になりますか。あなた個人にとってもそうですか。なぜそうなの（あるいは、そうではないの）ですか。

7　「神は、祈りを通して、心と（時には）状況を変えてくれます」。この文はあなた個人にとってどのような意味がありますか。あなたにとって祈る目的とは何ですか。

8　困難な状況をどのようにして学びの機会とすることができますか。あなたの経験から実例を話してください。

9　逆境によって成長することは、あなたや家族が将来訪れる厳しい状況に対処する能力にどのような影響を与えますか。

10　困難な経験から学ばないことの結末は何だと思いますか。それはあなたの人間関係・性格・態度にどのように影響しますか。

11　なぜ愛に満ちた天のお父さんは、私たちの生活の中で困難な課題が起きることを許すのでしょうか。そこには、より大きな目的があると思いますか。それは何ですか。

12　神に感謝することには力があることを学んだことがありますか。その本当の意味はどういうことだと思いますか。「すべてのことに感謝する」ことは、どのように私たちを助けてくれるでしょうか。

## 3　遠距離にいる父親のためのアイデア

1　父親が家族と遠く離れている理由は何ですか。あなたは遠距離にいる父親になったことがありますか。

2　なぜ遠距離にいる父親が増えているのでしょうか。

3　遠距離にいる父親にとって、これらのツールのいくつかは役立ちますか。現在利用していますか。どれをもっと活用したいですか。

4　遠距離にいる父親や夫が家族との強い関係を追い求めることを意図的に行う必要があるのはなぜですか。

5　どうすれば楽しくてわくわくするようなときを、家族から離れているときにも一緒に過ごすことができますか。

6　家族の各メンバーは、遠距離にいる父親としてあなたからどのような愛と思いやりの表現を受け取る必要がありますか。

7　こうした愛の表れを家族と共有するためには、どのようなスキルや能力が必要になりますか。

8　子どもや妻と連絡を取り合うために、自分が使えるテクノロジーは何かありますか。

9　子どもの年齢や興味を考慮して、最初に試してみたいアイデアはどれですか。

10　離れている間でも、妻にどんな特別なサポートをすることができますか。彼女の最大のニーズは何ですか。それを確実に理解していますか。それを彼女に聞けますか。

11　あなたが結婚している場合、このように遠く離れることは結婚生活にどのようなストレスを与えていますか。どのようにして、これらのストレスを最小限に抑えることができますか。

12　よいコミュニケーションを取ることは、妻との間に強力で信頼でき、かつ成長できる関係を築き、維持するためにどのように役立ちますか。

# 謝辞

この本を書くに当たって多くの方々から頂いた助けに対して感謝を述べたいところですが、まず天のお父さんである神の導きと祝福に謙虚に感謝したいと思います。神が神秘的な方法で働いていることは確かですが、三十年という期間にわたって、私の人生に神の霊が働いていることをはっきりと見ることができました。そして、私はそれに対して深く感謝しています。

二十五年以上も家族の中心であった素晴らしい妻マリーナに感謝します。彼女は私たちの子どもに真の愛とコミットを示しただけでなく、私たちの家族の両方の家系に降りかかっていた、いくつもの世代にまたがるのろいとも思われる悪を打破するのを助けてくれました。マリーナは、よいときにも悪いときにも私と一緒にいてくれました（実際にとても厳しい状況になったときもありました）。ありがとう。

最愛の四人の子どもたちにも感謝します。サーシャ、クリスチャン、ダニエル、ニコラスは私たちの人生の光です。私たちの家族の魂であることを感謝します。私の過ちに対しても寛容であることに感謝します（これはよくあります!!）。彼らのお互いへの愛情にも感謝します。この気持ちが決して衰えないように。最後に、彼らの真理に対するコミットメントに感謝します。彼らの信仰が決して弱くならないように。

また、私が今日のような男性（夫であり父親）になるのを助けてくれた世界中の友人にも感謝したいです（ご存じのように、この旅はまだまだ続きます！）。また、この旅に同伴してくださった読者の方々のパートナーシップに感謝します。貴重な時間を割いていただきありがとうございます。この本があなたの父親改革の旅にとって、本当の励ましになることを祈っています。

さらなる期待をもって！

グレゴリー

# さらによく学ぶための参考文献


Barry and Lori Byrne, *Love After Marriage* (Ventura, CA: Regal, 2012).

Henry Blackaby, Richard Blackaby and Claude King, *Experiencing God* (B&H Books, 2008). これはおそらく私がいちばん好きなキリスト教の信仰書です。

Gary Chapman and Ross Campbell, *How to Really Love Your Adult Child*, Revised edition (Northfield Publishing, 2011).

Dr. James Dobson, *The New Dare to Discipline* (Tyndale Momentum, 1996). ドブソン博士は、アメリカで最も有名な家族問題カウンセラーの一人です。

Larry Fowler, *Rock Solid Kids* (Bethany House Publishers, 2012)

Neil T. Anderson, *Victory Over the Darkness* (Bethany House, 2000). 自分自身の魂において、どのようにして霊的な勝利を得るかについて教える良書。

Marina & Gregory Slayton, *Be the Best Mom You Can Be* (Thomas Nelson Publishers, 2015).
この本を気に入ってくれるとうれしいです。

Dr. Norman Wright, *Bringing Out the Best in Your Wife* (Regal, 2010).

Timothy Keller with Kathy Keller, *The Meaning of Marriage: Facing the Complexities of Commitment with the Wisdom of God* (Dutton, 2011). ティモシー・ケラー、キャシー・ケラー『結婚の意味――わかりあえない2人のために』廣橋麻子訳（いのちのことば社、二〇一五年）

Timothy Keller. *Counterfeit Gods: The Empty Promises of Money, Sex, and Power, and the Only Hope that Matters* (Riverhead Books, 2011). ティモシー・ケラー『偽りの神々――かなわ

ない夢と唯一の希望』廣橋麻子訳（いのちのことば社、二〇一三年）。私たちの世代の偉大なキリスト教説教者による、もう一冊の伝説的な名著。

# 注

## 父親であることの大切さ

1 *Father Facts*, fifth edition, National Fatherhood Initiative, 2007.
http://www.fatherhood.org/organizations/programs/father-facts/overview

2 Linda J. Waite and Maggie Gallagher, *The Case for Marriage* (New York: Doubleday, 2000).

3 *Ibid.*

4 Alex Bierman, Elena M. Fazio and Melissa A. Milkie, "A Multifaceted Approach to the Mental Health Advantage of the Married," *Journal of Family Issues*, vol. 27, no. 4, April 2006.

## 父親改革のための十のツールの概要

1 *Father Facts*, fifth edition, National Fatherhood Initiative, 2007.
http://www.fatherhood.org/organizations/programs/father

## 結婚へのコミット

1 *Father Facts*, fifth edition, National Fatherhood Initiative, 2007.

2 *Ibid.*
3 *Ibid.*

## ハートに届く愛情

1 Nicholas H. Wolfinger, "Family Structure Homogamy: The Effects of Parental Divorce on Partner Selection and Marital Stability," *Social Science Research*, no. 32, March 2003, pp. 80-97.
2 Paul Amato and Jacob Cheadle, "The Long Reach of Divorce: Divorce and Child Wellbeing Across Three Generations," *Journal of Marriage and Family*, February 2005, pp. 191-215.
3 "A National Survey on Marriage in America." National Fatherhood Initiative, 2005 から。
4 *Father Facts*, fifth edition, National Fatherhood Initiative, 2007.
5 "The Case for National Action," U.S. Department of Labor, 1965.

## 良きパパ友

1 *American Sociological Review*. *USA Today*, June 22, 2006 からの引用。
2 Lynne C. Giles, Gary F. V. Glonek, Mary A. Luszcz and Gary R. Andrews, "The Australia Longitudinal Study of Aging," *Community Health*, no. 59, 2005.

## ネバーサレンダー

1 Alan Booth and Paul R. Amato, "Parental Pre-Divorce Relations and Offspring Post Divorce Well-

being," *Journal of Marriage and Family*, no. 63, February 2001.

## ダイナミックな全面支援

1 "Children Better Prepared for School If Parents Read to Them," *British Medical Journal*, May 2008.

## できるかぎり最高のシングルファーザーになる

1 Margaret Guminski Cleek and T. Allan Pearson, "Perceived Causes of Divorce: An Analysis of Interrelationships," *Journal of Marriage and the Family*, February 1985.

## ファミリーファーストジャパン
### ――「家族を強め、世界を強める」

ファミリーファーストジャパンは、三つ指針により私たちの社会活動への存在を明らかにしながら、日本の社会に誠実に仕えていきたいと願っています。

① **ビジョン**　私たちは、人種、民族、信仰や社会的な背景に関係なく、家族そして夫婦、父親、母親を強めるために存在します。

② **ミッション**　私たちは、同じ志を持つパートナーと協力し、すべての人が、伝統的な家族環境において、より良い父親、母親、夫、妻になれるよう、そして家庭を築けるように支援します。

③ **コアバリュー**　私たちは、すべての人は無限の価値を持ち、それを発見する最善な場所は家庭にあると信じています。

## 活動の概要

三つの指針から何をどのようにすると、家族が温かく幸せになることができるのかについて概要をお話しします。

まず、いちばん大切にしたいこととして、夫婦の関係に焦点を当てます。そしてそれを中心に据え親子の関係を、そして、ご夫婦のご両親との関係に目を向け、家族三代、四代の関係も含め丁寧に振り返りながら、家族の幸せの実現を目標に据えてゆきます。

活動の中では、世界から発信されるさまざまな情報を丁寧に吟味し、信頼できる学際的根拠にも学びの広がりを持たせつつ自己認識の視野を広げることで、皆様にわかりやすく自分の役割と責任が学べる機会を提供します。そして、皆様のご家族に合わせた形で、各個人がそれぞれ実践しやすく、自分でカスタマイズできるようにセミナーやワークショップを開き、そこで同じ「パパ友」と協力関係を築くことで継続的にサポートし合えるように繋げていきます。

そして、これから結婚をお考えになっていらっしゃるカップルの方、結婚をされこれからお子様をと願っておられるご夫婦、乳幼児を現在お育てのご父母、小学から大学までの子どもを養育しておられる保護者の皆様にも対象範囲を広げた活動も同時に行っていく予定です。また、中高年からの夫婦関係についてのセミナーやワークショップを通じて、より幸せな老後を創り出せる活動も予定しています。また、それに関連して「緩和ケア」がご専門のお医者様にもご協力をいただき、人生の終末においても家族関係をより平安に過ごすための学びと実践に役立つものも提供しています。

ホームページ　https://familyfirstjapan.org

フェイスブック　https://www.facebook.com/ffg.japan

ツイッター　https://twitter.com/ffg_japan

インスタグラム　http://instagram.com/ffg.japan

アメブロ　https://ameblo.jp/ffgjapan

ライン　https://lin.ee/YvQ40iO

# 著者紹介

グレゴリー・ウィンストン・スレイトン氏（Gregory Winston Slayton）は、アメリカの作家、外交官、教授、実業家、慈善家。

ダートマス大学、フィリピン大学（修士）、ハーバード・ビジネス・スクール卒業。マッキンゼー・アンド・カンパニー、パラマウント社テクノロジーグループなどシリコンバレーで上場企業や非上場企業の最高経営責任者（ＣＥＯ）など歴任後、ベンチャーキャピタリストとして活躍するとともに、グーグル、セールスフォース・ドットコム、ブルームエナジーなどの顧問も歴任。

ブッシュ大統領より、在バミューダ米国総領事兼米国首席公使に任命される。現在も自身の会社であるスレイトン・キャピタルを通じて、ベンチャーキャピタリストとしての活動を続けるとともに、プロモートユー・デジタル社（PromoteU Digital）の会長を務めるほか、多くの初期段階のハイテク企業に積極的に関わっている。また、北京の対外経済貿易大学でリーダーシップの特別客員教授を務めるほか、ダートマス大学タック・ビジネス・スクール、ハーバード・ビジネス・スクール、スタンフォード大学経営大学院などでも教鞭を執っている。

スレイトン氏と妻のマリーナ女史は、「スレイトン・ファミリー財団」、「ファミリーファーストグローバル」、「フェローシップ・オブ・ファザーズ財団」を設立。三男一女の父。

**糟谷恵司**（かすや・けいし）

立命館大学卒。日本IBM、米国IBMに38年間勤務の後、2019年に退職。VIPクラブ・アトランタ・チェアマン、セカンドレベル・ミニストリー理事長、ファミリーファーストジャパン副理事長など米国および日本で活動。１男１女の父。

**新美幸子**（にいみ・さちこ）

いのちのことば社 社長秘書兼国際部スタッフ、版権担当。

**小林宏繁**（こばやし・ひろしげ）

長野県出身。筑波大学卒、ニューヨーク州立大学大学院教育科学修士課程修了。学校法人自由学園にて38年勤務、副部長を経て2016年定年退職。2018年まで社会福祉法人与野ひなどり保育園園長、2016年にファミリーファーストジャパンを設立。父親・母親・結婚・家族の関係性に焦点を当てたセミナーとワークショップを主催。日本選択理論心理士、プリペアエンリッチ公認ファシリテーター。息子１人の３人家族。

**働き方改革より父親改革**
**仕事も家庭もうまくいく 10 のツール**

2021 年 7 月 1 日発行

著　者　グレゴリー・スレイトン
訳　者　糟谷恵司、新美幸子
監修者　小林宏繁
印　刷　モリモト印刷株式会社
発　行　いのちのことば社フォレストブックス
〒164-0001 東京都中野区中野2-1-5
TEL03-5341-6923／FAX03-5341-6925
e-mail:support@wlpm.or.jp
http://www.wlpm.or.jp


ISBN 978-4-264-04268-6